U0868345

岳麓書社

读名著　选岳麓

吴子
司马法

黄朴民 导读 注译

岳麓書社·长沙

目录

吴子

司马法

吴子

序言

在我国先秦时期波谲云诡、变幻多姿的巨大历史天幕上，闪烁着两颗明丽耀眼的星斗，一颗是享有“百世谈兵之祖”称誉的孙武，另一颗就是我们本书的主人公：杰出的军事家、政治家吴起。吴起是当时政坛、战场上叱咤风云的英雄，也是中国古典兵学发展史上不可磨灭的巨人。他以自己的丰功伟绩为当时的历史画卷添上了绚丽的色彩，并以不朽的兵书《吴子》为后人提供了宝贵的精神文化财富。

一、吴起的人生历程

吴起是卫国左氏（今山东定陶西）人，大约出生于公元前440年，幼年丧父，与母亲相依为命，开始他跌宕起伏的人生跋涉。

从有关史料记载看，吴起的家境还是相当殷实的，可是锦衣玉食的生活，并没有扼杀吴起潜在的天才。从青少年时代起，吴起就怀有远大的抱负，渴望建功立业，扬名天下。为了实现自己的志向，吴起不惜花费千金，破家游历，奔走于列国之间，自荐于诸侯之前。然而，他的努力一开始就处处碰壁，不仅弄得家道中落，而且也受到邻里的讥笑嘲弄。血气方刚的吴起吞不下这口窝囊气，大怒之下，手刃了这帮说三道四、搬弄是非的家伙，然后从卫国出走，来到鲁国。临行之前，他与母亲诀别，发誓做不上卿、相一级的大官，就永远不再返回故乡。

到鲁国后，吴起先是投奔在儒家曾子的门下，攻读儒学的经典，探索治国平天下的要领。应该说，这段时间的学习，对吴起一生的影响是相当深远的。虽说他后来成为兼法家和兵家于一身的人物,但其理论体系和社会实践却多少渗透着儒学的某些色彩,如提倡“礼、义、仁、道”等,这与商鞅等“纯粹型”法家是有所不同的。然而,不久发生的一件事改变了吴起的人生选择,中断了他成为一代大儒的可能性。这就是“母死不归”事件。当时,吴起的母亲在卫国老家去世,按传统的礼仪规范,吴起应该回家奔丧,以尽孝道,但吴起却没有这么做。这一蔑视传统道德规范的惊世骇俗之举,表明了吴起为追求功名、舒展抱负而我行我素的鲜明个性。可是在他的老师眼里,这实属不可原谅的罪过,于是就把吴起逐出师门,与其断绝关系了。

吴起离开曾子后,转而研读兵书,深究韬略,希望在军事上出人头地,叱咤风云。鲁穆公对吴起的军事才干非常赏识,便对他委以重任。可是,当齐国军队大举来犯之时,鲁穆公却在是否任命吴起为大将、统军作战一事上举棋不定、犹豫不决了。原因不是别的,就是吴起的妻子是齐国人,所以担心他在作战时回护放过齐军。吴起察知这一内情后,为了得到鲁穆公的信任,竟不惜杀死妻子以表明心迹,终于依靠这种残忍冷酷的举动赢得了自己在军事舞台上一显身手的机会,最终他以弱胜强,大破齐军。

可是,这次作战的胜利,并未给吴起带来什么幸运,反而引起鲁国的贵族与士人对吴起的嫉妒和排斥。他们在鲁穆公面前屡进谗言,诬陷诽谤吴起,结果导致鲁穆公失去对吴起的信任。吴起深知自己在鲁国已难以立足,大约于公元前410年离开鲁国,另谋前程。

战国初年,魏国在七雄中率先崛起,魏文侯的改革,使魏国面貌一新,生机勃勃。吴起敏锐地捕捉到这一信息,便投奔魏国,立志在这块热土上施展自己杰出的政治、军事才华。

魏国以博大的胸怀接纳了吴起。魏文侯惜才爱将,听说吴起的军事才干要胜过当年齐国著名军事家司马穰苴,便不拘一格,任命吴起为大将。从此吴起就踏上了事业上的新的征程。他不负魏文侯的重托，率军伐秦，首战便告大捷，战胜实力强劲的秦军，攻克秦国五座城池，一举占领了战略要地西河地区（今黄河以西、洛水以东地带），使魏国在与秦国的角逐中占有了战略上的优势。

接着，吴起又随名将乐羊出征攻打中山国，在这场解除魏国后顾之忧的关键性战争中，吴起作为乐羊麾下的重要部将，处处身先士卒，英勇拼杀，立下了汗马功劳。三年后，魏国终于剪灭中山国，扫除了侧后的严重威胁，巩固了国家的安全。

公元前406年，吴起出任西河守这一要职，抗击劲敌秦国的进犯。由于他在西河守任上厉行法治，加强战备，故多次以劣势的兵力战胜强大的秦军，有力地巩固了魏国西线的边防。

吴起在魏国任职前后达二十七年，辅佐过魏文侯、魏武侯两代君主。他治绩突出，战功卓著，曾统兵与秦国等诸侯列国大战七十六次，其中获得全胜的有六十四次，其余十二次与敌人不分胜负，为魏国向四面发展、扩充土地达千里之远做出了重要的贡献。在铁马金戈的洗礼中，吴起作为威震中原的军事统帅闻名遐迩，声誉日隆。

吴起之所以能在魏国建立赫赫战功，首先在于他治军严整，驭众有方。他处处以“以治为胜”的思想方针指导自己的治军实践，做到号令严明，军纪森然，信赏必罚，任贤用能。尤为难能可贵的是，他能够以身作则，为人表率，和普通士兵吃相同的饭菜，穿一样的衣服，行军时不骑马，不乘车，背负干粮，坚持与士卒一起步行，同甘共苦。他体恤关怀普通士卒的好恶疾苦，这方面最典型的例子莫过于“为卒吮脓”一事。据《韩非子》等文献记载，当吴起随同乐羊统率魏军攻打中山国时，有一个士兵身上长了毒疮，辗转呻吟，痛苦不堪。吴起在巡营时发现这一情况后，便毫不犹豫地跪下身子，将这位士兵身上毒疮中的脓血一口口吸吮出来，解除了他的痛苦。吴起这种爱兵如子的举动，极大地感染了全军官兵，有力地增强了部队的凝聚力。

吴起在魏国取得成功，其次也在于他平时十分注重对部队进行严格的军事训练，提倡“教戒为先”。其中最为重要的举措之一就是在魏国推行“武卒”制，通过严格的遴选和认真的训练，建立了一支有相当规模且富有战斗力的常备军。这在中国古代建军史上是一项具有深远影响的创举。

“木秀于林，风必摧之；堆出于岸，流必湍之；行高于人，众必非之。”随着吴起在魏国功勋日著，名望日盛，厄运再一次降临到了他的头上。重臣王错等人对吴起的战功和地位十分嫉妒，必欲去之而后快。他们处心积虑陷害吴起，经常在魏武侯面前散布谗言，挑拨武侯与吴起的关系，使得魏武侯日益疏远吴起，最终免去了吴起的西河守职务。吴起担忧遭到更大的政治迫害，只得怀着痛惜的心情，离开曾经为之倾注过无限心血的魏国，辗转来到南方的楚国。

当时的楚国统治者是楚悼王，他正准备推行全方位的改革，以改变楚国进入战国以来积贫积弱、军事受挫的局面。他早就知道吴起富有政治才干，又会带兵打仗，现在听说吴起来到楚国，不禁喜出望外，马上出宫迎接，并大摆宴席为吴起接风。随后，他任命吴起担任楚国北部战略要地的宛守，过了一年后，又起用吴起担任楚国的令尹（相当于宰相）。

楚悼王的礼遇，使吴起十分感动，他决心不辜负悼王的信任，辅佐悼王在楚国进行全面的改革，使楚国走上强盛之路。为此他殚精竭虑，全身心投入改革。

在楚悼王的大力支持下，吴起制定了一系列变法的措施，并在实践中加以坚决的推行。首先是“明法审令”，废除世卿世禄制，规定凡是分封贵族传了三代的，就一律收回他们的封爵，取消其俸禄，废除其公族的谱籍和各种世袭特权，并将一些旧贵族迁徙到边远地区，从而有力地加强了中央的集权统治。其次是精简国家机构，整顿财政，奖励耕战。这些举措撤并了一些多余的政府机构，裁减了许多冗官，从而大大减少了国家的财政支出，提高了行政的效率。同时奖励耕战之士，使得楚国的社会经济日益繁荣和发展。第三，主张“强兵”，建立起一支能征善战的军队。吴起把取消旧贵族的俸禄和裁减官吏而节省下来的钱财，用于抚养将士，扩充军备，增强国防，从而建立起一支强大的军队，为楚国从事兼并扩张战争服务。

吴起的变法，收到了显著的效果。它使得楚国的国力迅速得到恢复和发展，一跃而成为当时屈指可数的头等强国。吴起以雄厚的国力为基础，统率楚军南征北战，所向克捷，取得了“南平百越，北并陈、蔡，却三晋，西伐秦”的重大成就，威震天下，为世人瞩目。

然而，吴起的变法改革，直接触动和损害了楚国旧贵族的既得利益，他们对吴起恨之入骨，决意伺机置吴起于死地。公元前381年，坚定支持变法的楚悼王突然去世。不甘心失败的旧贵族乘机进行反扑，发动武装叛乱，用重兵包围王宫，对正在料理楚悼王后事的吴起实施突然袭击。吴起奋起反抗，但终因寡不敌众，为叛乱贵族的乱箭所射杀，结束了自己悲壮的一生。

二、《吴子》的真伪与流传

吴起为变法而抛洒鲜血、英勇捐躯，这无疑是一出巨大的历史悲剧。然而在历史天幕上，他永远是一颗光彩夺目、从不陨落的星斗。他的伟大既缘于他一生中经国治军的卓越成就，也因为他和“兵圣”孙武一样，为后世留下了一部价值不朽的军事理论名著——《吴子》。

《吴子》，又称《吴起兵法》，今存本二卷六篇，篇名分别是《图国》《料敌》《治兵》《论将》《应变》《励士》，全书四五千字，是吴起军事思想的主要载体，也记载了一些吴起的生平活动事迹，当是由吴起及其门人编集成书。从这个意义上说，《吴子》一书是吴起兵学流派的集体性创作，成书于战国时期,但所反映的是吴起本人的兵学思想。

但是,长期以来人们对《吴子》一书的真伪和作者都存在着不同的看法。有人认为《吴子》系吴起本人自著,有人认为其书出于吴起门人的笔录。我们认为,这些分歧不是实质性的问题,因为它仅仅牵涉到吴起与此书的关系是“作”或“述”的问题,并未否定此书所反映的是吴起本人的军事思想。从古书成书的一般规律考察,《吴子》的成书当是上述两种情况兼而有之,即既不乏吴起本人的手笔,也多少带有其门人、幕僚增补润饰的内容。由于时代久远、资料缺乏,我们今天已很难将其一一区分清楚,故可以略而不论。

然而历史上也有一些人对《吴子》一书予以全盘否定,简单认为《吴子》系后人伪托或杂抄成书,从而断定其为“伪书”。这一观点主要流行于清代和近现代。姚际恒云:“其论肤浅,自是伪托。”姚鼐则云:“魏晋以后,乃以笳笛为军乐,彼吴起安得云‘夜以金鼓笳笛为节’乎?苏明允言:‘起功过于孙武,而著书顾草略不逮武’,不悟其书伪也。”现代学者郭沫若、黄云眉、张心澂、金德建等人也持同样的观点,其中尤以郭沫若的疑伪观点最为系统,其主要论点有三点:第一,“现存的《吴子》……辞义浅屑”;第二,《吴子》多袭用《孙子兵法》《礼记·曲礼》《淮南子·兵略训》等书的语句;第三,青龙、白虎、朱雀、玄武四兽配以方色,时间在战国末年以后,“用知四兽为物,非吴起所宜用”。他最后的结论是“今存《吴子》实可断言为伪。以笔调觇之,大率西汉中叶时人所依托”。

我们认为,这些“伪书”论调,乃是疑古思潮影响下的产物,多出于主观臆断,难以成立。首先,判断古书的真伪,不能以其书行文是否典雅优美为依据。仅以“辞意浅薄”“辞义浅屑”而将其书打入伪书行列,未免过于武断轻率,不足为凭。当代人为文,尚有雅俗畅涩之别,我们怎么能要求古人为文都达到同一境界呢?其次,吴起作为政治家、军事家,在个人事业上固然要胜过孙子,但撰写兵书与实际经国治军之间并不能简单地画等号。所以我们不能要求《吴子》的理论水平一定高于《孙子》，否则白起、韩信等人若留传兵法著作，就应该是最上乘的。更何况《吴子》与《孙子》各有千秋，不能简单地判别高低。再次，《吴子》书中提到的“笳笛”“四兽”等同题，随着论者研究的深入和考古发掘的进展，已不能作为否定其书真实性的根据。如随州擂鼓墩曾侯乙墓考古发掘时，其中“发现的一具漆衣箱，盖上以黑漆为地，朱绘青龙、白虎，中央有象征北斗的大‘斗’字，环以古文的二十八宿名称，是非常珍贵的天文学史资料……至于青龙、白虎、朱雀、玄武四神，长期以来被指为汉代较晚才产生的。擂鼓墩这具二十八宿图漆箱的发现，足以纠正流传的错误观念”（李学勤《东周与秦代文明》，文物出版社 1984 年 6 月版）。曾侯乙墓的年代要略早于吴起的活动年间，故《吴子》书中提及青龙等“四兽”也是很自然的事情。至于“笳笛”，也见于《六韬·虎韬·军略》的记载。《六韬》一书已随着 1972 年山东临沂银雀山汉墓《六韬》竹简残本的出土，而被证实是战国兵书。由此可知，《吴子》中提到“笳笛”云云并不足为怪。况且，古书的成书是一个漫长的历史过程，其中免不了有后人所增添附益的内容，我们要判定某本古书的真伪，只能依据其书的主体思想立论，而不宜以个别名词或提法作为取舍的标准。所以，即使退一步说，《吴子》中有“笳笛”“四兽”等文字内容，也完全不足以动摇其书的真实性，更不能以此而否定吴起及其后学的著作权。

从各种情况来看，《吴子》一书系吴起及其门人共同撰写，是可以成立的。

第一，《吴子》一书在历史上见于多种史籍的著录，这是对其书真伪进行判断的重要依据之一。《韩非子·五蠹》言：“境内皆言兵，藏孙、吴之书者家有之。”这表明吴起曾著有兵书，其书与《孙子》一样，早在战国晚期就风行于世，为人所重。司马迁在《史记·孙子吴起列传》中也提到“《吴起兵法》世多有”，这说明在西汉初年，《吴子》的流传也很广泛。又

《史记·卫将军骠骑列传》记载，“天子(汉武帝)尝欲教之孙、吴兵法”，这显示当时统治者对吴起的兵书予以了高度的重视。

东汉以来，史籍对《吴子》的著录仍延续不断。《汉书·艺文志》著录有“《吴起》，四十八篇”，可见《吴起兵法》不仅依然流传，而且篇数众多，内容丰富。不仅如此，《吴子》还和《孙子》一样，受到军事家的普遍重视和广泛应用，如《后汉书·桓谭冯衍列传》中提到东汉大将军鲍永“观孙、吴之策”；又如《三国志》注引《魏书》云“其(曹操)行军用师，大较依孙、吴兵法”；再如《晋书》亦记载，“李玄盛颇习武艺，诵孙、吴兵法”。这都是明显的事例。

当然，在长期的流传过程中，《吴子》一书有不少内容佚失了，到了唐初，《吴子》只存一卷，《隋书·经籍志》著录《吴起兵法》一卷，即系这方面的标志。然而残本《吴子》与古本《吴子》之间仍有密切关系，这是因为《隋书·经籍志》说得很清楚，当时一卷本《吴起兵法》的注疏者是三国时人贾诩，所以并不存在魏晋南北朝人“伪托”的问题。

《新唐书·艺文志》著录吴起的兵书为“《吴起兵法》一卷”，当与《隋书·经籍志》所指是同一部书。《宋史·艺文志》、晁公武《郡斋读书志》、王应麟《〈汉书·艺文志〉考证》则均著录吴起兵书为“《吴子》三卷”。此后各代公私目录对《吴子》均有记载，唯卷数上有一卷、二卷、三卷的区别。

晁公武《郡斋读书志》云：“《吴子》三卷，右魏吴起撰，言兵家机权法制之说，唐陆希声类次为之，《说国》《料敌》《治兵》《论将》《变动》《励士》，凡六篇云。”这里面的篇数与今存本相同，篇名除《说国》为《图国》，《变动》为《应变》外，其余亦相同。由此可见，传世本《吴子》在唐代即已基本定型。到北宋神宗元丰年间将《吴子》编入《武经七书》，更是广为流传，不再有大的变化。

综上所述，历代对《吴子》的著录史不绝书。其间虽有篇数、内容佚失的情况存在,但是《吴子》一书的部分内容却自战国以来一直流传下来,今本《吴子》的真实性无可怀疑。

第二,今本《吴子》中的不少内容,与史书有关吴起的史实记载相吻合,同时也与战国时期的战争特点以及吴起军事思想的要义相一致。

这方面的例证是很多的。如吴起曾受业于儒家曾子门下,故其论治军时,多袭用儒家"仁""义""礼""德""教"等儒家学说的重要范畴。又如《吴子》主张"以治为胜",强调明法令,重刑赏等,这与《史记》本传记载的"明法审令"立场完全一致。再如《吴子》要求在对待士卒问题上做到"与之安,与之危",造就"父子之兵",这和《史记》本传中记载的"起之为将,与士卒最下者同衣食……与士卒分劳苦"做法一脉相承。

另外,像《吴子》提倡"内修文德,外治武备"的治国方略,充分反映了战国时期诸侯国重视内政建设,扩充军事实力,以求在兼并战争中立于不败之地的历史趋势;《吴子》高度重视选将任将,提出"总文武者,军之将也"的为将标准,体现了当时文武分职、将相殊途的现实背景;《吴子》主张"简募良材",建设一支强大的常备军,这乃是当时募兵制初步兴起的具体写照;《吴子》强调"备千乘万骑,兼之徒步,分为五军",以攻击敌人,夺取战争胜利,这正是当时兵种建设上车、步、骑并重,诸兵种协同作战的现实在兵学理论著作中的反映。所有这一切,都充分说明了《吴子》成书于战国时期,强加在它头上的"伪书"说理应推倒。

第三,今本《吴子》中的一些内容,亦见于先秦其他兵书的记载,这样就从相互比勘的角度,进一步证实了《吴子》一书的成书年代和作者身份。如《孙膑兵法·威王问》云:"'两军相当,两将相望,皆坚而固,莫敢先举,为之奈何?'孙子答曰:'以轻卒尝之,贱而勇者将之,期于北,毋期于得,为之微陈,以触其厕(侧),是胃(谓)大得。'"其问对的内容与文字表达方式均与《吴子·论将》篇中的有关记载大体一致,而《孙膑兵法》东汉以后即已佚失,银雀山竹简出土后方重见天日,故《吴子》不可能抄袭《孙膑兵法》,应该是《孙膑兵法》继承了《吴子》的这一作战指导思想。再如《吴子·治兵》言军事训练的要领为:“一人学战,教成十人;十人学战,教成百人;百人学战,教成千人;千人学战,教成万人;万人学战,教成三军。”类似的记载亦见于《尉缭子·勒卒令》和《六韬·犬韬·教战》。又如《吴子·治兵》言:“用兵之害,犹豫最大;三军之灾,生于狐疑。”《六韬·龙韬·军势》则作:“用兵之害,犹豫最大;三军之灾,莫过狐疑。”两者除个别文字外,也基本一致。随着银雀山汉墓竹简的出土,《尉缭子》与《六韬》的成书年代在战国期间这一问题已获基本解决,所以《吴子》同样应为战国时成书的兵学著作,而且从文字、体例等情况来看,它的成书年代当在《六韬》与《尉缭子》之前。在这种情况下,再怀疑《吴子》的真实性,无疑是不能自圆其说的。

总之,今本《吴子》二卷六篇应为《史记》《汉书》等史籍所著录的《吴起兵法》(或称《吴起》)的部分内容,它的作者是吴起和他的门人。虽有少量后人附益的内容,但基本上真实地反映了吴起的军事思想。

《吴子》自宋神宗元丰年间编入《武经七书》之后,一直为武学的基本教材,是历代将校的必读之书,在历史上产生过重大的影响。这一情况沿袭至明清而不变,如明洪武十三年(1380),朱元璋诏令兵部复刻元版《武经七书》,使之广为流传;又如清代“武试默经”,依然是“不出孙、吴二种”。

《吴子》一书版本众多,较为重要的有黄氏刊本、孙星衍《平津馆丛书》校本、明吴氏二十子本、宋刻《武经七书》本、金施子美《武经七书讲义》本、明沈尤刊本、明刘寅《武经七书直解》本、清朱墉《武经七书汇解》本、《兵垣四编》本、《四库全书》抄本、王士祺刊本、长恩书堂本、《诸子萃览》本、《四部丛刊》本等。其中尤以宋刻《武经七书》本、孙星衍《平津馆丛书》校本、《四库全书》抄本,以及施子美、刘寅、朱墉等人注解本为佳。

三、《吴子》的兵学思想体系

吴起的兵学思想比较丰富,它深刻反映了战国时期军事斗争的一般规律,具有鲜明的时代特色和重要的军事学术价值,并对后世兵学理论的发展产生过深远的影响。大体而言,《吴子》的兵学思想体系由三个方面组成,这就是进步的战争观念、“以治为胜”的治军理论,以及“因形用权”的作战指导思想。以下分别予以简要的介绍。

(一)《吴子》进步的战争观念

战争观念是任何军事思想的基石和出发点。在《吴子》之前,《孙子兵法》在这一问题上已有较系统的理性认识,提出了“慎战”和“备战”并重的战争态度。然而,孙子的战争观存在着一个很大的不足,这就是他对有关战争的目的和性质的论述几乎付诸阙如。这无疑是一个较大的遗憾。《吴子》在这方面的情况却有所不同,它已经开始注意探讨战争的起因问题,并初步区分了不同战争的性质。

《吴子》将战争的起因归结为五种,一是争夺名位,二是掠取利益,三是仇恨的积累,四是内乱,五是饥荒。《吴子》认为,战争的爆发是不以人的意志为转移的,在列国争雄兼并的条件下,战争乃是普遍的社会现象,是不可避免的。这样,《吴子》就与儒家的德化至上论划清了界限。根据这一基本判断,《吴子》进而对战争的性质进行了具体的分类,即义兵、强兵、刚兵、暴兵、逆兵,它主张从事义兵,反对进行强兵、刚兵、暴兵、逆兵,指出:“若行不合道,举不合义,而处大居贵,患必及之。是以圣人绥之以道,理之以义,动之以礼,抚之以仁。”虽然《吴子》对战争起源的探讨是相当粗浅的,其对战争性质的分类也不无片面之处,并不能真正揭示战争的起因和战争的性质,但它毕竟已涉及这些问题,提出了自己独到的看法,这在古典兵学发展史上具有重大的学术意义。

在对待战争的态度上,《吴子》与《孙子兵法》的观点有其一致之处。

它主张备战，认为“安国家之道，先戒为宝”，时刻做好准备，投入对敌作战，用战争的手段实现一定的政治目的。同时，它还指出“当敌而不进，无逮于义矣；僵尸而哀之，无逮于仁矣”，并以历史史实为自己的这一“备战”“重战”立场作出佐证：“昔承桑氏之君，修德废武，以灭其国。”但是，与此同时《吴子》也主张“慎战”，反对穷兵黩武，“有扈氏之君，恃众好勇，以丧其社稷”。它反复强调“战胜易，守胜难”，认为打胜仗越多，就会潜藏未来的巨大灾难：“天下战国，五胜者祸，四胜者弊，三胜者霸，二胜者王，一胜者帝。是以数胜得天下者稀，以亡者众。”力求通过尽可能少的战争，迅速夺取决定性的胜利，实现称王图霸的目的。从这个意义上讲，《吴子》对战争的态度是和某些法家的战争万能论有明显区别的。

战争指导思想也是《吴子》战争观念中的有机组成部分。通观《吴子》全书，可知其核心内容是“内修文德，外治武备”，即正确处理政治与军事之间的关系。在修明政治的前提下，加强军事建设，为从事封建兼并战争创造必要的条件。具体地说，一是要“先教百姓而亲万民”，推行“道、义、礼、仁”四德，搞好内部的团结和统一，达到“四和”的境界，“和于国”“和于军”“和于陈”“和于战”。二是要做到使“贤者居上，不肖者处下”，重用有贤德和有才能的人，选拔他们担任要职，以利于治国安民。三是要做到使“民安其田宅，亲其有司”，即确保民众安居乐业，亲近政府，以利于发展生产，保持国家的稳定。四是君主要关心民众，爱护民众，“爱其命，惜其死”，以争取民众的拥护和爱戴。同时，作为君主要虚怀若谷，善于纳谏，不能唯我独尊。五是要建设一支强大的军队，以确保己方在激烈的兼并战争中占有军事上的优势，实施防御能做到稳如磐石，坚不可摧；实施进攻，则能够所向披靡，克敌制胜，“投之所往，天下莫当”。

总而言之，《吴子》的战争观念，适应了新兴势力夺取政权、巩固政权和从事兼并战争的需要，具有相当进步的色彩。

（二）“以治为胜”的治军理论

通过对治军实践的总结，《吴子》提出了系统的独具特色的治军理论，其核心是“以治为胜”。《吴子》认为军队能否在战场上英勇杀敌，夺取胜利，关键不在于其人数的众寡，“若法令不明，赏罚不信，金之不止，鼓之不进，虽有百万，何益于用”，而在于是否做到治理严格。而严格治理的具体标准为，军队在驻扎时有严格的纪律，展开行动时威武雄壮、威震敌胆，投入进攻时敌人无法抵挡，实施退却时敌人无法追赶，前进或后撤时秩序井然，向左向右运动时听从命令，即使被敌军分割阵势也不混乱，即使被敌军冲散战斗行列也能迅速恢复；其将领能与普通士卒同安乐、共危难，做到上下一心，团结一致而不可分离，连续作战而不会疲沓。一旦达到这些标准，军队就能称为“父子之兵”，就可以“投之所往，天下莫当”，为进行兼并战争提供保证。

基于“以治为胜”的坚定理念，《吴子》进而系统阐述了治军的具体要求。

第一，主张“教戒为先”。《吴子》重视对军队官兵开展思想教育，这就是所谓的“教之以礼，励之以义”，认为只要士卒有了羞耻之心，军队无论攻守，都能得其所宜，“夫人有耻，在大足以战，在小足以守”。同时《吴子》也非常重视军队的军事训练，指出将士在作战中战死往往是由于其军事技能不熟练，作战失败的原因也多由于战术要领没有掌握，“夫人常死其所不能，败其所不便”。为此，它提出了一整套具体的训练方法，来指导平时的训练活动，内容包括单兵技艺训练、战术训练、阵法变化训练等。

第二，提倡“严刑明赏”。《吴子》主张从严治军，强调用严格的军纪、军法来约束将士，使军队的一切行动“任其上令”，即坚决服从上级的命令，做到“令行禁止，严不可犯”，对不从令者要予以诛戮，以整肃军纪。在军事奖惩上要做到“进有重赏，退有重刑”。对善于使用各种兵器，身强力壮，行动敏捷，“志在吞敌”的人予以破格拔擢，“必加其爵列”，以此激励士气，鼓舞斗志。当然，它还强调在实行“重赏”“重刑”之时必须做到“行之有信”。

第三，强调“简募良材”。《吴子》提倡组建特种精锐部队，以防备、应付突发事件。为此，吴起曾建议魏国统治者“聚卒”“练锐”，即把士卒中勇敢强壮者编为一队，把乐意拼死向前者编为一队，把轻捷善走者编为一队，认为一旦拥有这样的劲旅，便可无往而不胜。《吴子》同时还主张根据军队将士的身材高矮、体魄强弱、秉性勇怯、智力优下等情况进行合适的分工，以发挥各人的特长，具体做法是“短者持矛戟，长者持弓弩，强者持旌旗，勇者持金鼓，弱者给厮养，智者为谋主”。

第四，提出“总文武”的为将标准。《吴子》十分重视将领在战争中的地位和作用，认为“良将”关系到国运的盛衰，军队的安危，“得之国强，去之国亡”。为此它对将领提出了严格的要求，总的原则是要文武兼备、刚柔相济，“总文武者，军之将也；兼刚柔者，兵之事也”。具体地说，为将者要有为国献身的高尚情操，“受命而不辞，敌破而后言返”，“师出之日，有死之荣，无生之辱”；具备爱护士卒的慈爱之心，能够与士卒同甘共苦；树立威严，善于号令和指挥部队；善于做到“五慎”，“一曰理，二曰备，三曰果，四曰戒，五曰约”；能够掌握气机、地机、事机、力机等“四机”，即在对敌作战中掌握士气、利用地形、运用谋略、提高战斗力。总之，为将者要有威严、胆识、品德、才干，要足以统率部队、安抚士卒、威震敌军、战胜攻取。

由此可见，《吴子》的治军思想是相当系统完备的，举凡治军原则、教育训练、军纪军法、赏罚手段、精兵建设、选将任将等问题，均有深入的阐述，其中不少合理的思想内核，直至今天仍有一定的借鉴价值。

（三）“因形用权”的作战指导思想

在《吴子》的兵学理论体系中，作战指导思想的阐述占有相当大的篇幅。然而，与其战争理论和治军思想相比，《吴子》的作战指导思想在特色和价值上，都相形见绌了。与《孙子兵法》更注重从哲理层次揭示作战指导规律的特点有所不同，《吴子》有关作战指导问题的探讨，似乎更倾向于对战术要领的具体表述，这或许同其书问答体的体例有一定的关系。

尽管如此，《吴子》的作战指导思想仍有值得总结的地方，它大致可以概括为以下几点：

第一，主张料敌察机，审敌虚实，在知彼知己的前提下，从事战争活动，从而牢牢掌握作战主动权，克敌制胜。

《吴子》和《孙子兵法》一样，非常重视了解敌我双方的军情态势，并把重点放在掌握敌情之上。为此，它专门设有《料敌》篇对此进行深入的阐发。《吴子》认为要了解和掌握敌情，主要的途径有两条，一是重视使用间谍，让其深入敌后搜集敌方的各种情报，掌握敌人的战略动向和作战方案，即所谓"急行间谍，以观其虑"。二是要在战场上采用武力侦察的方法，即如《论将》篇所说的：派出一支小分队对敌实施佯攻，尔后又假装败退，引诱敌人前来追击，从敌人追击的情况来观察判断其虚实，然后决定应敌之策。《吴子》指出，"料敌"的目的是为了发挥自己的长处，捕捉战机，抓住敌人的薄弱环节予以致命的打击，"用兵必须审敌虚实而趋其危"。《吴子》对六国军情的分析和据此而提出的破敌之法，就集中体现了吴起用兵打仗以"料敌"为先的指导原则："夫齐陈重而不坚，秦陈散而自斗，楚陈整而不久，燕陈守而不走，三晋陈治而不用。"攻击齐阵，当"必三分之，猎其左右，胁而从之"；攻击秦阵，应"必先示之以利而引去之……乘乖猎散，设伏投机"；攻击楚阵，则"袭乱其屯，先夺其气，轻进速退，弊而劳之，勿与战争"；攻击燕阵，宜"触而迫之，陵而远之，驰而后之"；攻击韩、赵之阵，需"阻陈而压之，众来则拒之。去则追之，以倦其师"。应该说，这些分析和对策都是符合当时的实际情况的，因此也是高明的，吴起在军事上的成功已充分证明了这一点。

第二，强调“因形用权”，根据作战形势的变化灵活地实施不同的谋略和战术，牢牢立于不败之地。

《吴子》认为战场的情况各不相同，作战的形势瞬息万变，高明的作战指导者应该善于分析形势，把握战机，灵活机动地运用战术，予敌以毁灭性的打击，从而收到事半功倍之效，“凡战之要，必先占其将而察其才，因形用权，则不劳而功举”。具体地说，就是要根据敌情、天时、地利等情况的不断变化，审时度势，以变应变，实施欺诈、收买、离间、疲困、威慑等谋略，灵活采取诱歼、伏击、截击、追击、逼攻、偷袭、水淹、火攻、半渡击等不同战法，迫使敌人分兵、混乱、恐惧、疲惫，陷于不利的地形和被动挨打的地位，然后集中优势兵力，致敌于死命，夺取作战的胜利。在此基础上，《吴子》还进而总结出作战中“因形用权”带有规律性的要领，包括“急击勿疑”的十三种情况，“击之勿疑”的八种情况以及“避之勿疑”的六种情况，大大丰富了中国古代作战指导的理论。

总之，《吴子》一书较全面地反映了战国时期的战争特点与吴起本人的兵学思想，它深刻地总结了战国前期丰富的实战经验，是继《孙子兵法》之后又一部体系完备、思想精辟、价值巨大的兵学论著，在中国古代兵学思想发展史上具有不可磨灭的地位。

图国第一

导读

《图国》是《吴子》全书的首篇，主要论述吴起关于战争起源、性质，其在社会政治生活中的地位的基本看法，以及关于如何指导战争的主要原则和方法。它观点鲜明正确，论证辩证深刻，逻辑严谨系统，文字要而不烦，集中体现了吴起兵学思想的精华要义，在全书中具有提纲挈领的作用。

吴起对战争起源提出了自己的看法，认为战争是一种普遍的社会现象："凡兵之所起者有五：一曰争名，二曰争利，三曰积恶，四曰内乱，五曰因饥。"在此基础上，他将战争的性质划分为五大类：义兵、强兵、刚兵、暴兵、逆兵。他提倡义战而反对不义战争。为了从事必要的战争，以实现新兴势力的政治目的，吴起进而论述了制国治军的基本纲领，这就是著名的"内修文德，外治武备"主张。它的核心内涵就是要将政治和军事紧密结合起来，通盘加以考虑，即在搞好政治的前提下，正确指导战争，以夺取战争的胜利。其中清明政治的中心课题，是要使全国上下和衷共济，团结一致，"百姓皆是吾君而非邻国，则战已胜矣"。而要做到这一点，关键在于"绥之以道，理之以义，动之以礼，抚之以仁"。至于"外治武备"的具体环节，乃是"简募良材，以备不虞"，即是根据士卒的不同条件，进行合理的编组训练，建设起一支训练有素的精锐部队，从而在战场上所向披靡，战胜攻克："内出可以决围，外入可以屠城。"

原文

1. 吴起儒服[1],以兵机[2]见魏文侯[3]。

文侯曰:"寡人不好军旅之事。"[4]

起曰:"臣以见占隐[5],以往察来,主君何言与心违。今君四时使斩离皮革[6],掩以朱漆[7],画以丹青[8],烁以犀象[9],冬日衣[10]之则不温,夏日衣之则不凉。为长戟[11]二丈四尺[12],短戟一丈二尺。革车奄户[13],缦轮笼毂[14],观之于目则不丽,乘之以田[15]则不轻,不识主君安[16]用此也?若以备进战退守,而不求能用者,譬犹伏鸡之搏狸[17],乳犬之犯[18]虎,虽有斗心,随之死矣[19]。昔承桑氏[20]之君,修德废武[21],以灭其国;有扈氏[22]之君,恃众好勇,以

译文

吴起身穿儒生的服装,以陈述用兵谋略为由,谒见魏文侯。

魏文侯说:"寡人我对用兵打仗这类事情不感兴趣。"

吴起说道:"我可从表面现象推测内心的真实想法,也可从过去的情况察知未来的发展。主君您为什么要言不由衷呢?目前您一年到头派人宰杀牲畜,剥皮制革,还涂上红漆,绘上各种颜色,烙上犀牛和大象的图案。这些东西,冬天穿着不能保暖,夏天穿着又不凉爽。所制造的长戟长达二丈四尺,短戟长度有一丈二尺。蒙着皮革的战车多得堵塞了门户通道,它们都安装着没有纹饰的车轮和裹上皮革的中轴,这看在眼里并不显得华丽美观,乘坐它去打猎也不轻捷方便,不知道主君您要这些东西干什么?如果是准备用来进攻或防御,而又不去访求善于使用它们的人,这就好比是孵雏的母鸡去和野猫搏斗,用吃奶的小狗去和老虎角逐,虽然有拼斗的决心,但随之而来的就是自取灭亡。从前承桑氏的君主光讲文德,武备废弛,因而葬送了国家政权;有扈氏的君主依仗人多势众,恃勇好战,结果使社稷覆灭。贤

丧其社稷[23]。明主鉴兹,必内修文德[24],外治武备。故当敌而不进,无逮[25]于义矣;僵尸而哀之[26],无逮于仁矣。”

明的君主有鉴于这些事例,就必然要致力于对内修明文德,对外做好战争准备。所以说,面对敌人而不敢进军作战,这谈不上是义;等到阵亡将士尸身僵硬再悲伤怜悯,这也说不上是仁。”

注释

1 儒服:身着儒者的服装。吴起曾受业于儒家曾子,故着儒服,以儒者的身份谒见魏文侯。

2 兵机:用兵打仗的方略。

3 魏文侯:姬姓,名斯,战国初期魏国的建立者,公元前445—前396年在位。曾任用李悝为相,吴起、乐羊为将,西门豹为邺(今河北临漳西南)令,锐意改革,奖励耕战,富国强兵,使魏国在战国初期率先崛起,称霸诸侯。

4 寡人:古代国君自我谦称,意为寡德之人。 好:爱好,喜欢。

5 以见占隐:通过表面现象推测内心的真实想法。以,根据,通过。见,同“现”,现象。占,推测,揣度。隐,隐情。

6 斩离皮革:指宰杀牲畜,剥其皮以制革,为制造甲胄等作战防护用具提供材料。

7 掩以朱漆:指在皮革制品的表面上涂抹红漆。掩,遮盖,这里是涂饰的意思。

8 画以丹青:指在皮革制品表面绘上各种色彩。丹青,丹砂与石青,这里代指各种颜色。

9 烁以犀象:烙上犀牛和大象的图案。烁,通“铄”,熔化,引申为用火烙刻。

10 衣:名词用作动词,穿。

11 长戟:戟,古代一种重要兵器,兼有戈与矛两种功能,可用于直刺、回钩、横砍。其中长戟多用于车战,短戟多用于步战。

12 二丈四尺:据今人考证,周制一尺约合 19.9 厘米(参见《中国度量衡史》)。二丈四尺约为今 4.8 米。

13 革车奄户:蒙着皮革的战车多得堵塞了门户通道。革车,泛指战车。《孙子兵法·作战篇》:"革车千乘。"掩户,遮掩门户通道,喻指战车数量众多。奄,通"掩"。

14 缦轮笼毂:缦轮,没有纹饰的车轮。笼毂,用皮革包裹车轮中间的圆木。毂,车轮中心的圆木,其中心有圆孔,用来安装、固定车轴。

15 田:同"畋",打猎。

16 安:哪里,怎么。

17 狸:野猫。

18 犯:角逐,攻击。

19 随之死矣:伴随而来的就是死亡。随,跟随,伴随。

20 承桑氏:传说中神农时代的一个部落。

21 修德废武:只讲求德化仁政,废弃武备。《司马法·仁本》:"天下虽安,忘战必危。"

22 有扈氏:夏禹时代的一个部落。禹之子启废除禅让制,实行世袭制,有扈氏起兵反对,被夏启所击灭。

23 社稷:土神和谷神,喻指国家政权。

24 文德:指仁、义、礼、乐等政治教化。

25 逮:及,达到。

26 僵尸而哀之:面对阵亡将士僵硬的尸身而牵动恻隐之心,悲伤怜悯。

原文

于是文侯身自布席[1],夫人捧觞[2],醮[3]

译文

于是魏文侯亲自摆设宴席,由夫人捧着盛满酒浆的酒器,在祖庙中隆重宴吴起于庙，立为大将，守西河[4]。与诸侯大战七十六，全胜六十四，余则钧解[5]。辟土四面，拓地千里，皆起之功也。

请吴起，并任命他担任大将，主持西河地区的防务。在此期间，吴起曾统兵同诸侯列国大战七十六次，其中大获全胜的有六十四次，其余十二次则打了个平手。魏国四面开辟疆土，新占土地多达千里，这都是吴起的功劳。

注释

1 身自布席：亲自摆设宴席。布，安排，布置。

2 觞：盛有酒浆的器皿（如爵等）。

3 醮：古代一种隆重的敬酒仪式。由主人向宾客敬酒，宾客可泰然受之而无需回敬。

4 西河：地理区域。在黄河以西，约当今日之陕西东部地区。

5 钧解：不分胜负，打成平手。钧，通“均”。

原文

2. 吴子曰：“昔之图国家[1]者，必先教百姓[2]而亲万民[3]。有四不和[4]：不和于国[5]，不可以出军；不和于军，不可以出陈[6]；不和于陈，不可以进战；不和于战，不可以决胜。是以有道之主[7]，将用其民，先和而造大事[8]。不敢信其私谋[9]，必告于祖

译文

吴起说：“从前谋求治理国家的君主，一定是首先教化百姓，使万民亲附接近自己。有四种不协调的情形（需要注意）：国内意志不统一，不可以派兵出征；军队内部不团结，不可以上阵打仗；临战阵势不协调，不可以勉强进战；作战行动不协调，不能够决战获胜。因此，贤明的君主要想动用他的民众作战，就必须首先搞好内部团结，然后再从事战争。同时，他也不能过于信赖个人的智谋，而必须前往祖

庙[10],启于元龟[11],参之天时[12],吉乃后举。民知君之爱其命[13],惜其死,若此之至[14]。而与之临难,则士以进[15]死为荣,退生为辱矣。"

庙祭告,用元龟来预卜吉凶,并参看天时条件,如果征兆吉利,再展开行动。民众知道他们的君主爱护他们的生命,怜惜他们的死亡,如果能做到这样的周到,再率领民众共赴国难,他们就会以进击牺牲为光荣,而以退却逃生为耻辱了。"

注释

1 图国家:指谋求国家得到治理。

2 百姓:此处泛指贵族。

3 万民:黎民,庶人,泛指普通民众。

4 四不和:四类不和谐、不协调的情况。

5 不和于国:国内上下之间意志不统一,关系不和谐。国,当时是指国都。

6 陈:同"阵"。下同。

7 有道之主:指贤明的君主。

8 造大事:从事战争活动。造,从事,进行。大事,指战争,所谓"国之大事,在祀与戎"。

9 私谋:个人的见解、考虑。

10 告于祖庙:指在从事战争活动之前,君主应前往祖庙祭告,以求得祖先神灵的保佑。《司马法·仁本》:"乃造于先王。"与此是同一个意思。

11 启于元龟:用元龟来预卜战争的吉凶。元龟,大龟。古人认为龟通神灵,故常用来占卜吉凶祸福。

12 参之天时:参照天时条件,以决定是否兴师作战。

13 爱其命:爱护关怀民众的生死存亡。其,代指普通民众。

14 至:周到,无微不至。

15 进:底本作"尽",据《吴子直解》改。

原文

3. 吴子曰:"夫道[1]者,所以反本复始[2];义[3]者,所以行事立功;谋[4]者,所以违害就利[5];要[6]者,所以保业守成[7]。若行不合道,举不合义,而处大居贵[8],患必及之。是以圣人绥之以道[9],理之以义[10],动之以礼[11],抚之以仁[12]。此四德者,修之则兴,废之则衰。故成汤讨桀而夏民喜悦[13],周武伐纣而殷人不非[14],举顺天人[15],故能然矣[16]。"

译文

吴起说:"所谓'道',是用来探求事物本源、恢复人们善良天性的;所谓'义',是用来处理事务、建功立业的;所谓'谋',是用来避免祸患、赢取功利的;所谓'要',是用来保护和巩固国家的基业的。如果行为不符合道的原则,举动不符合义的规范,而又执掌大权、身居显贵,那就一定会祸患临头。所以,圣人总是用'道'来安抚天下,用'义'来处理事务,用'礼'来动员民众,用'仁'来抚慰百姓。这四项懿行美德发扬光大则国家兴盛,废弛抛弃则国家衰亡。所以,成汤征讨夏桀而夏朝的民众喜悦,周武王攻伐殷纣而殷商的民众不加反对,这是因为他们的行动顺应天理、合乎人心,所以才能做到这一点。"

注释

1 道:中国古代哲学的重要范畴,通常指事物运动的规律、法则,道家认为它是宇宙万物的本源,有时也指方法、手段、途径。

2 反本复始:洞悉事物内在的规律,恢复人们固有的善良本性。反,同"返"。

3 义:指合乎道德规范的行为准则,即所谓"义者,宜也"。

4 谋:谋略。《孙子兵法·谋攻篇》:"上兵伐谋。"

5 违害就利:躲避祸害,取得功利。《孙子兵法·谋攻篇》:"必以全争于天下,故兵不顿而利可全。此谋攻之法也。”可以与此参看。

6 要:根本,纲领,大要。刘寅《吴子直解》:“要,约也,政事枢要也,持其要领也。”

7 保业守成:保卫和巩固统治机器,使国家的基业永不动摇。

8 处大居贵:执掌大权,身居显赫尊贵的地位。

9 绥之以道:通过“道”来安抚稳定天下,引导民众积极从善。绥,引导,安抚。以,借助,利用。

10 理之以义:利用合乎道德规范的方法来治理天下,处理各类事务。

11 动之以礼:借助礼来动员、驱使广大民众。礼,原系古代社会用来表示人们阶级和等级差别的各种规范,包括“名物度数”的“礼物”和“揖让周旋”的“礼仪”两个方面。后泛指全社会都应遵循的道德规范和社会生活准则。《论语·为政》:“道之以德,齐之以礼,有耻且格。”

12 抚之以仁:用仁爱来抚慰广大民众。按:以上四句是儒家政治学说的集中反映。吴起虽为法家、兵家,但因早年曾入儒家曾申门下学习,故思想上明显受儒家学说的影响。

13 成汤讨桀而夏民喜悦:成汤,子姓,名履、天乙、大乙,又称武汤、商汤,原为夏朝的诸侯,后起兵伐夏,鸣条一战,击破夏桀的主力,灭亡夏朝,成为中国历史上第二个王朝的开国君主。桀,夏桀,夏朝的末代君主。史称其暴虐无道,夏民诅咒他“时日曷丧,吾及女偕亡”。后为成汤所推翻,亡命南巢(在今安徽境内)。

14 周武伐纣而殷人不非:周武,即周武王,姬姓,名发,文王之子,通过牧野之战推翻了商纣王的暴虐统治,成为强盛的西周王朝的开国君主。纣,商纣王,帝辛,名受,商朝的末代君主。史称其暴虐无道,作恶多端。结果在牧野之战中为周联军彻底击败,自己登鹿台自焚身死,葬送了殷商近六百年的江山。

15 举顺天人:指行动顺应天理,合乎民心。《易·革·彖辞》:“汤武革命,顺乎天而应乎人。”

16 故能然矣:因此能够做到这一点。然,这样,这般。

原文

4. 吴子曰:“凡制国治军[1],必教之以礼,励之以义,使有耻也[2]。夫人有耻,在大足以战[3],在小足以守[4]矣。然战胜易,守胜难[5]。故曰,天下战国[6],五胜者祸[7],四胜者弊[8],三胜者霸[9],二胜者王[10],一胜者帝[11]。是以数胜得天下者稀[12],以亡者众。”

译文

吴起说:“凡是管理国家,治理军队,必须做到:用‘礼’来教育引导民众,用‘义’来激励鼓舞人心,从而使民众懂得羞耻。一旦民众懂得了羞耻的道理,那么实力强大则可以出战,实力弱小也足以坚守。然而夺取胜利相对容易,巩固胜利却多有困难。所以说,天下从事战争的国家,五战五胜的,定会招来祸患;四战四胜的,定会国力疲敝;三战三胜的,可以称霸争雄;二战二胜的,可以南面称王;一战而胜的,可以成就帝业。所以,依靠多次打赢战争而取得天下的实属罕见,相反因此而亡国绝祀的却为数众多。”

注释

1 制国治军:管理国家,整治军队。

2 使有耻也:使人懂得何谓光荣,何谓耻辱。《论语·为政》说“民免而无耻”,“有耻且格”。

3 在大足以战:实力强大则可以出兵与敌交战。

4 在小足以守:实力弱小也足以坚守自卫,使敌人不能得志。

5 战胜易,守胜难:夺取胜利相对较为容易,而要巩固胜利却往往困难重重。《荀子·议兵》:“兼并易能也,唯坚凝之难焉。”与《吴子》此语意近。

6 天下战国:天下交战角逐之国。

7 五胜者祸:五战五胜,定会招来祸患,以至灭亡。如历史上的秦王朝、隋王朝之属。

8 四胜者弊:四战四胜,定会国力疲敝,结果为人所乘。如春秋晚期的楚国,长期与中原列国交战,终于导致柏举之败,大伤元气。

9 三胜者霸:三战三胜,可以称霸争雄。如先秦历史上的晋文公、齐桓公和魏文侯之属。

10 二胜者王:二战二胜,可以成就王业,南面称孤。如历史上的商汤和周武王。

11 一胜者帝:一战而胜的,可以成就帝业。如黄帝战胜蚩尤奠定中华文明基础。

12 数胜得天下者稀:数胜,屡次获胜。稀,稀少,罕见。

原文

5. 吴子曰:"凡兵之所起者有五[1]:一曰争名,二曰争利,三曰积恶[2],四曰内乱,五曰因饥[3]。其名又有五:一曰义兵,二曰强兵,三曰刚兵,四曰暴兵,五曰逆兵。禁暴救乱曰义[4],恃众以伐曰强,因怒兴师曰刚[5],弃礼贪利曰暴,国乱人疲,举事

译文

吴起说:"导致战争爆发的原因有五种:一是出于争名,二是出于争利,三是出于积仇,四是由于内乱,五是由于饥馑。战争的名称又有五种:一是义兵,二是强兵,三是刚兵,四是暴兵,五是逆兵。凡是禁暴除乱,拯救危难的就叫义兵;凡是依仗兵多势众而征伐侵凌别国的就叫强兵;凡是因个人愤怒而兴师动众的就叫刚兵;凡是背弃礼义贪图私利而用兵的就叫暴兵;凡是不顾国乱民疲而发动战争

动众曰逆。五者之服[6]，各有其道[7]，义必以礼服，强必以谦服[8]，刚必以辞服[9]，暴必以诈服，逆必以权服[10]。”

的就叫逆兵。对付上述五类性质不同的战争，各有特殊的方法，对义兵一定要用礼仪来折服，对强兵一定要用谦让来制服，对刚兵一定要用言辞来说服，对暴兵一定要用谋略来制服，对逆兵一定要用威势来压服。”

注释

1 兵之所起者有五：导致战争爆发的基本原因有五种。兵，本义为兵器，后引申为军队、战争。

2 积恶：长期积累起来的仇恨、憎恶。积恶，底本作“积德恶”。“德”字疑系衍文，今据《武经七书讲义》校删。

3 因饥：由于饥馑导致战争的爆发。

4 禁暴救乱曰义：凡出于制止暴行、拯救危难的目的而从事战争，称为义兵。《左传·成公十五年》云：“凡君不道于其民，诸侯讨而执之。”又《司马法·仁本》：“兴甲兵以讨不义。”

5 因怒兴师曰刚：因个人愤怒而不计后果兴师动众，叫作刚兵。《孙子兵法·火攻篇》：“主不可以怒而兴师。”

6 服：底本作“数”。今据《武经七书汇解》校改。

7 各有其道：各有各的对付方法。道，方法，手段。

8 强必以谦服：对待强兵，一定要用谦让、后发制人的方法来加以制服，即所谓以柔克刚、以弱胜强。

9 刚必以辞服：对待刚兵，一定要利用言辞游说的方法来加以制止。辞，言辞。

10 逆必以权服：对待逆兵，一定要依靠威势来加以震慑、压服。权，权谋，权威。

原文

6. 武侯[1]问曰："愿闻治兵、料人[2]、固国之道。"

起对曰："古之明王，必谨君臣之礼[3]，饰上下之仪[4]，安集吏民[5]，顺俗而教，简募良材[6]，以备不虞[7]。昔齐桓[8]募士五万，以霸诸侯；晋文召为前行四万[9]，以获其志[10]；秦缪置陷陈三万[11]，以服邻敌。故强国之君，必料其民。民有胆勇气力者，聚为一卒[12]；乐以进战效力，以显[13]其忠勇者，聚为一卒；能逾高超远，轻足善走[14]者，聚为一卒；王臣失位而欲见功于上[15]者，聚为一卒；弃城去守[16]，欲除其丑者，聚为一卒。此五者，军之练锐[17]也。有此三千人，内出可以决围[18]，外入可以屠城[19]矣。"

译文

魏武侯问道："我愿意听一听关于治理军队、统计人口、巩固国家的道理。"

吴起回答说："古代贤明的君主，必定严格遵守君臣间的礼仪，整肃上下间的法度，安抚团结官吏和民众，顺应习俗推行教化，选拔和招募优秀人才，以防备不测变故的发生。从前齐桓公招募五万勇士，得以称霸诸侯；晋文公召集四万勇士充当前锋，结果实现了自己的宏大志向；秦穆公组建三万名善于冲锋陷阵的精锐部队，终于制服了邻近的敌国。所以，有志于使国家强盛的君主，必须普查自己的人口，把民众中勇敢强壮的人合编为一队，把乐意参战效力以显示其忠勇的人合编为一队，把能登高越远、轻捷善走的人合编为一队，把因罪丢官而寄希望于立功报效以图东山再起的人合编为一队，把曾经丢城失地而渴望急于洗刷耻辱的人合编为一队。上述这五种人都是军队中的精锐。有这样的三千人，由内出击就可以突破敌人的重重包围，从外进攻则可以摧毁敌人的坚固城池。"

注释

1 武侯：魏武侯，魏文侯之子，名击。他在位期间，继承乃父开创的霸业，使魏国在各方面都有新的发展。

2 料人：即“料民”，指清查人口，登记户数，预备征兵。《史记·周本纪》：“宣王既亡南国之师，乃料民于太原。”

3 谨君臣之礼：严肃君臣之间的礼节名分。谨，严格，严肃。

4 饰上下之仪：整肃上下之间的法度规范。饰，整顿，整肃。仪，仪礼，仪容。

5 安集吏民：指安抚团结官吏和民众。安集，安抚，聚集。

6 简募良材：选拔、招募各类优秀人才。这是吴起重要的建军强兵思想。简，遴选，挑选。

7 以备不虞：以防备、应付任何不测事件的发生。《吴越春秋·勾践伐吴外传第十》：“审备慎守，以待不虞。”

8 齐桓：即齐桓公，齐国国君，姓姜，名小白，春秋五霸之一。在位期间，任用管仲等贤人，“作内政而寄军令”，“尊王攘夷”，救邢存卫，阻遏楚国北进势头，对春秋历史的发展曾发挥过重大的作用。

9 晋文召为前行四万：晋文，晋文公，晋国国君，姓姬，名重耳，春秋五霸之一。在位期间任用狐偃、赵衰等贤士，发愤图强，富国强兵，在城濮之战中大败楚师，“取威定霸”。前行，前锋，精锐的先锋部队。

10 以获其志：来实现自己宏大的志向。获，得到。

11 秦缪置陷陈三万：秦缪，即秦穆公，秦国国君，姓嬴，名任好，任用由余、蹇叔、百里奚等贤士，“益国十二，拓地千里，遂霸西戎”，成为与齐桓、晋文等齐名的春秋五霸之一。陷陈，指能够冲锋陷阵的勇士。

12 卒：古代军队的编制单位，通常以一百人为一卒。此处是泛指一队人马。

13 显：显示，表明。

14 轻足善走:指腿脚灵便,善于奔走。
15 欲见功于上:希望通过建立战功重新得到统治者的信任和重用。
16 去守:擅自脱离职守,导致兵败城破。
17 练锐:指经过严格训练而造就的军中精锐之士。
18 决围:突破包围。
19 屠城:攻克城邑后对守城军民进行大屠杀,如明清之际的“嘉定三屠”“扬州七日”。此处是泛指摧毁敌人的坚固城池。

原文

7. 武侯问曰:“愿闻陈必定[1],守必固,战必胜之道。”

起对曰:“立见且可[2],岂直[3]闻乎!君能使贤者居上,不肖者[4]处下,则陈已定矣;民安其田宅[5],亲其有司[6],则守已固矣;百姓皆是吾君而非邻国[7],则战已胜矣。”

译文

魏武侯问道:“我愿意听听关于列阵必能稳定,守御必能坚固,作战必能胜利的道理。”

吴起回答说:“立即见效尚且可以办得到,岂止只是听一听呢?主君如果能让有贤德的人担任要职,而使平庸无能之辈处于下位,那么阵势就已稳定了;如果能使民众安居乐业并亲近各级官吏,那么守御就已坚固了;如果能使老百姓都拥护爱戴自己的国君而反对邻国,那么作战就已胜利了。”

注释

1 陈必定:指排列军阵能够做到稳如磐石,敌不能犯。
2 立见且可:立即见效尚且可以做得到。立,立刻,马上。见,同“现”,显现,引申为见效,收效。
3 直:仅仅,只是。

4 不肖者:指奸佞邪僻之徒。

5 安其田宅:意谓使广大民众安居乐业。安,形容词意动用法,以……为安。

6 有司:即各级主管官吏。古代设官分职,事各有所司,故称有司。

7 皆是吾君而非邻国:都认为自己的国君所作所为正确而认为别国的做法错误。

原文

8.武侯尝谋事[1],群臣莫能及,罢朝而有喜色。起进[2]曰:"昔楚庄王[3]尝谋事,群臣莫能及,退朝而有忧色[4]。申公[5]问曰:'君有忧色,何也?'曰:'寡人闻之,世不绝圣[6],国不乏贤,能得其师者王[7],得其友者霸。今寡人不才,而群臣莫及者,楚国其殆[8]矣。'此楚庄王之所忧,而君说之[9],臣窃惧[10]矣。"于是武侯有惭色。

译文

魏武侯曾经临朝和群臣商议国事,大臣们的见解都不及他的高明。退朝后他面上流露出洋洋自得的喜色。吴起便进谏道:"从前楚庄王曾临朝和群臣商议国事,大臣们的见解都比不上他。他退朝后面露忧心忡忡的神色。申公就问他:'主君面有忧愁的神色,这是什么原因?'楚庄王回答说:'寡人听说世上不会没有圣人,国内也不会缺少贤人,能够得到他们做老师,便可以称王;能够得到他们做朋友,便可以称霸。如今寡人没有才能,而群臣更不如寡人,楚国可真是危险了。'这正是楚庄王所忧虑的事情,而主君您却感到高兴,我私下对此深感忧惧。"于是,魏武侯的脸上现出了惭愧的神色。

注释

1 谋事:商议谋划国家大事。

2 进:进谏。

3 楚庄王:春秋中期楚国国君,芈(mǐ)姓,名旅(或作吕、侣)。前614年—前591年在位。曾任用伍举等贤士,整顿内政,兴修水利,扩充军备,拓展疆土,吞并江淮流域小国,陈兵周郊,询问象征天子权威的九鼎之轻重,在邲之战中打败主要对手晋国,迫使宋、郑、鲁、陈、蔡诸国归附楚国,从而成为春秋五霸之一。

4 忧色:忧愁不安的神色。

5 申公:春秋时期楚国人,屈姓,名巫,字子灵,为申地大夫。

6 世不绝圣:圣人不会在世上绝迹,即所谓"江山代有才人出,各领风骚数百年"(清代赵翼诗句)。

7 得其师者王:能够得到圣人做自己的老师,就可以成就王业。如太公望之于周文王、周武王。

8 殆:危险。

9 说之:感到高兴。说,同"悦",高兴,快乐。

10 窃惧:私下感到忧惧不安。窃,私下,用于表示某种看法或观点之前,含有一己之见不敢专断的谦逊之意。

战例

战牧野武王伐纣

牧野之战,是商周之际周武王在姜太公吕尚等人辅佐下,率军直捣商都朝歌(今河南淇县),在牧野(今河南淇县以南、卫河以北地区)大破商师,灭亡殷商王朝的一次战略决战。

商汤所建立的商王朝,历经初兴、中衰、复振、全盛、衰微诸阶段后,到了商纣王(帝辛)即位时期,已滑向全面危机的深渊。这表现为,殷商王朝政治腐败,刑罚酷虐,连年对外用兵,民众负担沉重,痛苦不堪;贵族内部矛盾重重,分崩离析,经济凋敝,社会动荡,出现了"如蜩如螗,如沸如羹”的垂死局面。

与日薄西山、奄奄一息的商王朝形成鲜明对比的是，商的西方属国——周的国势正如日中天，迅速发展。公刘、古公亶父、王季等人的积极经营，使周日益走向强盛。文王姬昌即位后，任用深富韬略的姜太公，“阴谋修德以倾商政”，积极从事灭商兴周的宏伟大业。

文王为牧野之战的取胜，“剪商”事业的完成，奠定了坚实的基础。在政治上他修道行善，裕民富国，广致人才，发展经济，造就“耕者九一，仕者世禄，关市讥而不征，泽梁无禁，罪人不孥”的清明政治局面。他的“笃仁，敬老，慈少，礼下贤”政策，赢得了人们的广泛拥护，巩固了内部的团结。在修明内政的同时，他向商纣发起了凌厉的政治、外交攻势：请求商纣“去炮烙之刑”，争取与国，最大限度地孤立商纣。文王曾公平处理了虞、芮两国的土地纠纷，还颁布“有亡荒阅”（搜索逃亡奴隶）的法令，保护贵族的既得利益。通过这些措施，文王大大扩大了自己的政治影响，取得了“伐交”斗争的重大胜利。

在处理商周关系上，文王表面上装出一副恭顺事商的姿态，用以麻痹纣王。如曾率诸侯朝觐纣王，向其显示所谓的“忠诚”。同时大兴土木，“列侍女，撞钟击鼓”，以示自己贪图享乐，不思进取，欺骗纣王，诱使其松懈警惕，确保灭商准备工作能够在暗中顺利地进行。

诸事基本就绪之后，文王在姜太公的辅佐下，制定了正确的伐纣军事战略方针。其中第一个步骤，就是除掉商室的羽翼，对商都朝歌形成战略包围态势。为此，文王首先将兵锋指向西北和西南地区，相继征服犬戎、密须、阮、共等方国，解除了己方的后顾之忧。接着又挥师浩荡东进，渡过黄河，先后荡平黎、邘、崇等商室的重要属国，打通了进攻朝歌的道路。至此，周已是“三分天下有其二”，伐纣灭商只不过是一个时间问题了。

令人遗憾的是，文王没有能等到这一天，他终因积劳成疾，而于牧野之战前夕撒手西去。其子姬发继位，是为周武王。他继承乃父遗志，遵循既定的战略方针，并一一予以具体落实。他在孟津（今河南孟津东北）与诸侯结盟,向朝歌派遣间谍,准备伺机兴师。

当时,商纣王本人也多少感觉到来自周人的严重威胁,拟议对周用兵。然而这一计划却因东夷族的反叛而化为泡影。为平息东夷的反叛,纣王调动商军主力倾全力进击东夷,结果造成西线防御的极大空虚。与此同时,商朝统治集团内部的矛盾也呈现白热化。纣王饰过拒谏,肆意妄为,残杀忠臣,导致众叛亲离,四面楚歌。武王、姜太公等人遂把握住这一有利战机,擂响大举伐纣的隆隆战鼓。

公元前1027年(一说公元前1046年)正月,周武王统率兵车300乘,虎贲3000人,甲士45000人,声势浩大杀向商室腹心地区。同月下旬,周军抵达孟津,和参与反商的庸、卢、彭、濮、蜀、羌、微、髳等方国部落的部队会师。武王利用商地人心归周的有利形势,率本部及协同自己作战的方国部落军队,于正月二十八日由孟津冒雨兼程东进,从汜地(今河南荥阳汜水镇)渡过黄河,迅速北上,至百泉(今河南辉县西北)折而东行,直指朝歌。周师沿途没有遇到商军的抵抗,开进顺利,仅经过6天的行程,即于二月初四拂晓进抵牧野。

周军将至的消息传至朝歌,引起商室上下一片惊恐。纣王百般无奈,只好仓促部署防御。但这时候商军主力远在东南地区,远水解不了近渴,于是不得已才武装大批奴隶,连同留守国都的商军共约17万人(或说70万,不可信),由自己率领,开赴牧野抵御周师。

二月初五日清晨,周军布阵完毕,庄严誓师,历史上称作"牧誓"。武王在誓师辞中声讨纣王听信宠姬谗言,废弃祭祀祖先,招诱四方罪人和逃亡奴隶,残害民众等诸多暴行,以激励从征将士的敌忾之心和斗志。接着,武王又郑重宣布了作战中的行动要求和军事纪律:进退有序,以保持阵形的严整;不杀戮降者,以分化瓦解敌人。

誓师完毕,周武王即下令向商军发起总攻击。他先使"师尚父与百夫致师",即让姜太公率领一部分精锐突击部队向商军挑战,以牵制迷惑敌手,并打乱其阵脚。商军中临时拼凑起来的奴隶和战俘早已恨透了纣王及其帮凶,此时便纷纷起义,掉转戈矛,帮助周师作战,商军的阵形因此而陷入大乱。武王见状,就乘势以“大卒(主力)冲驰帝纣师”,猛烈冲杀敌军。杀得商军丢盔弃甲,死伤惨重,“血流漂杵”,十几万之众顷刻土崩瓦解,一败涂地。纣王眼见大势尽去,遂弃军逃窜,仓皇潜入朝歌城中。周军乘胜进击,兵临朝歌城下。纣王自知在劫难逃,于绝望中登上鹿台放火自焚,结束其可耻的一生。纣王一死,商军残兵就停止了最后抵抗,周军终于顺利地攻占了商都朝歌,灭亡了曾经强盛一时的商王朝。后来,周武王又分兵四出,征伐商朝散布在各地的诸侯,肃清殷商的残余势力。

牧野之战终结了殷商王朝近六百年的统治,确立了周王朝对中原地区的统治秩序,为西周古典礼乐文明的全面兴盛开辟了广阔的道路,对后世历史的发展产生了深远的影响。

周军取得牧野之战的全胜决非偶然。这首先是其所从事的战争具有正义性,即属于《吴子》所说的“禁暴救乱”的“义兵”,其基本特点就是“绥之以道,理之以义,动之以礼,抚之以仁”,真正做到了“举顺天人”,从而能够无往而不胜。其次,这也是周文王、周武王长期正确运用“伐谋”“伐交”策略以及积极增强自己政治、军事实力的结果,即所谓“内修文德,外治武备”。它起到了争取人心,除敌羽翼,麻痹对手,建立反商统一战线的积极作用。其三,是做到了正确选择决战的时机,即乘商师主力远征东夷未返,商王朝内部分崩离析之际,果断地下定决战的决心,统率诸侯联军实施战略奔袭,从而使敌人在战略、战术上均陷于劣势和被动,无法进行有效的抵抗。其四,适时举行战前誓师,历数商纣罪状,宣布作战行动要领和战场纪律,鼓舞士气,瓦解敌人,做到了“和于国”“和于军”“和于阵”“和于战”。其五,在牧野决战的作战指挥上,善于做到众寡分合、奇正并用,予敌以突然而猛烈的打击,“时维鹰扬”,使之顷刻之间彻底就歼。由此可见,牧野之战所体现的军事谋略和作战艺术是十分高明、非常杰出的,它对于中国古代军事学术和战争实践的发展具有不可低估的意义。

料敌第二

导读

本篇主要论述如何发挥战争指导者的主观能动性，在战场上全面准确地观察、分析和判断敌情，实施正确的作战指导，随机处宜，因敌制胜。与此同时，吴起还在本篇中深入分析了齐、秦、楚、燕、韩、赵等六国政治情况及其军队作战的特点，提出了相应的制胜方针，并就治军、选士的一般原则发表了自己的看法。全篇内容丰富，阐发精到，具有重要的军事学术价值。

吴起十分重视对敌情的观察、分析和判断，主张在掌握敌情的基础上，灵活采取不同的战法，避敌之长，击敌之短，牢牢占据作战的主动权。他在本篇中所总结归纳的不卜而“击之勿疑”等八种情况，“避之勿疑”等六种情况，以及“可击之道”等十三种情况，正是他料敌理论的具体操作规范，它们渊源于实战，又被用来指导实战，富有鲜明的针对性和高度的概括性，乃是对孙子“相敌”主张的丰富和发展。而其所包含的基本精神，则是“审敌虚实而趋其危”。这是一条重要的作战原则，直至今天仍不无积极的借鉴价值。

从料敌制胜的基本原理出发，吴起进而对当时主要诸侯列国的政情军情作了透彻的剖析，指出列国军队在布阵作战上的主要特点，“齐陈重而不坚，秦陈散而自斗，楚陈整而不久，燕陈守而不走，三晋陈治而不用”,并系统阐述了魏军对付六国军队的作战方法。为了确保这些作战方法行之有效,夺取胜利,吴起还强调了治军严整的重要性,这包括拔擢任用勇敢善战之士、严饬军纪、信赏必罚等措施的制定和运用。吴起认为,一旦能全面落实自己上述的各种主张,便可以“以半击倍,百战不殆”。

原文

1. 武侯谓吴起曰:“今秦胁吾西[1],楚带吾南[2],赵冲吾北[3],齐临吾东[4],燕绝吾后[5],韩据吾前[6]。六国之兵四守[7],势甚不便[8],忧此奈何?”

起对曰:“夫安国家之道,先戒为宝[9]。今君已戒,祸其远矣。臣请论六国之俗[10]:夫齐陈重而不坚[11],秦陈散而自斗[12],楚陈整而不久[13],燕陈守而不走[14],三晋陈治而不用[15]。

译文

魏武侯对吴起说:“如今秦国威胁着我们的西部,楚国包围着我们的南部,赵国正对着我们的北部,齐国紧逼在我们的东部,燕国堵死了我们的后路,韩国又扼据在我们的前方。六个国家的虎狼之师从四面包围着我国,整个形势极为不利,我对此十分忧虑,应该怎么办才好呢?”

吴起回答说:“保障国家安全的方法,以事先有所戒备最为重要。现在主君您已经有所戒备,这样就可以远离祸患了。请允许臣下我具体谈谈六国(军阵)的情况:齐国军队的阵势规模庞大但却并不坚固,秦国军队的阵势部署分散但却能各自为战,楚国军队的阵势严整但却不能持久,燕国军队的阵势利于守御但却不善于机动,韩、赵两国军队的阵势整齐方正但却并不实用。

注释

1 秦胁吾西:秦,秦国,战国七雄之一。在今陕西中部、甘肃东南一带地区,建都于咸阳(今陕西西安西北)。胁,威胁。吾,指魏国。

2 楚带吾南:楚,楚国,战国七雄之一。据有今湖北全部,湖南、河南、山东、安徽、江西等省一部,在战国七雄中国土面积最大。建都于郢(今湖北江陵)。带,环绕,围绕。

3 赵冲吾北:赵,赵国,战国七雄之一。其地跨有今河北西南部、山西中部、陕西东北部,建都于邯郸(今河北邯郸)。冲,正对,直对。

4 齐临吾东:齐,齐国,战国七雄之一。据有今山东大部、河北东南一部,建都于临淄(今山东淄博一带)。临,紧临,紧挨。

5 燕绝吾后:燕,燕国,战国七雄之一。其地约有今河北北部、山东东北部及辽宁一部,建都于蓟(今北京一带)。绝,断绝,堵死。

6 韩据吾前:韩,韩国,战国七雄之一。在今河南中部、山西东南部,建都于宜阳(今河南宜阳)。据,扼据,扼挡。

7 六国之兵四守:底本无"之"字,据《武经七书汇解》补。四守,四面紧逼,包围。

8 势甚不便:形势非常不利。势,形势,战略态势。便,便利。

9 先戒为宝:预先有所戒备是保障国家安全的重要前提。戒,戒备,警戒。

10 六国之俗:这里主要是指六国军队布阵作战上的特点。

11 重而不坚:阵势庞大但不坚固。

12 散而自斗:阵势部署分散但将士善于各自为战。

13 整而不久:阵势严整但不能持久稳固。

14 守而不走:阵势利于守御但是机动性较差。走,跑动,这里是机动的意思。

15 三晋陈治而不用:三晋,公元前453年由晋国分裂而成的韩、魏、赵三国。此处专指韩、赵两国。陈治而不用,意谓阵势整齐划一但不合于实用。

原文

"夫齐性刚，其国富，君臣骄奢而简于细民[1]，其政宽而禄不均[2]，一陈两心，前重后轻[3]，故重而不坚。击此之道，必三分之[4]，猎其左右[5]，胁而从之[6]，其陈可坏。秦性强，其地险，其政严，其赏罚信，其人不让[7]，皆有斗心，故散而自战。击此之道，必先示之以利而引去之[8]，士贪于得而离其将，乘乖猎散[9]，设伏投机[10]，其将可取。楚性弱，其地广，其政骚[11]，其民疲，故整而不久。击此之道，袭乱其屯[12]，先夺其气[13]，轻进速退，弊而劳之，勿与战争，其军可败。燕性悫[14]，其民慎，好

译文

"齐国人性情刚强，国家富饶，君臣骄横奢侈，不把普通民众利益放在眼里，政令松弛废懈，俸禄厚薄不均，军阵之中人怀异心，不能协力，前锋部队强大能战，后续部队疲弱无力，所以阵势庞大而并不坚固。攻击这种军阵的方法是，一定要兵分三路，侧击其左右两翼，主力则乘势从正面展开攻击，这样，敌阵就可以被打垮。秦国人性情强悍，地势险要，政令严格，赏罚必信，士卒在战场上勇往直前，宁死不退，斗志十分旺盛，所以秦国军队的阵势是兵力部署分散而能各自为战。攻击这种阵势的方法是，一定要先用小利引诱它贸然出击，使其士卒贪于得利而脱离将领的指挥，然后乘其队伍分散混乱之际予以各个击破，并巧设埋伏，捕捉战机聚而歼之，这样就可以俘获敌军的主将。楚国人性情懦弱，国土广阔，政令烦苛，民众疲惫，因此楚国军队的阵势整齐而不能持久。攻击这种阵势的方法乃是，要派兵袭扰它的屯驻地，先挫伤它的锐气，然后突然进攻，迅速撤离，使得它疲于奔命、消耗实力，而不要同它正面决战，这样楚国的军队就可以被打败。燕国人性情忠厚老实，民众做事谨慎，好勇尚义，不会行奸使诈，所以燕国军队的阵形善于守御而不善

勇义，寡诈谋，故守而不走。击此之道，触而迫之[15]，陵而远之[16]，驰而后之[17]，则上疑而下惧，谨我车骑，必避之路[18]，其将可虏。三晋者，中国[19]也，其性和，其政平，其民疲于战，习于兵[20]，轻其将，薄其禄[21]，士无死志，故治而不用。击此之道，阻陈而压之[22]，众来则拒之，去则追之，以倦其师。此其势也。

于机动作战。攻击这种军阵的方法是，战场上一接触交锋就要对它施加压力，猛攻一下便迅速远撤，奔袭它的后方，如此则可使它的将领生疑困惑，士卒恐惧害怕，同时严密地将我军战车骑兵埋伏在敌军的必退之路，这样敌军的将领就可以被生擒活捉。韩、赵两国地处中原地区，人们的性情温顺平和，政治稳定，民众已对战争感到疲惫，对打仗觉得厌烦，轻视自己的将领，鄙薄所谓的爵禄，士卒都没有决死拼斗的意志，所以说韩、赵两军的阵势虽然严整但却不能用于实战。攻击这种军队的方法乃是，它列阵固守就强攻它，它全线出击就迎头阻击它，它撤退逃跑就跟踪追击它，总之是要使它师老人疲而陷于失败。以上就是六国的大略形势。

注释

1 简于细民：简，简慢，苛刻。细民，下层民众。

2 禄不均：俸禄不均，厚此薄彼。

3 前重后轻：阵中前锋战斗力强，后续部队战斗力弱。

4 必三分之：将部队分为三支，各自独立担任战斗任务。

5 猎其左右：攻击齐军的左右两侧。猎，攻击，袭扰。

6 胁而从之：以主力从正面发起攻击。

7 让：退缩，怯战。

8 示之以利而引去之：用小利引诱对手贸然出击。《孙子兵法·计篇》："利而诱之。”

9 乘乖猎散：乘敌人混乱散漫之机予以各个击破。乖，背离，分散。

10 设伏投机：预设埋伏，捕捉战机。

11 骚：指政令烦苛、骚动不宁。

12 屯：屯扎之处，即宿营地。

13 先夺其气：首先设法挫伤敌人的锐气。《孙子兵法·军争篇》：“故三军可夺气，将军可夺心。”

14 悫：朴实，质朴，忠厚老实。

15 触而迫之：触，两军在战场上相接触。迫之，对敌人施加强大的压力。

16 陵而远之：陵，通“凌”，侵凌，侵侮，引申为主动进击。远之，打了就撤。

17 驰而后之：以迅雷不及掩耳之势奔袭敌军侧后方。

18 必避之路：必退之路。避，退避。《武经七书汇解·纂序》：“谨伏我车骑于敌人必避之路。”

19 中国：中原腹地的诸侯国。

20 习于兵：对战争感到厌倦。习，狎，厌倦、厌恶的意思。

21 薄其禄：瞧不起那份俸禄。薄，形容词意动用法，鄙薄，不在乎。

22 阻陈而压之：用坚强的阵势对敌施加压力。

原文

“然则一军之中，必有虎贲之士[1]，力轻扛鼎[2]，足轻戎马[3]，搴[4]旗斩将，必有能者。若此之等，选而别之，爱而贵之[5]，是谓军命[6]。其有工用五兵[7]，材力

译文

“那么在一支军队之中，必定要拥有威猛如虎的将士，他们力气之大足以轻松地举起铜鼎，步履轻捷能够追上奔驰的战马，作战时能拔夺敌旗擒斩敌将，必定有这样能干的人。像这样一些人，应该选拔出来分别使用，爱护他们，重用他们，这乃是军队命脉之所系。对于那些善于使用各种兵器、武艺高强、

健疾[8]，志在吞敌者，必加其爵列[9]，可以决胜。厚其父母妻子[10]，劝赏畏罚，此坚陈之士，可与持久。能审料[11]此，可以击倍。”

武侯曰：“善。”

身强力壮、行动敏捷、志在杀敌立功的人，必须给他们加官晋爵，这样才可以在战场上决战取胜。同时还要厚待这些人的父母妻子，鼓励他们立功受赏，警戒他们退缩受罚，使他们成为坚守阵势的战士，从而可以持久作战。能够审慎地注意和处理好这些问题，那么就可以打击成倍于我的敌人了。”

魏武侯说：“讲得太妙了！”

注释

1 虎贲之士：军中精锐善战之勇士。虎贲，《尚书·牧誓》疏：“如虎之贲走逐兽，言其猛也。”

2 力轻扛鼎：膂力之大能够轻松地举起铜鼎。鼎，古代煮食器，青铜所铸。其用于宗庙祭祀时为祭器，后成为国家政权的象征。

3 足轻戎马：步履轻捷能够追得上奔驰中的战马。戎马，战马。

4 搴：拔取。

5 爱而贵之：爱护有本领的人，使他们得到重用。贵，形容词使动用法，使……尊贵。

6 军命：军队胜负存亡命脉之所系，与“司命”含义相近。

7 五兵：据《考工记》，古时五兵有戈、殳、戟、酋矛、夷矛。据《司马法》，五兵为戈、殳、矛、戟、弓矢。这里是泛指各种兵器。

8 材力健疾：武艺高强，身体强壮，行动敏捷机灵。

9 爵列：爵位俸禄的等级。

10 妻子：指妻子和子女。

11 审料：谨慎地了解和掌握。审，谨慎，细致。

原文

2. 吴子曰："凡料敌[1]，有不卜[2]而与之战者八：一曰疾风大寒，早兴寤迁[3]，刊木济水[4]，不惮[5]艰难；二曰盛夏炎热，晏兴无间[6]，行驱饥渴，务于取远[7]；三曰师既淹久[8]，粮食无有，百姓怨怒，祆祥数起[9]，上不能止；四曰军资[10]既竭，薪刍既寡[11]，天多阴雨，欲掠无所；五曰徒众不多，水地不利[12]，人马疾疫，四邻[13]不至；六曰道远日暮，士众劳惧，倦而未食，解甲而息[14]；七曰将薄吏轻[15]，士卒不固，三军[16]数惊，师徒无助；八曰陈而未定，舍[17]而未毕，行阪涉险[18]，半隐半出。诸如此者，击之勿疑。

译文

吴起说："通常判断敌情，不必占卜就可以和敌人进行交战的，有八种情况：一是在狂风严寒之中，昼夜兼程行军，砍伐树木强行渡河，根本不顾士卒艰难的敌军；二是冒着盛夏酷热的天气，休息和行动毫无节制，驱使士卒在饥渴状态下行军，去攻击远处目标的敌军；三是长时间在外面滞留，粮草给养断绝，百姓怨恨愤怒，谣言和灾祸接连发生，将帅对此又无法制止的敌军；四是军需物资业已耗尽，柴草饲料严重短缺，又值天气阴雨连绵，想去抢掠却又没有机会的敌军；五是兵力单薄，水土不服，人马疫病流行，四邻的援军又不曾前来增援的敌军；六是长途跋涉已近黄昏，士卒既疲劳又恐慌，既困倦又饥饿，纷纷解甲倒头就睡的敌军；七是各级将领缺乏威信，军心不稳固，全军上下屡屡惊恐混乱，而又孤立无援的敌军；八是阵势尚未摆好，宿营没有完毕，翻山越险只通过一半兵力的敌军。一旦遇到以上一类情况，都可以毫不迟疑地发起攻击。

注释

1 料敌:分析判断敌情,为己方制定战略战术方针提供依据。

2 卜:古人烧灼龟甲,察看其表面的裂纹以预测事情的吉凶,称为“卜”。后来也泛指一般的预测方法。

3 早兴寤迁:昼夜兼程急行军。寤迁,刚醒来就行军。

4 刊木济水:砍伐树木,扎成木筏渡河。刊木,《武经七书汇解》作“剖冰”。

5 惮:这里是顾忌、顾惜的意思。

6 晏兴无间:休息和行动没有节制。晏,休息。兴,开始行动。间,间歇,引申为有节制。

7 务于取远:致力于攻取远方的目标。

8 淹久:军队长时间滞留在外。

9 祅祥数起:谣言到处传播,灾祸接连发生。祅祥,怪异灾祸之象。祅,同“妖”。数,屡次,多次。

10 军资:军需物资,如辎重等。

11 薪刍既寡:柴草饲料严重短缺。薪,柴草。刍,饲料。

12 水地不利:指水土不服,影响军队的战斗力。

13 四邻:指敌人周边友好邻国的援军。

14 解甲而息:指卸掉身上铠甲,除去头盔倒地入睡。

15 将薄吏轻:各级将领无德无能,缺乏威信。《孙子兵法·地形篇》:“卒强吏弱”,“将弱不严”。

16 三军:古时有上、中、下三军或中、左、右三军之称。此处泛指军队。

17 舍:驻扎,宿营。

18 行阪涉险:翻越高山,通过险要。阪,山坡。

原文

“有不占而避之者六:

译文

“用不着占卜问吉就应当避免

一曰土地广大，人民富众；二曰上爱其下，惠施流布[1]；三曰赏信刑察[2]，发必得时[3]；四曰陈功居列[4]，任贤使能；五曰师徒之众，兵甲之精；六曰四邻之助，大国之援。凡此不如敌人，避之勿疑。所谓见可而进，知难而退[5]也。"

与敌人交战的情况，也有六种：一是土地面积广大，人口众多而且富裕；二是君主和将帅关怀爱护民众和士卒，施与的恩惠遍布各人；三是赏罚分明，而且做得适当及时；四是论功叙位，任用贤能；五是兵员众多，武器装备精良；六是既有四周邻国的帮助，又得到诸侯大国的支援。凡是在这些方面不如敌人的，就应当毫不迟疑地避免与之交战。这就是说，发现可以获胜就当进攻，知道难以败敌就当退避。"

注释

1 惠施流布：指统治者施与的恩惠利泽能落在所有人的身上。

2 赏信刑察：奖赏能守信用，刑罚公正严明。

3 发必得时：行赏和处罚都能做到适宜、及时，所谓"赏不逾时，罚不迁列"。

4 陈功居列：论功叙位，即根据战功大小授予一定的爵位或官职。

5 见可而进，知难而退：发现可以获胜就进攻，知道难以败敌就退却。按：此语又见于《左传》所引古兵书《军志》及《十一家注孙子》所引《军政》。

原文

3. 武侯问曰："吾欲观敌之外以知其内[1]，察其进以知其止[2]，以定胜负[3]，可

译文

魏武侯问吴起说："我想通过观察敌人的外部表现来了解其内部虚实，通过观察敌人的行动举止来识

得闻乎？”

起对曰：“敌人之来，荡荡无虑[4]，旌旗烦乱[5]，人马数顾[6]，一可击十，必使无措[7]。诸侯未会[8]，君臣未和，沟垒未成，禁令未施，三军匈匈[9]，欲前不能，欲去不敢，以半击倍，百战不殆。”

别其作战意图，从而判定战争的胜负，这其中的要领能否说给我听听？”

吴起回答道：“敌人蜂拥而至，大摇大摆，毫无顾忌，旌旗东倒西歪，人马东张西望，对这样麻痹轻敌的军队可以以一击十，一定能打得它措手不及。诸侯盟军尚未会合，君臣之间又不和睦，防御工事没有筑成，各项禁令不曾实施，三军哄嚷乱作一团，想要前进做不到，想要后撤又不敢，对这样混乱不治的军队可以以半击倍，一定是打上百仗也不会有危险。”

注释

1 观敌之外以知其内：通过观察敌人的外部表现来了解其内部的虚实情况。《六韬·武韬·发启》：“必见其外，又见其内，乃知其意。”

2 察其进以知其止：通过观察敌人的行动举止来分辨其作战意图。止，终止，引申为目的、意图。

3 以定胜负：预测战局进展，判定战争胜负。

4 荡荡无虑：声势浩大，趾高气扬，毫无顾虑，戒备松懈。

5 旌旗烦乱：旗帜东倒西歪。旌旗，军队旗帜的总称。周制，用羽毛染五色系于竿首用以激励士卒者为旌；用布帛绘熊、虎系于竿首用以标识号令者为旗。

6 数顾：不断地东张西望或左顾右盼，形容士卒内心恐惧不安。

7 无措：措手不及，手足无措。

8 未会：底本作“大会”，今据《武经七书汇解》校改。

9 匈匈：扰攘不安的意思。《史记·项羽本纪》载项羽对刘邦言：“天下匈匈数岁者，徒以吾两人耳。”

原文

4. 武侯问敌必可击之道。

起对曰："用兵必须审敌虚实而趋其危[1]。敌人远来新至，行列未定，可击；既食未设备[2]，可击；奔走[3]，可击；勤劳[4]，可击；未得地利，可击；失时不从[5]，可击；涉长道，后行[6]未息，可击；涉水半渡[7]，可击；险道狭路，可击；旌旗乱动，可击[8]；陈数移动，可击；将离士卒，可击；心怖[9]，可击。凡若此者，选锐冲之[10]，分兵继之，急击勿疑。"

译文

魏武侯询问吴起：在什么情况下，一定可以攻击敌人？

吴起回答说："用兵打仗必须明白和掌握敌人的虚实情况，然后倾全力攻击它的虚弱环节。凡是敌人远来刚到，战斗队形还没有部署完成的，可以攻击；刚刚吃完饭，没有任何戒备的，可以攻击；慌乱奔走的，可以攻击；劳累过度的，可以攻击；没有占领有利地形的，可以攻击；失掉天时处于逆境的，可以攻击；长途跋涉，后续部队未得到休息的，可以攻击；渡河刚渡过一半的，可以攻击；在险道隘路上行进的，可以攻击；旌旗东倒西歪的，可以攻击；军阵屡屡移动的，可以攻击；将领和士卒分散脱离的，可以攻击；军心恐怖动摇的，可以攻击。凡是遇到上述情形，就应选派精锐部队发起冲击，然后再派遣后续部队投入战斗，迅速攻击，不要迟疑。"

注释

1 用兵必须审敌虚实而趋其危：用兵打仗必须掌握敌人之虚实，而后集中兵力攻打其虚弱之处。按：这是吴起关于作战指导的重要原则之一，其含义与孙子"兵之形，避实而击虚"相一致。

2 既食未设备：刚刚进餐，未作必要戒备。

3 奔走:似无头苍蝇一样到处乱跑,形容军心惊扰不安。

4 勤劳:此处指劳累过度,疲惫不堪。

5 失时不从:丧失天时佑助,处于困厄逆境之中。

6 后行:后续部队。

7 涉水半渡:涉水,横渡江河。半渡,人马渡过一半。半渡而击,是古代江河作战的重要原则之一。孙子亦云:“客绝水而来,勿迎于水内,令半济而击之,利。”

8 旌旗乱动,可击:此句底本原在“失时不从,可击”后,现移在此。旌旗乱动,形容部队混乱,行动散漫。

9 心怖:军心恐惧动摇。

10 选锐冲之:选派精锐部队对敌发起攻击。锐,精锐。冲,冲击,攻击。

战例

晋楚鄢陵大鏖兵

鄢陵之战,爆发于周简王十一年(公元前575年)六月。在这次作战中,晋军善察战机,巧妙指挥,在鄢陵地区(今河南鄢陵西北)击败同自己争霸中原的老对手——楚国,进一步巩固了自己在中原地区的优势地位。这场战争后,晋、楚两国都逐渐失去以武力争霸中原的强劲势头,中原战场开始沉寂下来。从这层意义上说,鄢陵之战称得上是春秋时期晋楚争霸的最后一幕。

公元前578年,晋国取得对秦国麻隧之战的胜利后,已处于争霸的最有利的战略地位和历史时期。这时,秦新被打败,一时无力东顾;齐、晋同盟正处于巩固阶段;中原中小诸侯国皆臣服于晋;南方的吴国和晋国携手,与楚为敌。晋国只需等待有利时机出现,即可与楚国一战,以进一步巩固自己在中原地区的霸权。鄢陵之战就是这一历史背景下的必然产物。

周简王九年(公元前577年),郑国兴兵攻打许国,攻入许都外城,许被迫割地媾和。许为楚国的附庸,郑国的行动损害了楚的利益,自然要引起楚的干涉。于是,次年楚国便起兵攻打郑国,迫使它屈服于己。郑国叛晋后,仗恃有楚国作后盾,兴师进攻宋国。郑国的所作所为直接违反了诸侯间的盟约,且为楚国势力的北上提供了便利条件。对此晋国自然不能坐视不管,于是下决心讨伐楚国:以栾书为中军帅,并联合齐、鲁、卫等国一道出兵杀向郑国,时在公元前575年。

楚共王闻报晋国出兵伐郑,也不甘示弱,亲自统率楚军及郑军、夷兵,以司马子反为中军帅,迅速北上援救郑国,两国军队于是便在郑地鄢陵相遭遇。

当时晋国的盟军齐、鲁、卫师尚在开赴鄢陵的途中,针对这一情况,楚军统帅部作出决策:乘齐、鲁等国军队未到达战场之前,先集中优势兵力击破晋军,把握军事上的主动权。为此,楚军于古代用兵所忌的晦日六月二十九日,趁晋军不备,利用晨雾作为掩护,突然迫近晋军营垒布列阵势,以期同晋军速战速决。

晋军此时未见盟军援兵抵达,加之营垒前方有泥沼,楚军逼近,兵车无法出营列阵,处于不利的地位。鉴于这种形势,晋军主帅栾书主张固守待援,“楚师轻窕,固垒而待之,三日必退,退而击之,必获胜焉”。然而新军统帅郤至则认为,楚军有诸多弱点,具体说来:一、楚军中军帅子反和左军帅子重关系紧张;二、楚王的亲兵老旧不精良;三、郑军列阵不整;四、随楚出征的蛮军不懂得阵法;五、楚军布阵于无月光之夜,实不吉利;六、楚军布阵后,阵中士卒喧哗吵闹,秩序混乱。指出如此杂乱无章的军队一旦投入战斗,必然是互相观望,没有斗志,我军若乘此机会发动进攻,一定能够把他们击败。因此主张利用楚军的弱点,先发制人,主动发起攻击。

晋厉公认为郤至所言很在理,于是改变先前固守待援、后发制人的作战计划,决心趋利避害,立即与楚军决战。随即便在营垒中填平井灶,扩大队列的空间,调动上、中、下军及新军布列阵势。

双方在决战前夕都进行了战场侦察活动。楚军方面,楚共王在晋国叛臣伯州犁的陪同下,登上巢车,观察晋军在阵营内的动静。伯州犁向楚共王逐一解释晋军活动的性质和目的,介绍晋军的临战准备情况。然而楚军并未能由此而判明晋军的作战意图,并做出相应的准备。另一边晋军方面,晋厉公也在楚旧臣苗贲皇的陪伴下,登高台观察楚军的阵势。苗贲皇熟悉楚军内情,这时便向晋厉公提出建议说:楚军的精锐是在中军的王族部队,晋军据此应该先以精锐部队分击楚的左、右军,得手后,再集中兵力猛烈攻击楚的中军,认为这样一定能够大败楚军。

晋厉公和栾书欣然采纳这一意见,及时改变原有阵势,即由中军将、佐各率一部加强左右两翼,确定了首先击破楚军中薄弱的左、右军,尔后围歼其中军的作战部署。部署甫定,晋军遂在营内开辟通道,迅速出营,绕营前泥沼两侧向楚军发起进攻。

楚共王望见晋厉公所在的晋中军兵力薄弱,当即率中军攻打,企图先击败晋中军,结果遭到晋军的顽强抗击。晋将魏锜用箭射伤楚共王的眼睛,迫使楚中军后退,未及支援其两翼。楚共王中箭负伤的消息很快传遍楚军,造成人心浮动。晋军乘势猛攻楚左、右军,楚军抵挡不住,被逼到不便通行的地形上,陷入被动,阵势大乱,纷纷向颍水北岸方向败退。双方从清晨一直交战到夜幕降临,楚军损失很大,公子茂也成了晋军的俘虏。楚共王只得鸣金收兵。而晋军见天色已黑,也暂时中止了追击。

当天夜里,楚中军帅子反检查救护伤兵,补充兵卒战车,修理甲胄兵器,整顿部队,准备明日再战。晋军方面见楚军还不服输,也积极行动起来,补充军队,厉兵秣马,准备来日再一决雌雄。楚共王听到晋军备战的消息,心里忐忑不安,急忙召见子反商量对策。但这时子反却因多饮了两盅酒,大醉卧帐,不能应召。楚共王见元帅如此,不禁心灰意冷,自料再战也占不到什么便宜,于是率军连夜退走。撤退到瑕地之时,楚中军帅司马子反引咎自杀身死。

次日,晋军胜利进占楚军营地,食用楚军留下的粮食,在那里休整三天后凯旋。鄢陵之战,至此以晋军的胜利而降下了帷幕。

鄢陵之战,是晋楚争霸中第三次,也是最后一次的两国军队主力会战,在历史上具有重要的意义。它标志着楚国对中原的争夺从此走向颓势;晋国方面虽然借此得以重整霸业(即所谓的晋悼公复霸),但其对中原诸侯的控制力也逐渐减弱了。

楚军遭到这场会战失败的原因归结起来有以下几点:一、仓促兴师,行军太急,"其行速,过险而不整",造成军队疲劳。恰如《吴子》所说的"盛夏炎热,晏兴无间,行驱饥渴,务于取远",属于"不卜而与之战"之列。二、一味强调赶在齐、鲁等国军队到达前与晋军决战,过于急躁。所谓"失时不从,可击;涉长道,后行未息,可击"。三、未能判明晋军真实的作战意图,并采取相应的对策,即没有做到"观敌之外以知其内,察其进以知其止,以定胜负"这一点。四、会战中缺乏权宜机变能力,以致被动挨打,终于陷入了"荡荡无虑""三军匈匈""欲前不能,欲去不敢"的困境。五、主帅子反不遵守军纪,酗酒误事,致使楚共王彻底丧失再战的信心,可谓是"将薄吏轻""君臣不和"。所有这一切,都充分显示了"楚陈整而不久"的弱点,其惨遭战败,固有所宜!

晋军在此战中表现出较高的作战指导能力:它出动军队及时,先据战地以待敌,赢得一定的主动。同时又得到齐、鲁等重要诸侯国的声援与支持,有"四邻之助,大国之援"。在整个会战过程中,做到高明地"料敌",既能根据楚军的阵势和地形特点制定对策,又能当机立断,先发制人,并且善于"审敌虚实而趋其危",及时改变部署,加强两翼,先弱后强,从而一举击败楚军。

治兵第三

导读

本篇论述的重点，是关于治理军队的基本原则和主要方法。吴起认为，一支军队要拥有强大的战斗力，在金戈铁马的沙场上一往无前、克敌制胜，圆满完成上级所赋予的作战任务，关键在于治军严整，驭众有方。概括地讲，就是所谓的"以治为胜"。这一思想，在吴起整个军事理论体系中占有非常显著的地位，对后世治军理论的发展也具有相当深远的影响。

具体地说，吴起"以治为胜"的思想至少包括两个方面的内容。第一，必须确立正确的建军方向和建军目标。吴子认为，军队是否强大，富有战斗力，不在于数量的多寡，而在于是否做到严明法令，赏罚有信，严格军纪，训练有素，内部团结。他指出一旦做到了这些，那么即使是"父子之兵"，也可以驰骋纵横，天下无敌，"投之所往，天下莫当"。

第二，必须在治军中坚定不移地贯彻"教戒为先"的原则，即把军事教育训练放在重要的位置。所谓军事教育训练，一是要重视军事基础训练，无论是单兵技术，还是战斗队形和阵法，都要在平时加强训练，以求掌握作战技能，熟悉战法，通晓阵法；二是要注重战备行动的训练，熟习并高明应用"进兵之道""行军之道""驻止之道"和"驯养马匹之道"，即根据实战要求和各种地形条件，熟练掌握行军、宿营、通讯联络、部署兵力、临阵对敌的基本要领。

除了论述治军的基本原则外，吴起在本篇中还强调战争指导者要善于把握战机，果断指挥，一举破敌，反对优柔寡断，犹豫不决："用兵之害，犹豫最大；三军之灾，生于狐疑。"这充分反映了吴起果决坚毅、敢于获取胜利的作战指导风格。

原文

1. 武侯问曰："进兵之道[1]何先？"

起对曰："先明四轻[2]、二重、一信。"

曰："何谓也？"

对曰："使地轻马[3]，马轻车，车轻人，人轻战[4]。明知险易[5]，则地轻马；刍秣以时[6]，则马轻车；膏锏有余[7]，则车轻人；锋锐甲坚，则人轻战；进有重赏，退有重刑。行之以信。审能达此[8]，胜之主也[9]。"

译文

魏武侯问道："部队行军作战的方法中首先应该掌握什么？"

吴起回答说："首先要懂得和掌握'四轻''二重''一信'等原则。"

魏武侯问："这是什么意思呢？"

吴起答道："所谓四轻，就是指要做到使地形便于战马奔驰，戎马便于驾驶战车，战车便于载乘人员，人员便于格斗作战。熟悉地形的险易，这样就可以选择便于战马驰骋的道路了；及时地给战马喂食草料，这样就可以使得戎马便于驾车了；经常用油脂涂抹、润滑战车的车轴，这样就可以使得战车便于载人了；进攻用的兵器锋利，防护用的甲胄坚固，这样士卒在战场上就便于作战了。所谓两重，就是指勇敢进战必有重赏厚赐，胆怯退缩必有严刑重罚。所谓一信，就是指赏罚必信，令行禁止。确实能够做到这一切，那么就可以成为胜利的主宰了。"

注释

1 进兵之道:指用兵打仗的方法。

2 四轻:四种轻便、便利的原则。轻,轻捷,便利。

3 地轻马:地形平坦开阔,便于战马驰骋。

4 人轻战:使将士便于格斗作战,发挥战斗力。

5 险易:底本作"阴阳",今从《武经七书讲义》校改。易,平坦。

6 刍秣以时:适时地给战马喂食草料。刍秣,喂养牲口的饲料。

7 膏锏有余:经常用油脂涂抹、润滑战车的车轴。膏,油脂。锏,包裹战车车轴的铁皮。

8 审能达此:能够认真地做到上述"四轻""二重""一信"。审,认真,仔细。达,达到,做到。按:底本此句作"令制远此",今依《武经七书讲义》校改。

9 胜之主也:胜利的主宰。《孙子兵法·用间篇》:"非人之将也,非主之佐也,非胜之主也。"

原文

2. 武侯问曰:"兵何以[1]为胜?"

起对曰:"以治为胜[2]。"

又问曰:"不在众寡?"

对曰:"若法令不明,赏罚不信,金[3]之不止,鼓[4]之不进,虽

译文

魏武侯问道:"军队依靠什么取胜呢?"

吴起回答说:"依靠严格治军而取胜。"

魏武侯又问道:"难道不在于兵力的多少吗?"

吴起回答说:"假如法令不严明,赏罚无信用,鸣金不能收兵,擂鼓不能前进,那么即使有百万之众,又有什么用处呢?所谓治军严整,就是屯驻时讲求军

有百万,何益于用?所谓治者,居则有礼[5],动则有威[6],进不可当,退不可追,前却有节[7],左右应麾[8],虽绝成陈[9],虽散成行[10]。与之安,与之危,其众可合而不可离,可用而不可疲,投之所往,天下莫当,名曰父子之兵。"

纪、军法,行动时军威凛凛,进攻时锐不可当,退却时敌不敢追,前进和后退都有节度,左冲右突都听从指挥。队伍虽然被隔断,但仍能保持各自的阵形;队形虽然被冲散,但仍能恢复原先的行列。将帅和士卒能够同安乐,共患难,这样的军队就紧密团结如同一人而不会离散,可以投入战斗而不会疲惫懈怠,无论把他们派到什么地方,天底下的敌人没有能抵挡的,这就叫作'父子之兵'。"

注释

1 何以:即"以何",凭借什么,依靠什么。

2 以治为胜:依靠严格治军而赢得胜利。这是吴起治军思想最重要的观点,对后世兵家治军理论的构建和治军实践的开展产生过极其深远的影响。

3 金:指金属制作的打击乐器,也叫钲。古时军队用鸣金击钲作为指挥军队停止行动的信号。

4 鼓:战鼓,古代战场上以鼓声作为指挥军队前进、冲锋的信号。

5 居则有礼:指军队屯驻时能严格遵守有关的军纪、军法。礼,此处是指军中各项规章制度。

6 动则有威:展开行动时锐不可当,军威凛然,无坚不摧。威,威力,形容军队进攻凶猛锐利。

7 前却有节:前进和后退都有节度。却,退却,后撤。节,节度,节制。

8 左右应麾:指部队左冲右突都能做到听从上级的指挥。麾,军中用于指挥的令旗,引申为指挥。

9 虽绝成陈:指队伍虽被隔断,但仍能保持各自的阵形,各自为战。绝,隔绝,隔断。

10 虽散成行:指队形虽被冲散,但仍能很快恢复原先的行列。行,行列。

原文

3. 吴子曰:"凡行军[1]之道,无犯进止之节[2],无失饮食之适[3],无绝人马之力[4]。此三者,所以任其上令[5]。任其上令,则治之所由生也。若进止不度[6],饮食不适,马疲人倦而不解舍[7],所以不任其上令。上令既废,以居则乱,以战则败。"

译文

吴起说:"大凡行军的原则,不能违背前进和停止的节度,不要耽误饮食的时间,不要耗尽人马的体力。这三条,就是使将士服从上级命令的基本前提。而将士服从上级的命令,这乃是治理好军队的根本。假如进军和停止没有节度,饮食不能做到适时,人马疲惫困倦而不能解甲休息,那么将士就不能听从上级的命令。上级的命令不能实施执行,那么平时驻守就必定混乱,上阵打仗就必定失败。"

注释

1 行军:此处的行军不是现代意义上的行军,是指部队布列阵势和驻扎安营等。

2 无犯进止之节:不要违背前进和停止的节度。犯,违背,违反。

3 无失饮食之适:指不要耽误将士进餐的时间。失,耽搁,耽误。适,适时。

4 无绝人马之力:指不要消耗尽人马的体力。绝,用尽,耗竭。

5 任其上令:指将士听从上级的命令。任,听从,服从。

6 进止不度：指部队前进和停止休整毫无节度，没有章法。

7 解舍：人马解甲卸鞍休息宿营。舍，止宿，指在营地休息或睡眠。

原文

4. 吴子曰："凡兵战之场，立尸之地[1]，必死则生[2]，幸生则死[3]。其善将者[4]，如坐漏船之中，伏烧屋之下，使智者不及谋，勇者不及怒[5]，受敌[6]可也。故曰：用兵之害，犹豫最大；三军之灾，生于狐疑[7]。"

译文

吴起说："凡是两军交锋的战场，都是流血死亡的地方，抱着必死的决心去战斗则能生存，侥幸贪生就会死亡。善于统兵打仗的将帅，能使部队如同坐在漏水的船中，身处着火的屋下一样，置之死地而后生，使得有智谋的人来不及仔细考虑，有勇力的人来不及发怒逞威，只有抱着必死的决心上阵应敌。所以说：用兵打仗的最大祸患是犹豫不决，导致三军失败的灾难往往来自于狐疑。"

注释

1 立尸之地：陈尸的场所，即流血牺牲的地方。立，成，成为。《广雅·释诂》："立，成也。"

2 必死则生：抱着必死决心去作战反而能生存下来。《孙子兵法·九地篇》："投之亡地然后存，陷之死地然后生。"

3 幸生则死：侥幸求生反而会死亡。《孙子兵法·九变篇》："必生，可虏也。"幸，侥幸。

4 善将者：善于统兵打仗的人。将，意为指挥、统率。

5 勇者不及怒：有勇力的人来不及发怒逞威。怒，发威。《礼记·曲礼》："急缮其怒。"注云："坚劲军之威怒。"

6 受敌：应敌。受，犹“应”，应战，交战。

7 用兵之害，犹豫最大；三军之灾，生于狐疑：用兵打仗的最大祸患是遇事犹豫不决，导致三军失败的灾难来自于狐疑多虑。按：此句又见于《六韬·龙韬·军势》。

原文

5. 吴子曰：“夫人常死其所不能，败其所不便。[1]故用兵之法，教戒为先[2]。一人学战，教成十人[3]；十人学战，教成百人；百人学战，教成千人；千人学战，教成万人；万人学战，教成三军[4]。以近待远，以佚[5]待劳，以饱待饥。圆而方之[6]，坐而起之[7]，行而止之，左而右之，前而后之，分而合之[8]，结而解之[9]。每变皆习[10]，乃授其兵[11]。是谓将事。”

译文

吴起说：“士卒常常死于缺乏作战的技能，军队往往败于不熟悉作战的方法。所以，用兵的方法，以加强教育和训练为首要任务。一个人学习战法，可以教会十人；十人学习战法，可以教会一百人；一百人学习战法，可以教会一千人；一千人学习战法，可以教会一万人；一万人学习战法，可以教会三军。要掌握以自己的接近战场对付敌人的远离战场，以自己的休整安逸对付敌人的劳顿困倦，以自己的给养充足对付敌人的粮秣不济等战法要领。在阵法上要娴熟圆阵变方阵，坐姿变立姿，前进变停止，向左变向右，向前变向后，分散变集结，集结变分散等具体方法。各种变化都熟悉和掌握了，这时才向全军官兵颁发兵器装备。所有这些，都是将帅应该承担的职责。”

注释

1 常：底本作“当”。 败其所不便：军队往往因不熟悉作战的方法而失败。不便,不熟悉,不擅长。

2 教戒为先:将教育和训练放置在首要地位。教戒,教育和训练。

3 一人学战,教成十人:一个人学习和掌握战法后,可以进一步教会十个人掌握战法。按:这里讲的是由单兵到多兵,由分散到集中的系统军事训练方法。《六韬·犬韬·教战》中亦有类似的内容。

4 教成三军:使全军上下都熟悉和掌握战法。这是军事训练的最终目标。

5 佚:安逸。

6 圆而方之:指阵势上由圆阵迅速转换为方阵。圆,圆阵,是一种防御型的军阵。《孙子兵法·势篇》:"浑浑沌沌,形圆而不可败也。"方,方阵,是进攻型的军阵。

7 坐而起之:由坐姿转换为立姿。坐,古人席地而坐,其坐姿如同今之跪姿。古代作战,凡进行防守时多采用坐姿,进行攻击时多采用立姿。

8 分而合之:由分散变为集中。合,集中,集结。

9 结而解之:由集中变为分散。解,化解,这里是指分散。

10 每变皆习:各种阵法变化都做到熟练地掌握。每,各种,各式各样。习,熟悉,熟练。

11 乃授其兵:才向官兵发放兵器装备。授,授予。兵,兵器。按:先秦时期武器装备平时由国家专设的府库统一保管,临战时才将其发放给官兵使用。《左传·隐公十一年》:"郑伯将伐许,五月甲辰,授兵于大宫。"

原文

6. 吴子曰:"教战之令[1],短者[2]持矛戟,长者持弓弩,强者执

译文

吴起说:"军事训练的法则,就是军中身材矮小的士卒使用矛和戟等兵器,身材高大的士卒使用弓和弩等远射兵器,身强力壮的士卒扛着旌旗,勇敢无畏

旌旗,勇者持金鼓,弱者给厮养[3],智者为谋主[4]。乡里相比[5],什伍相保[6]。一鼓整兵,二鼓习陈,三鼓趋食[7],四鼓严辨[8],五鼓就行[9]。闻鼓声合,然后举旗。"

的士卒敲击金鼓,体质羸弱的让他负责后勤保障工作,睿智多谋的让他充当谋士。把同乡同里的士卒编组在一起,让同什同伍的士卒相互作保。打第一通鼓时,检查整理兵器;打第二通鼓时,演习排兵列阵;打第三通鼓时,迅速就餐进食;打第四通鼓时,整装等待命令;打第五通鼓时,集合排好队列。听到鼓声齐鸣,然后高举令旗指挥大军行动。"

注释

1 教战之令:军事训练的法则。令,条令,法则。

2 短者:指身材矮小的士卒。

3 厮养:泛指军队中的勤杂兵。养,即炊事兵。

4 谋主:替主将出谋划策之人。

5 乡里相比:乡里,相传为周代的基层行政单位,一万二千五百家为一乡,二十五家为一里。比,邻近,这里指编组在一起。

6 什伍相保:指同什同伍的士卒互相作保。什、伍,都是军队最基层的编制单位。按:什伍相保是古代统治者控制军队,确保其不至于涣散瓦解的重要手段。《尉缭子·伍制令》:"军中之制:五人为伍,伍相保也;十人为什,什相保也……伍有干令犯禁者,揭之,免于罪;知而弗揭,全伍有诛。什有干令犯禁者,揭之,免于罪;知而弗揭,全什有诛。"可谓是对"什伍相保"内容的具体说明。

7 趋食:迅速就餐进食。趋,迅速,迅捷。

8 严辨:严格检查,引申为整装待发。

9 就行:全体集合,排好队列,准备接战。

原文

7. 武侯问曰："三军进止，岂有道乎？"

起对曰："无当天灶，无当龙头。[1]天灶者，大谷之口；龙头者，大山之端。必左青龙[2]，右白虎[3]，前朱雀[4]，后玄武[5]，招摇在上[6]，从事于下[7]。将战之时，审候[8]风所从来，风顺致呼而从之[9]，风逆坚陈以待之。"

译文

魏武侯问道："军队的开进或屯驻，难道有一定的规则吗？"

吴起回答说："不要正对着'天灶'驻扎，也不要在'龙头'上屯兵。所谓'天灶'，就是指大山的谷口；所谓'龙头'，就是指大山的峰巅。军队的指挥，必须是左军使用青龙旗，右军使用白虎旗，前军使用朱雀旗，后军使用玄武旗。中军用招摇旗在高处指挥，全军在下根据它发出的信号展开行动。临战之时，还要仔细观察风从哪个方向吹来，若是顺风就乘势呐喊鼓噪出击，遇上逆风就坚守阵势，伺机破敌。"

注释

1 无当天灶，无当龙头：无，不可，不要。当，正对，对着。天灶，指山谷之口。龙头，指山巅。《吴子直解》："无当谷口而营，恐为敌所冲，水所浸也。无当山巅而营，恐为敌所围，且水草不便也。"

2 青龙：青色之龙，为东方星宿的总称。此处指绘制有蛟龙图案的青色军旗，一般为左军或左阵之旗号。

3 白虎：白色之虎，为西方星宿的总称。此处系指绘制有猛虎图案的白色军旗，一般为右军或右阵之旗号。

4 朱雀：一名赤鸟，红色之鸟，为南方星宿的总称。此处系指绘制有鹰隼图案的红色军旗，一般为前军或前阵的旗号。

5 玄武：龟与蛇的合体形貌，黑色，为北方星宿的总称。此处系指绘制有龟蛇图案的黑色军旗,一般为后军或后阵的旗号。

6 招摇在上:指中军的招摇旗帜在高处进行战场指挥。招摇,星宿名,亦称天矛,在北斗之杓端。《史记·天官书》:"杓端有两星,一内为矛招摇,一外为盾天锋。"此处系指绘制有北斗七星之黄色军旗,为中军主司指挥之旗号。

7 从事于下:将士根据中军指挥旗所发出的号令展开行动。从事,依照命令行事。

8 审候:仔细观察。候,观察。

9 风顺致呼而从之:在顺风情况下,大声鼓噪呐喊乘势攻击敌人。致呼,呐喊。从,攻击,进攻。

原文

8. 武侯问曰:"凡畜车骑[1],岂有方乎?"

起对曰:"夫马,必安其处所[2],适其水草,节其饥饱。冬则温厩[3],夏则凉庑[4]。刻剔毛鬣[5],谨落四下[6],戢其耳目[7],无令惊骇。习其驰逐[8],闲其进止[9],人马相亲,然后可使。车骑之具[10],鞍、勒、衔、辔[11],必令完坚。凡马不伤于末[12],必伤于始;

译文

魏武侯问道:"凡是饲养军马,难道有具体的方法吗?"

吴起回答说:"马匹一定要安置在适宜的处所,适时地给它饮水喂草,妥善地节制它的饥饱。冬天时,马棚要保持暖和;夏天时,马棚要保持凉爽。要经常地剪、刷马鬃,小心地修蹄钉掌,训练它熟悉各种颜色和声音,使之不至于在驾车骑乘时惊骇乱奔。培养它奔驰追逐的能力,使它娴熟前进停止的动作。人和马要做到稔熟亲近,然后才可以得心应手地加以使用。用于挽车和骑乘马匹的器具,如马鞍、笼头、嚼子、缰绳,务必要确保其完整坚固。通常情况下,马匹不是伤于结束使用时,就一定是伤于不伤于饥，必伤于饱。日暮道远，必数上下[13]，宁劳于人，慎无劳马[14]。常令有余，备敌覆我。能明此者，横行天下。”

开始使用时；不是伤于过饥，就一定是伤于过饱。如果天色已晚，道路又很遥远，骑马的人一定要骑一段路，下马步行一段路，宁可让人受累疲劳，也不要把马给累垮了。要经常使马匹保持充裕的体力，以防备敌军对我发动突然的进攻。如果能明白上面这些道理，那么便可以横行天下，所向无敌了。”

注释

1 凡畜车骑：畜，驯养，饲养。车骑，底本作“卒骑”，据《吴子直解》校改，此为偏正结构词组，指战马。

2 安其处所：指将战马安置在适宜的处所。

3 厩：马棚。按：底本“厩”作“烧”，疑误，今从《武经七书讲义》校改。

4 庑：大屋子。此处亦作马棚解。

5 刻剔毛鬣：经常剪、刷马鬃。刻剔，削、剪。鬣，马的鬃毛。

6 谨落四下：小心地给马蹄钉上铁掌。落，引申为钉掌。四下，马的四蹄。

7 戢其耳目：训练马匹熟悉各种颜色和声音。戢，约束，引申为训练，调训。《吴子直解》：“戢，调戢也。”

8 习其驰逐：指培养马匹奔驰追逐的能力。

9 闲其进止：使马匹娴熟前进和停止的动作要领。闲，通“娴”，意为熟练，娴熟。

10 车骑之具：指用于挽拉兵车和骑乘马匹的各类装备。具，装备，装具。

11 鞍、勒、衔、辔：指马鞍、笼头、嚼子、缰绳。

12 末：末端，末尾。这里是指最后阶段，结束之时。

13 必数上下：指骑马之人骑一段路的马，然后下马步行一段路，以保持马的体力。数，屡次，多回。上，上马骑乘。下，下马步行。

14 慎无劳马:注意不要让战马累垮了。劳,使动用法,使……劳累,使……累坏。

战例

周世宗斩将肃军纪

军纪是否严明是军队战斗力强弱的一个重要因素,早在《周易》中就有“师出以律,失律凶”之说,把纪律视为夺取战争胜利的保证。自此之后,兵家们都把严明军纪放在治军的首要地位,一致认为:“军以赏为表,以罚为里。赏罚明,则将威行。”主张“凡战,使士卒遇敌敢进而不敢退。退一寸者,必惩之以重罚,故可以取胜也”。这种可贵的认识也为历史上的军事统帅们所遵循,从而上演了一个个严明治军的例子。

五代后周显德元年(公元954年),后周皇帝太祖郭威因病去世,他的养子柴荣继承了帝位,是为周世宗。当时他同时也从养父郭威手中接过了一枚苦果——一支军纪败坏的骄兵。

北汉主刘崇趁柴荣年少新立,内部尚未完全稳定之际,联合契丹大举向南发动进攻。周世宗闻报北汉和契丹合军前来进犯,决定亲自领兵出征御敌:“(刘)崇幸我大丧,轻朕年少新立,有吞天下之心,此必自来,朕不可不往。”后周兵开进迅速,很快抵达高平(今山西高平)一带,在那里与北汉、契丹联军相对峙。接着,周世宗正确部署兵力,“命白重赞与侍卫马步都虞候李重进将左军居西,樊爱能、何徽将右军居东,向训、史彦超将精骑居中央,殿前都指挥使张永德将禁兵卫帝”,周世宗本人则“介马自临陈督战”,激励士气,准备与敌决一死战。

北汉主刘崇望见后周军数量不是很多,于是就凭血气之勇,决定马上单独投入战斗,而让契丹军在一旁观阵。他首先下令骁将张元徽率东路军猛烈攻击后周的右路军。

负责指挥后周右路军的樊爱能、何徽等人，与北汉军交战没有几个回合，即仓皇率领骑兵向后退却。他们这一退后果十分严重，后周右路军立即全线崩溃了。数千名步兵逃跑不及，竟然在阵上丢盔弃甲，齐声高呼："刘崇万岁！"投降了北汉军。

周世宗在战阵之上见形势非常危急，便一马当先，"自引亲兵犯矢石督战"。宿卫将赵匡胤见状大声疾呼"主危如此，吾属何得不致死"，并与殿前都指挥使张永德各督两千名亲军奋勇冲杀。后周将士"无不一当百"，于阵上斩杀北汉骁将张元徽，从而顿时改变了两军的攻守态势，使得后周军队反败为胜，大破北汉军。北汉主刘崇见大势尽去，只好率残余骑兵仓皇奔回晋阳(今山西太原)。关系到后周王朝生死存亡的高平之战终于以周世宗柴荣的胜利而告结束。

在此战中，当樊爱能、何徽两人率数千骑兵仓皇南逃，并于路上遇见向前方运送辎重粮草的队伍时，趾高气扬，大耍威风，肆无忌惮，恣意劫掠："控弦露刃，剽掠辎重，役徒惊走，失亡甚多。"柴荣派人前去制止暴行，他们不但不听诏令，反而将一些使者杀死，并沿途散布谣言，动摇军心："契丹大至，官军败绩，余众已降虏矣。"一直到了晚上，樊爱能、何徽二将方才相信后周军队大获全胜的消息，收集部分逃散的兵员，姗姗缓缓归返大营。

周世宗柴荣统率得胜之师进驻潞州(今山西长治古北驿)后，深深感受到军纪不整的严重危害性，心里打算按律斩杀樊爱能、何徽等将"以肃军政"，但却又担忧操之过急而引起变乱，局面大坏。所以心里一时犹豫不决，沉吟再三。有一天，柴荣昼卧于行宫帐中，张永德在一旁认真侍卫，柴荣便跟他讲了自己的忧虑。张永德是柴荣的心腹，平时形影不离，敢说真话，这时就回答道："爱能等素无大功，忝冒节钺，望敌先逃，死未塞责。且陛下方欲削平四海，苟军法不立，虽有熊罴之士，百万之众，安得而用之！"

这番话说得入情入理，周世宗听后，便一把将枕头掷于地下，"大呼称善”。于是他立即下令“收爱能、徽及所部军使以上七十余人”,将他们当面严厉痛斥一番:“汝曹皆累朝宿将,非不能战,今望风奔遁者,无他,正欲以朕为奇货,卖与刘崇耳!”然后让帐下刀斧手把这些畏缩怯战、临阵脱逃者全部推出军门问斩,枭首示众,以儆效尤。

周世宗这一斩将肃军的举动,是完全正确,非常必要的。因为正如《吴子》所说的那样:“若法令不明,赏罚不信,金之不止,鼓之不进,虽有百万,何益于用?”应该说它收到了很好的效果,即在后周军中造成很大的震动,“自是骄将惰卒始知所惧,不行姑息之政矣”。然后,他又重重赏赐了赵匡胤等在高平战役中的有功将士,遂使后周军军威大振,面貌一新,做到了《吴子》所要求的那样,“居则有礼,动则有威,进不可当,退不可追,前却有节,左右应麾,虽绝成陈,虽散成行。与之安,与之危,其众可合而不可离,可用而不可疲,投之所往,天下莫当”,真正成为所谓的“父子之兵”,在战场上所向披靡,横扫千军,为日后北宋王朝统一大业的造就,奠定了坚实雄厚的基础。

论将第四

导读

本篇主要论述将帅的地位、职责，为将者应具备的基本素质，以及“相敌将”的主要方法。其中前半部分重点阐述对己方将领的要求，后半部分则主要说明判断敌方将领优劣的方法。

吴起和孙子一样，都高度重视优良将帅在治军、作战中的地位和作用，认为良将的有无直接关系到国家的安危，“得之国强，去之国亡”。

从这个认识出发，吴起主张培养和任用良将，认为一个国家、一支军队如果拥有具备“威、德、仁、勇”的良将，就可以“率下安众，怖敌决疑”，发号施令则“下不敢犯”，指挥打仗则“寇不敢敌”。为了造就这样的良将，吴起系统提出了为将的基本标准，其根本要求是“总文武”“兼刚柔”，即文武兼备，智勇双全。具体地说，就是必须具备“五慎”“四机”的优良军事素质。所谓“五慎”，即理、备、果、戒、约，拥有“治众如治寡”的治军才能，“出门如见敌”的敌情观念，“临敌不怀生”的献身精神，“虽克如始战”的谨慎态度，“法令省而不烦”的治军作风。所谓“四机”，即气机、地机、事机、力机，要求为将者必须掌握士气，利用地形，以谋制敌，增强部队的战斗力。

在阐述将帅地位和为将标准之后，吴起进一步提出了“相敌将”的方法。他主张在临敌作战之前，必须查明敌方将领的特长、指挥能力以及弱点，然后根据这些情况，“因形用权”，灵活机动，出奇制胜，以较小的代价，夺取最大的胜利，“不劳而功举”。

原文

1. 吴子曰：“夫总文武[1]者，军之将也。兼刚柔[2]者，兵之事[3]也。凡人论将，常观于勇[4]。勇之于将，乃数分之一[5]尔。夫勇者必轻合[6]，轻合而不知利，未可也。故将之所慎[7]者五：一曰理，二曰备，三曰果，四曰戒，五曰约。理者，治众如治寡[8]。备者，出门如见敌[9]。果者，临敌不怀生。戒者，虽克如始战。约者，法令省而不烦。受命而不辞，敌破而后言返[10]，将之礼也。故师出之日，有死之荣，无生之辱。”

译文

吴子说：“文武兼备的人，才能充任军队的将领。刚柔相济的人，才能统兵作战。大凡普通人评论将领，往往只是看他的勇敢。其实勇敢对于一个将领来说，仅仅是他应具备的若干条件之一而已。光凭勇敢的将领一定会轻率地同敌人交战，轻率地与敌交锋而不计及利害得失，这是不足取的。所以，将领必须慎重对待五件事情：一是‘理’，二是‘备’，三是‘果’，四是‘戒’，五是‘约’。所谓‘理’，就是治理庞大的军队如同治理人数不多的军队一样。所谓‘备’，就是部队一出动即如同遇见敌人一样高度警惕。所谓‘果’，就是临敌作战时把个人生死置之度外。所谓‘戒’，就是指虽然已经战胜敌人却如同刚刚开始打仗一样不骄不躁。所谓‘约’，就是指法令简明扼要而不烦琐枝蔓。随时接受命令而从不推辞，打败敌人之后才请求班师，这乃是做将领应该遵守的礼法规范。所以从大军出征的那天起，就应立志以战死沙场为光荣，以苟且偷生为耻辱。”

注释

1 总文武:即总揽文武,也就是文武双全,智勇兼备。

2 兼刚柔:兼备刚柔于一身,即指有勇有谋,刚柔相济。

3 兵之事:指统兵作战。

4 常观于勇:一般人通常只从是否勇敢来考察、评价一个将领的优劣高下。

5 数分之一:诸多条件中的一项。

6 轻合:轻率同敌人交战。合,合兵,交兵。

7 慎:谨慎对待。

8 治众如治寡:治理大部队如同治理小部队一样。《孙子兵法·势篇》:"凡治众如治寡,分数是也。"

9 出门如见敌:部队一出动就如同遇见敌人一样,喻指高度警惕,常备不懈。

10 敌破而后言返:打败敌人之后才谈论班师归家之事。《汉书·霍去病传》:"匈奴不灭,无以家为也!"

原文

2. 吴子曰:"凡兵有四机[1]:一曰气机,二曰地机,三曰事机,四曰力机。三军之众,百万之师,张设轻重[2],在于一人,是谓气机。路狭道险,名山大塞[3],十夫所守,千夫不过,是谓地机。善行间谍[4],轻兵[5]

译文

吴起说:"大凡用兵打仗有四个关键环节:一是掌握士气,二是利用地形,三是运用谋略,四是增强战斗力。三军众多将士,百万雄师劲旅,对士气盛衰的掌握驾驭,全在于将帅一个人,这就是掌握士气的关键。道路狭窄危险,高山要塞壁立,十个人加以扼守,一千人也无法通过,这就是利用地形的关键。善于使用间谍,派遣轻装精锐的小部队出没袭扰,分散牵制敌人的兵往来,分散其众,使其君臣相怨,上下相咎[6],是谓事机。车坚管辖[7],舟利橹楫[8],士习战陈,马闲驰逐[9],是谓力机。知此四者,乃可为将。然其威、德、仁、勇,必足以率下安众,怖敌决疑。施令而下不敢[10]犯,所在而[11]寇不敢敌。得之国强,去之国亡。是谓良将。”

力,使得敌人内部君臣互相埋怨,上下互相责难,这就是运用谋略的关键。战车的轮轴坚固耐用,战船的橹桨轻便好使,士卒熟悉阵法,战马娴于驰骋,这就是增强战斗力的关键。只有通晓掌握这四个关键环节,才可以担任将领。同时将帅的威望、德操、仁爱之心和勇敢精神,都一定要足以作为部下的表率,安抚士众,震慑敌人,决断疑难。他发布命令则属下不敢冒犯违背,他所到之处则敌寇不敢抵御抗衡。国家得到他就会强盛,失去他就会危亡。这就是真正意义上的良将。”

注释

1 四机:四项关键。机,古代弩上的发射机关。此处是指事物的枢纽或关键。《武经七书汇解》引袁了凡注:“所谓机者,必使气、地、事、力无不由我搏转也。”

2 张设轻重:对士气盛衰的掌握驾驭。张设,安排,掌握。轻重,这里是指士气的盛衰状况。高涨激昂为重,萎靡低落为轻。

3 大塞:要塞关隘。

4 善行间谍:善于使用间谍以侦察、掌握敌人的军情。先秦兵家对用间都予以高度重视,孙子曾作《用间篇》系统论述这一问题。吴起在这方面亦无例外。

5 轻兵:轻装精锐的机动小分队。

6 咎:责怪,埋怨。

7 管辖:指战车车轴两旁的铁插销。它是战车的重要部件,起固定车轮的作用。

8 橹楫:划船的工具。形状较大,在船后单摇的称为“橹”;形状较小,在舟船两侧双划的称为“桨”。

9 马闲驰逐:战马娴熟于驰骋。闲,通“娴”,熟练。

10 敢:底本无此字,今从《武经七书讲义》补入。

11 而:底本无此字,今据《武经七书讲义》增补。

原文

3. 吴子曰:“夫鼙鼓金铎[1],所以威[2]耳;旌旗麾帜[3],所以威目;禁令刑罚,所以威心[4]。耳威于声,不可不清[5];目威于色,不可不明;心威于刑,不可不严[6]。三者不立,虽有其国,必败于[7]敌。故曰:将之所麾[8],莫不从移[9];将之所指,莫不前死。”

译文

吴起说:“鼙鼓金铎,是通过听觉来号令军队的;旌旗,是通过视觉来号令军队的;种种禁令刑罚,是用来统一将士的军心意志的。耳朵通过声音来听取命令,所以金鼓的声音不可不清楚;眼睛通过颜色来辨识命令,所以旗帜的颜色不可不鲜明;军心依靠刑罚来凝聚统一,所以刑罚的条文不可不严厉。这三条原则不确立,那么虽拥有整个国家,也必定会被敌人所打败。所以说:将帅的令旗一举,就没有不依令而行的士卒;将帅所指向的地方,就没有不拼死向前的士卒。”

注释

1 鼙鼓金铎:均系军队作战指挥工具。鼙鼓,泛指战鼓,敲击时,大鼓为拍、小鼓为节参差应和,用以壮大军威。铎,大铃,《说文解字》:“大铃也。军法,五人为伍,五伍为两,两司马执铎。”

2 威:这里是发号施令,强制人们听从的意思。《孙子兵法·军争篇》:“夫金鼓旌旗者,所以一人之耳目也。”

3 旌旗麾帜:古代指挥军队行动的各种旗帜。

4 威心:巩固军心,统一意志。

5 清:声音清晰、清楚。

6 严:指刑罚条文严厉具体。

7 于:为,被。

8 麾:本义是旗帜的一种,引申为指挥。

9 从移:服从调遣,按照指挥员的命令行事。

原文

4. 吴子曰:“凡战之要[1],必先占其将而察其才[2]。因形用权[3],则不劳而功举。其将愚而信人[4],可诈而诱;贪而忽名[5],可货而赂[6];轻变无谋,可劳而困;上富而骄,下贫而怨,可离而间[7];进退多疑,其众无依,可震而走;士轻其将而有归志,塞易开险[8],可邀[9]

译文

吴起说:“通常而言,作战中最为重要的是,必须首先探明了解敌方将领的情况并且考察他的才能。根据敌人不同的情况,采取相应的权变机宜,这样就可以不费太大的力气而获得成功。敌方将领如果愚妄蠢笨而又轻信于人,就可用诡诈欺骗的手段诱使他上当中计;如果敌将贪得无厌而不顾忌个人名誉,就可用财物对他进行贿赂收买;如果敌将轻举妄动而缺乏谋略,就可用骚扰的方法使得他疲困劳顿;如果敌将上层富有而骄横、下级贫困而心怀怨忿,就可利用矛盾对他们进行分化离间;如果敌将进退迟疑不定,其部众无所依靠适从,就可用强大的兵威加以震慑,迫使其逃跑;如果敌方士卒轻视怠慢自己的将领,怀而取；进道易[10]，退道难，可来而前[11]；进道险，退道易，可薄而击[12]；居军下湿，水无所通，霖雨[13]数至，可灌而沉[14]；居军荒泽，草楚幽秽[15]，风飚[16]数至，可焚而灭；停久不移[17]，将士懈怠，其军不备，可潜而袭。”

有厌战思归的念头，就把大道堵塞，将险路让开，并可用中途拦腰截击的战法以取胜；如果敌人前进的道路平坦易走，退却的道路险阻难行，就可引诱它前来伺机加以聚歼；如果敌人前进的道路险峻难行，退却的道路平坦易走，就可正面逼近它予以猛烈的攻击；如果敌军屯驻在低洼潮湿的地方，积水无处排泄，又遇上大雨连绵不断，就可用引水淹灌的方法淹没他们；如果敌军驻扎在荒芜的沼泽地带，杂草灌木丛生，又经常吹刮狂风，就可通过火攻的手段消灭他们；如果敌军久驻一个地方，从不移动换防，将士斗志懈怠，部队疏忽无备，就可暗中进兵实施突袭。”

注释

1 要：指用兵打仗的关键。

2 占其将而察其才：探知敌方将领的情况并考察其用兵的才干。占，探明，了解。

3 因形用权：指根据客观情况采取灵活机动的应变措施。因，利用，依据。权，权变，随机处置。《孙子兵法·计篇》："势者，因利而制权也。"

4 愚而信人：愚蠢而又轻信于人。

5 贪而忽名：贪得无厌，毫不忌讳自己名声的好坏。忽，忽略，不顾忌。

6 可货而赂：可以用财物进行贿赂收买。

7 间：分化离间。《孙子兵法·计篇》："亲而离之。"

8 塞易开险：堵塞大道，让开险路。

9 邀：在途中对敌军进行拦截。

10 进道易：进军的道路平坦易行。

11 可来而前：可引诱敌人进兵，伺机加以聚歼。前，通“剪”，剪灭，消灭。

12 可薄而击：可从正面逼近敌军予以猛烈的攻击。薄，迫近，逼近。

13 霖雨：阴雨连绵。雨连下三日以上为霖。

14 可灌而沉：通过引水淹灌的方法淹没敌军。

15 幽秽：指草木丛生，暗湿茂密。

16 飚：同“飙”，狂风。

17 停久不移：在一个地点长期驻扎，从不进行换防调整。

原文

5. 武侯问曰：“两军相望[1]，不知其将，我欲相之[2]，其术如何？”

起对曰：“令贱而勇者[3]，将轻锐以尝之[4]，务于北[5]，无务于得，观敌之来。一坐一起[6]，其政以理[7]，其追北佯为不及，其见利佯为不知，如此将者，名为智将，勿与战矣。若其众讙哗[8]，旌旗烦乱[9]，其卒自行自止，其兵或纵或横[10]，其追北恐不及，见利恐不

译文

魏武侯问道：“两军战场相持对阵，不知道敌方将领的情况，我方想要察知了解他的才能，这有什么办法呢？”

吴起回答说：“派遣一名勇敢善战的下级军官，带领轻装而精锐的小分队前去进行试探性的攻击，只准打败，不准取胜，以观察敌人追击时的种种表现。如果敌人每次前进和停止，都指挥得井井有条，合乎法度，追击败军假装追赶不上，见到战利品装作没有看见，像这样的将领，是足智多谋的贤将，千万不要同他进行交战。如果敌军喧哗吵闹，军旗纷乱歪斜，士卒散漫行动，队形横七竖八，追击败兵唯恐追不上，见了战利品唯恐抢不到，这样的

得，此为愚将，虽众可获。”	将领就是愚蠢的笨将，他虽然拥有众多兵马，也可以将他生擒活捉。”

注释

1 相望：对峙。

2 相之：即《孙子兵法·行军篇》中所说的“相敌”，侦察判断敌情。

3 贱而勇者：指地位低下但又骁勇善战的下级军官。

4 轻锐以尝之：由轻装精锐的小部队对敌实施试探性的进攻。尝，尝试，试探。

5 务于北：以佯装战败为原则。务，力求，务求。北，战败，败北。

6 一坐一起：坐，停止，停留；起，前进，挺进。

7 其政以理：战场指挥井井有条，合乎法度。政，这里是指挥的意思。理，法度，条理，有条不紊。

8 讙哗：喧哗吵闹，声音嘈杂。

9 旌旗烦乱：旗帜东倒西歪。

10 或纵或横：指队列横七竖八，如同一盘散沙。

战例

昆阳城刘秀凯旋

昆阳之战，爆发于更始元年（公元 23 年），它是绿林起义军推翻王莽政权的一次战略性决战，也是我国历史上一个以少胜多的典型战例。在这次决战中，刘秀等人领导的农民起义军，以大无畏的勇敢精神和灵活机动的战法，一举全歼王莽军的主力，撞响了新莽王朝彻底覆灭的丧钟，在历史上具有一定的进步意义。同时它也有力地印证了吴起所说的“贤将”在战争进程中的特殊作用。

西汉末年,政治腐败,经济凋敝,民不聊生,危机四伏。外戚王莽利用这一形势,玩弄权术,夺取政权,建立新朝。但王莽上台后“托古改制”的做法,不仅没有使情况有所起色,反而导致阶级矛盾更趋激化。广大民众在忍无可忍的情况下,纷纷揭竿而起,以武力反抗新莽的统治。一时间起义的熊熊大火燃遍黄河南北和江汉地区,新莽王朝完全处于众叛亲离、风雨飘摇的困境。

在当时众多的农民起义军队伍中,尤以绿林、赤眉两支声势最为浩大。他们在军事上不断打击新莽势力,逐渐向王莽统治腹心地区推进。新莽王朝不甘心退出历史舞台,拼凑力量作垂死的挣扎,农民起义于是进入了最后进攻阶段。昆阳之战正是这一历史背景下的产物。

新莽地皇四年(公元 23 年)初,绿林军各部乘王莽主力东攻赤眉,中原空虚之机,挥师北上,在沘水(今河南沁阳境内)击破王莽荆州兵甄阜、梁丘赐部。接着又在淯阳(今河南新野东北)击败严尤、陈茂所部,兵力扩充到十余万人。在胜利进军的形势下,农民军开始萌发了建立政权的要求,遂于二月间推举汉室后裔刘玄为帝,恢复汉制,年号更始。更始政权的建立,标志着农民起义进入了新的发展阶段。

更始政权建立后,即以主力北上围攻战略要地宛城(今河南南阳),并开进到灌川一带。为了阻止王莽军的南下,保障主力展开行动,更始政权另派王凤、王常和刘秀等人统率部分兵力,乘敌严尤和陈茂军滞留于颍川郡一带之际,迅速攻下昆阳(今河南叶县)、定陵(今河南舞阳北)、郾县(今河南郾城南)等地,与围攻宛城的主力形成犄角之势。这为下一步进击洛阳,与赤眉军会师以及经武关西入长安消灭王莽政权创造了有利的条件。

王莽政权对农民军的战略动向十分不安,于是就慌忙调整军事部署,将主力由对付赤眉转而对付更始军。三月间,王莽派遣大司空王邑和司徒王寻奔赴洛阳,在那里征发各郡精兵 42 万,号称百万南下进攻更始军,企图以优势的兵力与更始军进行决战,一举而胜,以确保宛城,安定荆州，保障长安、洛阳的安全。

五月间，王邑、王寻率军西出洛阳，南下颍川，在那里与严尤、陈茂部会合，并迫使先期进抵阳关（今河南禹县西北）的更始军刘秀部撤回昆阳，尔后，继续推进，迫近昆阳。

当42万王莽军逼近昆阳之时，昆阳城中的更始军仅有八九千人。如何对付来势汹汹的强敌，更始农民军开始时意见并不统一。有的将领认为敌我兵力众寡悬殊，不易取胜，因而主张避免决战，化整为零，先回根据地，再图后举。但刘秀则反对这种消极做法，主张集中兵力，坚守昆阳，迟滞、消耗王邑军的兵力，掩护主力攻取宛城，然后伺机破敌。此时王邑的先头部队已逼近昆阳城北，在这紧要关头，诸将同意了刘秀的建议，决定由王凤、王常等率众坚守城邑，另派刘秀、李轶等率13骑乘夜出城，赶赴郾县、定陵一带调集援兵。

王邑、王寻等人统率新莽军蜂拥抵至昆阳城下，将其团团围困。这时曾与绿林军交过手，深知其厉害的严尤向王邑建议说：昆阳城易守难攻，而且更始军主力悉在宛城一带，我军应当绕过昆阳，迅速赶往宛城，先击败更始军的主力，届时昆阳城即可不战而下。然而王邑等人自恃兵多势众，根本听不进这一适宜的意见，坚持先攻下昆阳，再进击更始农民军主力。于是动用全部兵力列营百余座，猛攻昆阳不已，并傲慢地扬言："今将百万之众……当先屠此城，蹀血而进，前歌后舞，顾不快邪！"

王邑军轮番向昆阳城发起进攻，并挖掘地道，制造云车，企图强攻取胜。昆阳守军别无退路，遂依靠城内民众的支持，殊死抵抗，坚守危城，多次击退王邑军的进攻，予敌人以很大的消耗。

严尤眼见昆阳城屡攻不下，己军日趋被动，遂再次向王邑建议：围城必须留出缺口，使城中守军逃出一部分到宛城城下，去散布恐怖情绪，以动摇敌人的军心，瓦解敌军的士气。可是刚愎自用的王邑依然未能采纳。

刘秀等人驰抵定陵、郾县之后，说服不愿出兵的诸营守将，于六月初一率领步骑万余人增援昆阳。此时王邑军久战疲惫，锐气早已丧失殆尽，这就为更始军击破它提供了机遇。

刘秀亲率千余援军步骑为前锋,在距王邑军二三里处列成阵势,准备接战。王邑、王寻等人自恃兵力雄厚,骄妄轻敌,只派出数千人迎战。刘秀率众奋勇进攻,反复猛冲,当场斩杀王邑军不少人马,取得了初步的胜利,大大振奋了士气。

这时候,更始起义军主力已攻占宛城三日,但捷报还未传到昆阳。刘秀为了鼓舞全军士气,动摇敌人军心,便制造了攻克宛城的战报,用箭射入昆阳城中;又故意将战报遗失,让王邑军拾去传播。这一消息一经散布,昆阳城中的守军士气更为高涨,守城更为坚决;而王邑军则由于顿兵昆阳坚城,久攻不下,且闻宛城失陷,士气更为沮丧。于是,胜利的天平开始向起义军这一边倾斜了。

刘秀在取得初战胜利后,又善于捕捉战机,乘敌人士气沮丧和主帅狂妄轻敌的弱点,精选勇士三千人,出其不意地迂回到敌军的侧后,悄悄地涉过昆水(今河南叶县辉河),对王邑大本营发起极其猛烈的攻击。此时的王邑等人依旧轻视汉军,未把刘秀的攻击放在眼里,同时又担心州郡兵失去控制,遂下令各营勒卒自持,不准擅自出兵,而由自己和王寻率领万余人马迎战刘秀的冲杀。王邑的这一做法造成严重的恶果:在刘秀所部精兵的猛烈进攻之下,王邑手下的万余人马很快陷入被动挨打的困境,阵势大乱。可诸将却又因王邑有令在先,谁也未敢出营救援,致使王邑军溃败,王寻也做了汉军的刀下之鬼。昆阳城内的守军见敌军主帅已脱离部队,敌军阵势已乱,也乘势及时出击,内外夹攻,杀声震天动地,打得王邑全军一败涂地。王邑军的将士们见大势已去,便纷纷逃命,互相践踏,积尸遍野。这时又恰遇大风飞瓦,暴雨如注,滍水剧涨。王邑军涉水逃跑而被淹死的不计其数,使得滍水为之不流,只有王邑、严尤等少数人狼狈逃脱,窜入洛阳。至此,昆阳之战就在更始起义军歼灭王莽军主力,并尽获其全部装备和辎重的辉煌胜利中结束了。

昆阳之战,是绿林、赤眉起义中的决定性一战。它基本聚歼了王莽赖以维持其暴虐统治的军队主力,为起义军胜利进军洛阳、长安,最终推翻新莽的统治奠定了基础。

在昆阳之战中,王莽军的兵力达42万人之多,而更始起义军守城和外援的总兵力加在一起也不过两万人左右。然而在兵力对比如此悬殊的情况下,起义军竟能取得聚歼敌人的辉煌胜利,这决不是偶然的。归结其要旨,大约有这么几条:政治上反抗王莽暴政统治,符合广大民众的愿望和要求,因而得到民众的拥护和支持,这是昆阳之战中起义军取胜的深厚政治基础,所谓"威、德、仁、勇,必足以率下安众,怖敌决疑"。军事上,刘秀领导的起义军实施了坚守昆阳,牵制敌人,调集兵力,积极反攻的正确方针,严重迟滞了王邑军的行动,消耗了它的实力,牢牢地掌握了战场攻守的主动权,做到了"因形用权,则不劳而功举"。在作战指导的具体运用方面,起义军敢于拼杀,士气高昂,英勇顽强,一往无前,"将之所麾,莫不从移;将之所指,莫不前死","有死之荣,无生之辱"。又"先占其将而察其才",善于利用敌军的弱点,攻心打击和军事进攻双管齐下,摧毁敌人的战斗意志,积小胜为大胜。并能够把握战机,选择敌军指挥部为首要进攻目标,将其一举捣毁,使得敌军陷于群龙无首的境地,最终难以逃脱失败的命运。这充分显示了起义军主将刘秀杰出的指挥才能,表明他不愧为"总文武""兼刚柔"的旷世名将。

应变第五

导读

本篇是吴起战术思想的集中体现，主要论述临敌应变、机动灵活的战法原则以及具体手段，其中心思想是主张根据不同的敌情、天时、地利等条件，审时度势，运用灵活多变的战法，攻坚陷阵，战胜敌人。同时，本篇也强调了指挥号令工具在临敌作战中的重要性，并就严格战场纪律问题提出了自己的意见。

吴起对各种战场情况进行了具体细致的分析，提出了系统的破敌之策。其核心精神是继承孙子“兵因敌而制胜”的用兵原则，因敌变化，因情制敌。具体地说，这体现为以下几点：第一，顺应天时，巧用地利。如动用战车作战，就要做到“阴湿则停，阳燥则起”；又如在不同地形条件下，要善于部署兵力，做到众寡分合，“避之于易，邀之于厄”“用众者务易，用少者务隘”；再如在丘陵、林谷、深山、江河地带作战，也要随机应变，或“疾行亟去，勿得从容”，或“车骑挑之，勿令得休”，或“半渡而薄之”。总之是要充分利用天时、地利，将敌置于死地。第二，灵活运用兵力，巧妙驾驭战局，以我之变，迫敌就范。吴起主张根据不同的敌情，运用“众寡分合”的原则，给敌人以沉重的打击。如若我众敌寡，就采用分兵合击的战法；若敌众我寡，则集中优势兵力攻敌一点，尔后扩大胜势，各个击破敌人。第三，奇正并用，避实击虚。吴起认为，对不同的敌人，宜采取不同的打法。或以快应变，先机制敌；或设伏应变，出奇制敌；或待敌之变，以变胜变，从而争取作战的主动权，牢牢立于不败之地。由此可见，吴起作战指导思想的基调是主动灵活，因敌制胜，它符合军队作战的一般规律，因而受到后世兵家的高度推崇。

原文

1. 武侯问曰："车坚马良，将勇兵强，卒[1]遇敌人，乱而失行[2]，则如之何？"

起对曰："凡战之法，昼以旌旗幡麾为节[3]，夜以金鼓笳笛[4]为节。麾左而左[5]，麾右而右。鼓之则进，金之则止[6]。一吹[7]而行，再[8]吹而聚，不从令者诛。三军服威，士卒用命[9]，则战无强敌，攻无坚陈矣。"

译文

魏武侯问道："我方战车坚固，马匹优良，将领勇敢，士卒强悍，如果突然遭遇敌人，队伍混乱不成行列，那该怎么办呢？"

吴起回答说："一般的作战方法，在白天用旌旗进行指挥，在夜间用金鼓笳笛进行指挥。指挥向左部队就向左，指挥向右部队就向右，擂击战鼓就前进，敲鸣金铎就停止。第一次吹响笳笛队伍就行动，第二次吹响笳笛队伍就集合，不服从命令的就要诛杀无赦。全军都慑服威严，士卒都执行命令，这样，打起仗来就不会有强大的敌人，进攻时也不会有攻不破的坚固阵势了。"

注释

1 卒：同"猝"，仓促、突然的意思。

2 乱而失行：指部队混乱不成行列。即如《孙子兵法·九地篇》所说的那样，是"前后不相及，众寡不相恃，贵贱不相救，上下不相收，卒离而不集，兵合而不齐"。

3 昼以旌旗幡麾为节：白天用旌旗指挥部队的行动。节，节制，引申为号令、指挥。《孙子兵法·军争篇》："故夜战多火鼓，昼战多旌旗，所以变人之耳目也。"

4 笳笛：又名笳吹、笳管、笳箫等，简称笳。古代用于指挥军队的一种吹奏乐器。

5 麾左而左：令旗指向左方部队就向左方进击。麾，这里是指挥的意思。

6 金之则止：鸣击金铎就停止行动。金，金铎，这里名词用作动词。

7 一吹：第一次吹奏笳笛。

8 再：第二次。《左传·僖公五年》："一之谓甚，其可再乎？"

9 用命：听从指挥，执行命令。

原文

2. 武侯问曰："若敌众我寡，为之奈何？"

起对曰："避之于易[1]，邀之于厄[2]。故曰：以一击十，莫善于[3]厄；以十击百，莫善于险；以千击万，莫善于阻[4]。今有少卒卒起[5]，击金鸣鼓于厄路，虽有大众，莫不惊动。故曰：用众者务易[6]，用少者务隘[7]。"

译文

魏武侯问道："如果敌军人数众多，我军兵力寡少，那应该怎么办呢？"

吴起回答说："在平坦的地形上要避免同它作战，要在狭隘险要的地形上对它进行截击。所以说，以一击十，没有比在狭隘险要的路上更好的了；以十击百，没有比在险要地形更好的了；以千击万，没有比在险阻地带更好的了。现在如果有少数士兵突然出现，在狭隘险道上击鼓鸣金，敌军即使是人多势众，也没有不惊惶失措的。所以说，指挥大部队作战，一定要选择开阔平坦的地形；指挥小部队作战，一定要选择狭隘险要的地形。"

注释

1 避之于易:避免在平坦地形上同敌人交战。易,平坦。

2 邀之于厄:在狭隘险峻的地形上对敌人实施截击。邀,拦截。厄,险要之地。

3 于:比。

4 阻:障碍众多难于行进之地。《左传·僖公二十二年》:"古之为军也,不以阻隘也。"

5 少卒卒起:少量士卒突然出击。前一个"卒"指士卒,后一个"卒"字意为突然。少卒,底本作"少年",疑误,今据《武经七书讲义》校改。

6 用众者务易:指挥大部队作战,一定要选择开阔平坦的地形,这样便可以展开兵力,以堂堂正正之阵迎击敌人。

7 用少者务隘:指挥小部队作战,一定要选择狭隘险要的地形,以便神出鬼没打击敌人,出奇制胜。

原文

3. 武侯问曰:"有师甚众[1],既武且勇[2],背大险阻,右山左水[3],深沟高垒,守以强弩,退如山移,进如风雨[4],粮食又多,难与长守[5],则如之何[6]?"

译文

魏武侯问道:"敌人兵多势众,既训练有素又作战勇敢,背靠高山大岭,前临险要阻隘,右边倚靠山岭,左边紧靠水泊,掘了很深的壕沟,筑有高大的壁垒,配备有强劲的弩兵进行防守,后撤时稳如山移,前进时疾如风雨,粮食供给又很充足,我们很难同它长期相持,这种情形下应该怎么办?"

注释

1 甚众:人数众多。甚,很,非常。

2 既武且勇：训练有素同时又作战勇敢。武，指真实实力。勇，指精神面貌。

3 右山左水：右面倚托高山，左面挨着水流。按："右山左水"是古代军队驻扎或布阵的理想态势。《史记·淮阴侯列传》："兵法：右倍山陵，前左水泽。"

4 退如山移，进如风雨：撤退时稳如山岳移动，进攻时疾如狂风骤雨。《孙子兵法·军争篇》："其疾如风，其徐如林，侵掠如火，不动如山。"

5 长守：长时间的对峙。

6 则如之何：那么该怎么对付它呢？则，那么。之，代词，指上述所说的情况。按：底本无此句，今从《武经七书讲义》增补。

原文

起对曰："大哉问乎！此非车骑之力，圣人之谋也。[1]能备千乘万骑，兼之徒步[2]，分为五军，各军一衢[3]。夫五军五衢，敌人必惑，莫之所加[4]。敌人若坚守以固其兵，急行间谍[5]，以观其虑。彼听吾说，解之而去[6]；不听吾说，斩使焚书，分为

译文

吴起回答说："您所问的确实是一个大问题。这不能单凭车骑的力量来解决，而要靠圣人的卓越谋略才能取胜。要能够准备千辆战车，万名骑兵，再加上适当数量的步兵，编组为五支部队，每支部队各负责一个方向的攻守。五支部队分成五路展开行动，敌人必然会疑虑困惑，无法知道我们将会攻击什么地方。敌人如果坚守阵势，以此来稳定它的部队，这时便应该立即派出间谍，前去摸清它的真实意图。如果它听从我方使者提出的议和要求，双方就各自撤兵罢战；如果敌人不听从我方的劝告，斩杀我方使者，焚烧我们的议和书信，我们就兵分五路与敌交战。取得胜利不要实施追击，不能取胜就迅速撤回。如果伪装战败，要稳妥地展

五战。战胜勿追,不胜疾归。如是佯北[7],安行疾斗,一结[8]其前,一绝其后,两军衔枚[9],或左或右[10],而袭其处。五军交至,必有其利,此击强之道也。[11]”

开行动,迅捷地投入战斗,用一支兵马在正面牵制敌人,用另一支兵马去抄截敌人的后路,再派遣两支兵马衔枚潜行,隐蔽开进,从左右两侧袭击敌人所据守的阵地。五军合力协同,一起行动,必然会形成有利的作战态势,这就是攻击挫败强大敌人的一套办法。”

注释

1 起:底本无此字,据《武经七书讲义》补。 此非:底本作“非此”,据《武经七书讲义》改。

2 兼之徒步:另派适当数量的步兵配合主力行动。

3 衢:四通八达之路,交通要道。这里是指一个作战方向。

4 莫之所加:使敌军无法察知我军的进攻点,从而无法有效防守。《孙子兵法·虚实篇》:“故善攻者,敌不知其所守。”

5 间谍:此处的间谍似指出使敌方的使者,因其肩负刺探情报的任务,故亦可称为间谍。

6 解之而去:指双方脱离接触,各自罢兵回师。

7 佯北:假装战败,以诱敌深入。

8 结:此处是牵制的意思。

9 衔枚:古代行军,为保持肃静,避免惊动敌人,让士卒在口中衔一根状如筷子的“枚”。枚的两端有带,系在颈上,使枚不会从口中掉出。

10 或左或右:对敌人左右两侧同时展开打击。

11 五军交至:五支部队互相配合,协同作战。 利:底本作“力”,据《武经七书讲义》改。

原文

4. 武侯问曰："敌近而薄我[1]，欲去无路，我众甚惧[2]，为之奈何？"

起[3]对曰："为此之术，若我众彼寡，各分而乘之[4]，彼众我寡，以方从之[5]。从之无息[6]，虽众可服[7]。"

译文

魏武侯问道："敌人向我军开进逼近，我军想撤退但又没有去路，我方士卒非常恐惧，这该怎么办呢？"

吴起回答说："应付这种局面的办法是：如果我众敌寡，就分兵包围攻击敌人；如果敌众我寡，就集中优势兵力攻击敌人。连续实施攻击，不断进行袭扰，敌军虽多也是可以制伏的。"

注释

1 薄我：逼迫我军。

2 甚惧：非常恐惧。

3 起：底本无此字，今据《武经七书讲义》增补。

4 分而乘之：分兵攻击敌人，使敌人顾此失彼，处处被动。《孙子兵法·军争篇》："掠乡分众。"

5 以方从之：集中优势兵力对敌实施攻击。方，并，比，这里是集中、集结的意思。从，追击。

6 从之无息：连续不断地进攻敌人。

7 服：制伏。

原文

5. 武侯问曰："若遇敌于溪谷[1]之间，傍多险阻，彼众我寡，为

译文

魏武侯问道："如果同敌军在溪谷之地相遭遇，两旁多是险阻地形，而兵力上又是敌众我寡，那该怎么办呢？"

之奈何?”

起对曰:“遇诸[2]丘陵、林谷、深山、大泽[3],疾行亟去[4],勿得从容[5]。若高山深谷,卒然相遇,必先鼓噪而乘之[6],进弓与弩,且射且虏[7],审察其政[8],乱则击之勿疑。”

吴起回答说:“如果遇到丘陵、森林、谷地、深山、大泽等不利地形,必须迅速通过,尽快离开,而不要四平八稳、磨磨蹭蹭。如果在高山、深谷地带突然与敌人相遭遇,就一定要抢先擂鼓呐喊,乘势攻击敌人,动用强弓大弩守阵御敌,一面射敌一面抓捕俘虏,同时要仔细观察敌军阵势的虚实,如发现敌人惊恐混乱,就果断地实施攻击,而决不要有任何迟疑。”

注释

1 溪谷:两山之间有小溪流的谷地。

2 遇诸:遇,底本无此字,据《武经七书汇解》补。诸,副词,犹“于”,表示方位所在。

3 大泽:面积较大的沼泽地,或称湖沼地。

4 疾行亟去:迅速通过,尽快离开。去,离去,离开。《孙子兵法·行军篇》:“绝斥泽,惟亟去无留。”

5 从容:从容不迫,此处是形容行动疲沓迟缓。

6 鼓噪而乘之:擂鼓呐喊,以此震慑、扰乱敌人,并伺机发动攻击。

7 且射且虏:一边用弓弩射敌,一边捕抓俘虏,扩大战果。按:此句《通典》作“且备且虑”。

8 审察其政:仔细地观察敌军阵势的虚实。审,仔细,谨慎。

原文

6. 武侯问曰:“左右高

译文

魏武侯问道:“左右两边都是

山，地甚狭迫，卒遇敌人，击之不敢，去之不得，为之奈何？”

起对曰：“此谓谷战，虽众不用[1]。募吾材士[2]，与敌相当[3]，轻足利兵[4]，以为前行[5]，分车列骑，隐于四旁，相去数里，无见其兵[6]。敌必坚陈，进退不敢。于是出旌列旆[7]，行出山外营之[8]，敌人必惧。车骑挑之[9]，勿令得休。此谷战之法也。”

高山，地形十分狭窄险峻，这时突然遭遇敌人，我们想进攻又不敢，想撤退又走不了，这该怎么办呢？”

吴起回答说：“这就是所谓的‘谷战’，兵力虽然众多但派不上用场。这时我们应该挑选精良的士卒，去同敌人相抗衡，他们一律轻装上阵，配备有锐利的武器，作为先头部队。同时把战车、骑兵分别隐蔽部署在四周，与敌人相距数里，不要暴露自己的兵力部署。敌人必然会固守阵势，既不敢前进，也不敢随便后退。这时我们便亮出排列严整的军旗，让部队开出山外安营扎寨。敌人见到这种情形一定会惊惧害怕。我们再不断地派遣车骑向敌人挑战，不让敌人得到片刻的休息。这就是谷地作战的基本方法。”

注释

1 虽众不用：人数虽多但派不上用场，即无法展开兵力。

2 材士：骁勇善战的精锐士卒。

3 相当：相抗衡。当，同“挡”，抵挡，抗衡。

4 轻足利兵：轻足，轻装上阵；利兵，锐利的兵器。

5 前行：指先锋突击部队。

6 无见其兵：注意使自己的兵力部署不被暴露。见，同“现”，显露，暴露。

7 旆：杂色镶边的军旗。此处泛指用于指挥军队的旗帜。

8 行出山外营之：将部队开到山谷之外安营扎寨。一说“营”作迷惑、扰乱解，如《淮南子·原道训》：“不足以营其精神。”

9 挑之:向敌人挑战以观察其动静虚实状况。《孙子兵法·谋攻篇》:"作之而知动静之理。"

原文

7. 武侯问曰:"吾与敌相遇大水之泽,倾轮没辕[1],水薄车骑,舟楫不设[2],进退不得,为之奈何?"

起对曰:"此谓水战,无用车骑,且留其傍[3]。登高四望,必得水情。知其广狭[4],尽其浅深[5],乃可为奇以胜之[6]。敌若绝水[7],半渡而薄之。"

译文

魏武侯问道:"我们和敌人在大湖水泊地带相遭遇,流水倾陷车轮,淹没车辕,车兵、骑兵都有被大水吞没的危险,又没有准备好船只,进退两难,这该怎么办呢?"

吴起回答说:"这就叫作水战,这种情况下,车骑都不能派上用场,就暂且将它们放在河泊的旁边。这时候将领须登上高处四面瞭望观察,一定要掌握水情,知道它何处宽何处窄,查清它哪里深哪里浅,于是便可出奇兵克敌制胜。敌人如果横渡江河,就乘它人马渡过一半时实施攻击。"

注释

1 倾轮没辕:大水冲歪车轮、淹没车辕。倾,倾斜,冲垮。没,淹没,吞没。

2 舟楫不设:渡河的船只没有预先准备好。设,准备,安排。

3 且留其傍:将兵车战骑暂时留置在河流一旁(即岸上)。其,指河流。

4 知其广狭:了解河流何处宽阔何处狭窄。

5 尽其浅深:完全掌握河流深浅情况。

6 为奇以胜之:出奇兵克敌制胜。奇,古代军事用语,与"正"相对的战法。具体而言,在兵力使用上,机动、突击的为奇兵;在作战方式上,迂回、侧击、暗袭为奇;在战略上,突然袭击为奇。

7 绝水：横渡江河。

原文

8. 武侯问曰："天久连雨[1]，马陷车止，四面受敌[2]，三军惊骇，为之奈何？"

起对曰："凡用车者，阴湿则停，阳燥则起[3]，贵高贱下[4]，驰其强车，若进若止[5]，必从其道[6]。敌人若起，必逐其迹[7]。"

译文

魏武侯问道："天气阴雨连绵，车马陷在泥泞中无法行动，四面都受到敌人的包围威胁，三军惊恐害怕，这该怎么办？"

吴起回答说："凡是动用战车行军作战，遇到阴雨潮湿的天气就停止活动，遇到晴朗干燥的天气就展开行动，选择高处，避开低洼，让坚固的战车快速奔驰，无论是前进还是停止，都一定要顺着适宜行车的道路。敌人如果有所行动，一定要注意跟踪其车辙的去向。"

注释

1 天久连雨：天气阴雨连绵，气候恶劣。

2 四面受敌：四面都受到敌人的包围打击。《孙子兵法·势篇》："三军之众，可使必受敌而无败者。"

3 阳燥则起：天气晴朗干燥就动用兵车投入战斗。起，动用，使用。

4 贵高贱下：重视和选择高地，鄙视和避免低洼潮湿之处。按：贵高贱下，是古代兵家关于处军布阵的一项重要原则，《孙子兵法·行军篇》亦云："凡军好高而恶下，贵阳而贱阴，养生而处实。"

5 若进若止：或进或止。

6 必从其道：一定要沿着适宜行车的道路推进，免得因道路崎岖难行而陷入困境。

7 迹:车马通过后在地上留下的辙迹。

原文

9. 武侯问曰:“暴寇卒来[1],掠吾田野,取吾牛羊,则如之何?”

起对曰:“暴寇之来,必虑其强,善守勿应[2]。彼将暮去[3],其装必重,其心必恐,还退务速[4],必有不属[5]。追而击之,其兵可覆。”

译文

魏武侯问道:“强暴的敌寇突然杀来,掠夺我们田野上的庄稼,抢劫我们民众的牛羊,这该怎么办呢?”

吴起回答说:“强暴的敌寇前来进攻,必须考虑到它力强势盛这一点,应妥善防守而不要与它交战。黄昏时分敌人将会撤兵,这时候它的装备必定沉重,它的军心必定惊恐,所希望的是务求尽可能快地撤离,行军的队列也就必然不会整齐连贯。此时如发兵实施追击,敌人就可以被歼灭。”

注释

1 卒来:突然杀到,突然出现。

2 善守勿应:谨慎防守而勿轻易应战。应,应敌迎战。

3 暮去:在黄昏时分撤兵退走。一说,“暮”作士气衰竭解,即《孙子兵法·军争篇》所言“朝气锐,昼气惰,暮气归”。

4 还退务速:只求能够尽可能快地撤离战场。务,务求,唯求。

5 属:相连接,相统属。

原文

10. 吴子曰:“凡攻敌围城之道,城邑既破,

译文

吴起说:“通常攻敌围城的原则是:一旦城邑被攻破之后,部队要分别进

各入其宫[1],御其禄秩[2],收其器物。军之所至,无刊其木[3],发其屋[4],取其粟,杀其六畜[5],燔其积聚[6],示民无残心[7]。其有请降,许而安之。”

驻敌国的官府机构,控制敌方的各级官吏,收缴敌方的重器和财物。大军所到之处,不准砍伐树木,毁坏房屋,抢劫粮食,宰杀牲畜,焚烧积存的物资,以此向当地民众表明自己并没有残暴害人的姿态。敌方如果有人请求投降归顺,应当准许并予以安抚。”

注释

1 各入其宫:派遣部队分别进驻敌国的官府机构。宫,居室,此处指官府。

2 御其禄秩:控制敌方的各级官吏。御,驾驭,控制。禄秩,俸禄和爵位,此处喻指拥有爵位、领取俸禄的官吏。

3 无刊其木:不准砍伐林木。刊,砍伐。

4 发其屋:毁坏房屋。发,拆毁。

5 六畜:即牛、马、羊、鸡、犬、豕(猪)等六种家畜。

6 燔其积聚:焚烧敌方储存的各类物资。燔,焚烧,焚毁。

7 残心:残暴害人之心。

战例

马陵道庞涓殒命

公元前453年,韩、魏、赵三家瓜分晋国,标志着历史上新的一页打开了。魏、韩、赵、齐、秦、楚、燕七个大国占据了历史舞台的中心位置,上演了一幕幕纵横捭阖、干戈不休、争霸兼并、你死我活的精彩历史。这段时间一直延续到公元前221年秦始皇扫平六合,统一全国为止。人们根据这一时代特色,将这一历史阶段命名为“战国”,这倒也是名副其实的。

在战国七雄之中,最先崛起的是地处天下之中的魏国。公元前 445 年魏文侯即位,任用李悝、吴起、西门豹、段干木等贤能之士,进行各方面的改革,从而使魏国政治健全、经济发展、军事强盛,一跃而成为战国初期最为强盛的国家。魏惠王继位之后,继承文侯、武侯开创的霸业,继续积极向外扩张。魏国的勃兴和称霸,直接威胁和损害了楚、齐、秦等大国的利益,引起这些国家的普遍恐惧和忌恨,其中尤以齐、魏之间的矛盾最为尖锐。

齐国自西周以来一直是雄踞东方地区首屈一指的大国。公元前 356 年齐威王即位后,尊贤任能,改革吏治,强化中央集权,进行国防建设,国势日趋强盛。面对魏国向东扩张的严重威胁,它积极利用赵、韩诸国同魏国之间的矛盾冲突,展开了对魏国的激烈斗争。

战争是政治的继续。齐、魏的矛盾冲突,在当时只能通过战争的手段来加以解决。这样就发生了齐、魏之间的大战。它们先是在桂陵(今山东菏泽东北)地区交了一次手。交锋中齐国遵循军师孙膑提出的“围魏救赵”“批亢捣虚”的作战指导方针,给骄横的魏军以迎头痛击,大获全胜。

百足之虫,死而不僵,魏国虽在桂陵之战中遭到重创,但毕竟因实力雄厚而没有一蹶不振。糟糕的是,魏惠王是一个不长记性的人,刚从桂陵之战的创伤中恢复过来,便好了伤疤忘了痛。到了公元前 342 年,又穷兵黩武,派兵去攻打比它弱小的兄弟之邦——韩国。韩国自然不是魏国的对手,危急中赶忙派遣使者奉书向魏的克星——齐国求救。齐国虽然不会对韩国存有特别的顾惜怜悯之心,但看到魏国如此猖獗狂妄,心气也非常不顺,为国家战略利益计,就决定助韩国一臂之力。于是采纳了孙膑“深结韩之亲,而晚承魏之弊”的建议,先稳住韩军抵抗魏军攻伐的坚强决心,待韩、魏两国都厮杀得精疲力竭之际,任命田忌为主将,田婴为副将,适时派遣大军直趋大梁。孙膑的角色一如前次桂陵之战时一样,充任军师,居中调度。

魏国眼见胜利在望之际,又是这个齐国从中作梗,其恼怒愤慨自然不必多说。于是决定暂时放过韩国,转将兵锋指向齐军。其潜台词不言而喻:好好教训一下齐国,免得它日后再来多管闲事,跟自己捣乱。

魏惠王待攻韩的魏军撤回后,即任命太子申为上将军,庞涓为将,统率雄师十万之众,气势汹汹地向齐军直扑过去,企图同齐军一决胜负。

这时齐军已进入魏国境内纵深地带,魏军尾随而来,一场鏖战是不可避免了。敌强我弱,仗该怎么打? 孙膑胸有成竹,指挥若定。他根据魏兵强悍善战、素来轻视齐军的实际情况,判断魏军一定会骄傲轻敌、急于求战、轻兵冒进。因此,孙膑认为战胜貌似强大的魏军是完全有把握的。方法不是别的,就是要充分利用敌人的轻敌心理,示形误敌,诱其深入,尔后伺机予以出其不意的致命打击。他的设想深受齐军主将田忌的赞同,于是他们在认真研究了具体的战场地形条件之后,共同定下了"减灶诱敌"、设伏聚歼的作战方案。

战争的进程完全按照齐军预定的计划进行。齐军同魏军稍稍接触,就立即佯败后撤。为了诱使魏军追击,齐军施展了"减灶"的高招。第一天挖了十万人煮饭用的土灶,到第二天减少为五万灶,第三天又减少到三万灶,故意造成在魏军的紧逼追击下,齐军士卒大批逃亡的假象。

庞涓虽然曾和孙膑受业于同一位老师——鬼谷子先生,可是他的水平却要相差孙膑一大截。三天追击下来以后,见齐军退却避战而又天天减灶,便不禁得意忘形起来,武断地认定齐军斗志涣散,士卒逃亡过半。于是他丢下步兵和辎重,只带着部分轻装精锐骑兵兼程追赶,一门心思朝着死路奔去。

孙膑根据魏军的行军速度,判断其将于三日后黄昏时分进抵马陵(今山东郯城境内)。马陵一带道路崎岖狭窄,树木茂盛,地势相当险要,实在是打伏击战的绝好处所。于是孙膑就利用这一有利地形,选择一万名善射的弓箭手事先埋伏在山道两侧,规定到夜间以火光为号,一齐放箭,并让人把路旁一棵大树的树皮剥掉,在上面大书"庞涓死此树下"的字样。

庞涓带领魏军精骑,果真于孙膑预计的时间里一头撞入齐军的伏击圈中。庞涓见剥皮的大树干上写着字,但天色昏暗,看不清楚,便让人点起火把照明。可字还没有读完,说时迟那时快,只听得战鼓如雷声隆隆播响,齐军万弩齐发,箭如蝗飞,给魏军以迅雷不及掩耳的打击。魏军何曾遇到过这类场面,顿时惊惶失措,不是被杀,就是投降。庞涓智穷力竭,眼见败局已定,愤愧莫名,只好拔剑自刎。齐军不依不饶,乘胜追击,又连续大破魏军,前后歼敌十余万人,并将魏军名义上的主帅太子申生擒活捉。马陵之战就这样以魏军惨败而告终结。

马陵之战是我国历史上一场典型的"示假隐真"、应敌变化、欺敌误敌、设伏聚歼的成功战例。齐军的奏捷,除了把握救韩时机得当、将帅之间密切合作、正确预测战场地点和作战时间以外,知彼知己,善于"示形动敌",巧妙设置埋伏,"以方从之",后发制人,攻其不备,也是获胜的关键性的因素。所谓的"减灶",就是这次作战中"示形"的主要方式。它实际上就是"兵圣"孙武"能而示之不能,用而示之不用""以利动之,以卒待之"等"诡道"作战原则在实战中的具体体现,也是《吴子》"为奇以胜之"的"应变"用兵思想的写照。而齐军预先在险厄之处布设埋伏,利用强弓劲弩予敌以迅捷凌厉的打击,使之措不及防,最终大败,也正是吴起"避之于易,邀之于厄""用众者务易,用少者务隘"以及"进弓与弩,且射且虏"战术思想的高明运用。

马陵之战在历史发展中具有深远的影响,它对于战国整个战略格局的演变,意义十分重大。具体地说,就是它从根本上削弱了魏国的军事实力。从此,魏国一步步走上下坡路,失去了来之不易的中原霸权,而齐国则挟战胜之余威,力量得到进一步的发展,成为当时数一数二的强大国家。

励士第六

导读

所谓“励士”,就是指战争指导者运用各种手段,鼓励广大将士杀敌立功。本篇的中心思想,即主张奖励有功将士,激励无功官兵,论功行赏,提高士气,鼓舞斗志,从而使全军上下争相建功,克敌制胜。

吴起是一位著名的法家人物,严明刑赏法度乃是其治军思想中的必有之义。但是他比一般法家更为高明之处,是他在肯定严刑明赏必要性的基础上,还能充分注意政治教化在治军中的作用,主张做到“发号布令而人乐闻,兴师动众而人乐战,交兵接刃而人乐死”,认为这三条,才真正是“人主之所恃”。

为了使将士“乐闻”“乐战”“乐死”,吴起进而提出了具体的“举有功而进飨之,无功而励之”的方法:给立有战功的将士以隆重的“进飨”,战功越大,犒赏的规格越高,礼节越隆重。同时对阵亡将士的亲属进行慰问和赏赐,以表示对他们的缅怀。对那些没有立战功的将士,也要适当给予次一等的犒赏,以示鼓励。总之是要最大限度地增强军队内部的凝聚力,充分调动全军将士的积极性,为夺取战争的胜利创造必要的条件。

史实证明,吴起的“励士”主张行之实践是卓有成效的:当秦军来犯时,魏军将士自告奋勇出动的数以万计,并在吴起的亲自统率下,曾以五万人一举击败秦军五十万之众。可见魏军士气之高昂,战斗力之强大,真正收到了“励士之功”。

原文

1. 武侯问曰:“严刑明赏[1],足以胜乎?”

起对曰:“严明之事,臣不能悉[2]。虽然,非所恃[3]也。夫发号布令而人乐闻[4],兴师动众而人乐战[5],交兵接刃[6]而人乐死[7]。此三者,人主之所恃也。”

译文

魏武侯问道:“做到严明赏罚,就足以打赢战争吗?”

吴起回答说:“严明刑赏的事情,我不能说得非常详尽。虽然它对于作战取胜很重要,但不能够完全依赖于它。发号施令而人们乐意听从,兴师动众而军队乐意作战,临阵交锋而将士乐意效死。这三条,才是君主赖以取胜的决定性因素。”

注释

1 严刑明赏:即严明赏罚。这是先秦时期大多数思想家在治国治军问题上的基本主张,尤以法家提倡最力。兵家对此也持赞同肯定态度,但同时主张推行政治道义教化,使两者相辅相成。

2 悉:了解,知晓。这里是讲得详尽的意思。

3 恃:依靠,依赖。

4 乐闻:乐于听从命令。

5 乐战:乐于奔赴战场与敌作战。

6 交兵接刃:临阵交锋。

7 乐死:乐于在对敌作战中为国捐躯牺牲。

原文

2. 武侯曰："致之奈何？"

对曰："君举有功而进飨之[1]，无功而励之[2]。"

于是武侯设坐庙廷[3]，为三行飨士大夫[4]。上功坐前行[5]，肴席[6]，兼重器上牢[7]；次功坐中行，肴席，器差减[8]；无功坐后行，肴席，无重器。飨毕而出，又颁赐有功者父母妻子于庙门外，亦以功为差[9]。有死事[10]之家，岁遣[11]使者劳赐其父母，著[12]不忘于心。

行之三年，秦人兴师，临于西河，魏士[13]闻之，不待吏令，介胄[14]而奋击之者以万数。

译文

魏武侯问道："那么如何才能做到这三条呢？"

吴起回答说："主君您可选拔有功人员，举行盛宴招待他们，同时邀请无功人员列席，以此勉励他们。"

于是魏武侯便在祖庙中摆设盛大的宴席，安排三排座位宴请款待将士。立有上等功劳的坐在前排，上丰盛的酒、菜，用贵重的器皿，并陈列牛、羊、猪等三牲；立有次等功劳的坐在中排，也上丰盛的酒、菜，但用的器皿则稍为差一些；没有立军功的人坐在后排，虽然也有酒、菜招待，却不用贵重的器皿。宴会结束后，魏武侯又在祖庙的门外对立有军功者的父母妻子颁行赏赐，这也按功绩大小而有所区别。对那些为国家事业而阵亡牺牲的将士家庭，每年都派遣使者慰问和赏赐他们的父母，以显示君主心里没有忘记他们。

这种办法实行了三年后，秦国大举起兵，逼近魏国的西河地区，魏国的士卒听到这一消息，没有等待官吏下达命令，就自动披甲戴盔去奋勇击敌的有万人之多。

注释

1 举有功而进飨之：指挑选作战有功的将士，为他们举行盛宴加以款待。飨，宴请，盛宴款待。之，代词，指有功之将士。

2 无功而励之：指邀请无功将士列席盛宴，以示劝慰勉励。励，鼓励，劝勉。

3 庙廷：祖庙的前殿，通常在此举行盛大的典礼活动。一说是指宫廷的正殿。

4 为三行飨士大夫：意谓安放三排座位宴请诸位将士。行，指一排座位。士大夫，春秋以前文武不分职，士大夫也指军士将佐。

5 上功坐前行：即让立有上等功勋的人坐在前排的位置。前行，第一排，前排。

6 肴席：陈列荤菜的酒席。肴，指熟肉。

7 重器上牢：重器，宝器，一般指鼎，用于祭祀仪式或盛宴。上牢，亦称太牢，指用于祭祀活动或隆重宴席上的牛、猪、羊三牲。

8 差减：依次减少。

9 以功为差：指依战功大小而加以区别对待。

10 死事：指为国家的事业而阵亡牺牲。

11 遣：底本作"被"，疑误，今据《武经七书汇解》校改。

12 著：显示，表明。

13 魏士：魏国的将士。

14 介胄：铠甲和头盔。此处名词用作动词，即身披铠甲、头戴盔冠。

原文

3. 武侯召吴起而谓曰："子[1]前日之教行矣。"

译文

魏武侯召见吴起，对他说："您以前的指教，如今已明显收到成效了。"

起对曰:"臣闻人有短长[2],气有盛衰[3]。君试发无功者五万人,臣请率以当之[4]。脱[5]其不胜,取笑于诸侯,失权于天下[6]矣。今使一死贼[7]伏于旷野,千人追之,莫不枭视狼顾[8]。何者?忌其暴起而害己[9]。是以一人投命[10],足惧千夫。今臣以五万之众,而为一死贼,率以讨之,固难敌矣。"

吴起回答说:"我听说人各有长处和短处,士气也有盛衰的不同阶段。请主君不妨试派五万名没有军功的人,由臣下率领他们去抗击敌军。如果不能取胜,就会被诸侯列国所耻笑,并在天下人面前丧失威望。假如现在有一个穷凶极恶的暴徒隐伏在旷野之中,上千人追捕他,但没有一个人不像枭鸟和豺狼一样,时时战战兢兢、瞻前顾后的。这是什么原因呢?就是惧怕这个亡命之徒突然跳出来伤害自己。所以,一个人拼命,足以使得上千人惊慌恐惧。现在臣下统率这五万大军,使他们都像亡命之徒一样,带领他们去征讨敌人,这当然是所向披靡、不可抵挡的了。"

注释

1 子:古代对男子的尊称。

2 人有短长:每个人都有自己的长处和短处,所谓"尺有所短,寸有所长"。

3 气有盛衰:士气有高涨或低落的不同阶段。《左传·庄公二年》:"夫战,勇气也。一鼓作气,再而衰,三而竭。"

4 率以当之:统率士卒抵御敌军的进攻。率,统率。当,抵挡,抵御。之,指敌军。

5 脱:倘若,假设之辞。

6 失权于天下:在天下人面前自毁威望,丧失地位。按:此句之后,《武经七书汇解·纂序》尚有文字，云"然，宁有是事哉？此非臣敢为轻试也"。意思是说：哪里会有这种事情呢？所以，我敢于去尝试这么做。

7 死贼：指穷凶极恶的亡命之徒。

8 枭视狼顾：像枭鸟和饿狼似的，处处战战兢兢，时时瞻前顾后。枭，猫头鹰，此处喻指凶猛的禽类。

9 忌其暴起而害己：惧怕亡命之徒突然跳出来伤害追捕者的生命。忌，顾忌，忌怕。暴起，突然出现。

10 投命：拼命，同归于尽。投，抛弃，舍弃。

原文

于是武侯从之，兼[1]车五百乘，骑三千匹，而破秦五十万众，此励士之功[2]也。

先战一日[3]，吴起令三军曰："诸吏士当从受敌[4]。车、骑与徒[5]，若车不得[6]车，骑不得骑，徒不得徒，虽破军，皆无功[7]。"故战之日，其令不烦而威震天下。

译文

于是魏武侯采纳了吴起的意见，又给吴起加派了五百辆战车，三千匹战骑，（吴起就用这些兵力，）一举打败了五十万之众的秦国军队，这就是激励士气所收到的功效。

在两军交战的前一天，吴起对三军上下发布命令说："各位将士都必须跟从我去迎击敌人。车兵、骑兵和步兵都给我听着：如果车兵没有缴获敌人的战车，骑兵没有俘获敌人的骑兵，步兵没有擒获敌人的步兵，那么即便是打败了敌人，也不算是立功。"所以在正式交战的那一天，吴起发布的军令并不繁多，却能大破敌军，威名远扬，震动天下。

注释

1 兼：加派，追加。

2 励士之功:激励士气所收到的功效。功,功效,效果。

3 先战一日:在两军正式交战的前一天,即作战前夕。

4 受敌:与敌接触展开战斗。按:敌,底本作“驰”,疑误,今据《武经七书讲义》校改。

5 徒:步兵,步卒。

6 得:俘获,缴获。

7 皆无功:都不算是立有战功。功,底本作“易”,似误,今据《武经七书讲义》校改。

战例

李渊论功行赏不遗贱

隋末农民战争爆发后,起义的烈火就迅速燃遍黄河两岸、长江南北,隋王朝的腐朽统治处于风雨飘摇之中。一些隋朝的官吏出于乘机夺权的目的,也纷纷起兵反隋。当时担任隋太原留守的李渊就是其中的一个。隋炀帝大业十三年(公元617年)六月,李渊在太原起兵,准备乘虚进兵关中,占领长安,然后再东向逐鹿中原,争夺天下。留守长安的隋代王杨侑知悉李渊进兵关中的消息后,当即派遣虎牙郎将宋老生驻守霍邑(今山西霍州),大将军屈突通防守河东(今山西永济),企图以此遏阻李渊的进攻。

李渊在进军霍邑的途中,“会霖雨积旬,馈运不给”,遇到了很大的困难。“屋漏偏逢连夜雨”,就在这时,原隋鹰扬府校尉刘武周又卖身求荣,联合突厥,袭击李渊的大本营太原,使李渊处于前后夹攻的困难境地。李渊在其子李建成、李世民的劝谏下,决定排除干扰,执行既定的战略指导方针,坚持攻打霍邑,争取主动,扭转战局。于是一场关系到李渊父子以及部众安危存亡的大战就爆发了。

李渊率军抵达霍邑城下后，便带领数百骑兵进至霍邑城东数里的地方以待后续步兵开来，又派遣李建成、李世民率数十名骑兵进至城下，举鞭指挥，摆出一副准备围城的架势，并故意用一些非常难听的语言辱骂宋老生。原来已打算严兵固守城池的宋老生听到辱骂，恼怒非常，肺都快气炸了，果然引兵三万自霍邑城南门、东门分道而出。这正好中了李渊父子速战速决的计谋。两军便在霍邑城南、城东两处开始厮杀。在激烈的战斗中，李渊麾下的将士冲锋在前，锐不可当，杀得隋军官兵"僵尸数里"，大败而溃。宋老生本人也智穷力竭，下马投堑，结果为李渊部将刘弘基所追杀。李渊见霍邑驻守隋军的主力被歼，便及时下令将士们登城。将士们听令后，无不奋不顾身，"肉薄而登"，左冲右砍，一往无前，很快就将霍邑这座坚城攻占了。此役的胜利，为李渊进兵关中排除了一个重大的障碍，免却了李渊及所部的一大后顾之忧，具有一定的战略意义。

霍邑之战胜利后，李渊奖赏作战有功者。当时有不少军吏认为：那些刚刚招募入营的新兵在受赏上，不可能享受到与李渊老部下的同等待遇。然而，李渊的实际做法却彻底消除了他们的怀疑。李渊明确地告知全军将士说："矢石之间，不辨贵贱；论勋之际，何有等差？宜并从本勋授。"这意思就是说，作战时彼此不分贵贱，一样衔命杀敌；因而在论功行赏的时候也不应该有任何等级差别，都应根据其在作战中的表现、战功的大小来颁授奖赏。在被俘的隋军士卒当中，有想回家的，李渊不但予以同意，而且优厚待之，授予五品散官遣送他们回去。有人不大理解李渊这一做法，便劝谏他授官不要太滥。李渊不为所动，并向他们解释说："隋朝王室过于吝惜对臣下的勋赏，这正是其失去大家拥护的缘由，我们可不能重蹈其覆辙；何况用官爵财富收揽人心，争取支持，远远比直接用兵来得有效。"李渊的这一番话说得大家深为叹服。

吴起主张做到"发号布令而人乐闻，兴师动众而人乐战，交兵接刃而人乐死"，从而确保在战争中克敌制胜。其中达到这一目的的重要手段之一，就是"励士"，"举有功而进飨之，无功而励之"。李渊霍邑之战后论功行赏不遗贱的所作所为，可以说是对吴起“励士”主张在新的历史时期的发扬和光大。

古人对行赏收揽人心、增强军队战斗力的意义一直是有充分认识的，并不以《吴子》为限。所谓“行赏而兵强者，爵禄之谓也。爵禄者，兵之实也”“赏不逾时，欲民速得为善之利也”“凡高城深池，矢石繁下，士卒争先登；白刃始合，士卒争先赴者，必诱之以重赏，则敌无不克焉”等，说的都是这层含义。然而，如何使奖赏真正发挥应有的作用，调动起广大将士的积极性，却是大有讲究的。正确的做法应该是如《六韬·龙韬·将威》所言，不分贵贱，公正允当：“杀贵大，赏贵小。杀及当路贵重之臣，是刑上极也；赏及牛竖、马洗、厮养之徒，是赏下通也。刑上极，赏下通，是将威之所行也。”因为只有在“有功者虽所憎必赏，有罪者虽所爱必罚”的情况下，士卒们才会心悦诚服，殊死效命。从这层意义上说，当年吴起“励功”之举，隋末李渊在霍邑奏捷后论功行赏不分贵贱、不吝勋赏的做法，都非常高明。它们均起到了收揽人心、团结内部的积极作用，并给广大后人提供了有益的思考。由此可见，真正卓越的思想和作为，其生命力是永恒的，其价值是不朽的。

附录一

吴起传略

原文

吴起者，卫人也，好用兵，尝学于曾子，事鲁君。齐人攻鲁，鲁欲将吴起，吴起取齐女为妻，而鲁疑之。吴起于是欲就名，遂杀其妻，以明不与齐也。鲁卒以为将。将而攻齐，大破之。

鲁人或恶吴起曰："起之为人，猜忍人也。其少时，家累千金，游仕不遂，遂破其家。乡党笑之，吴起杀其谤己者三十余人，而东出卫郭门。与其母诀，啮臂而盟曰：'起不为卿相，不

译文

吴起，卫国左氏（今山东定陶）人，对用兵打仗最有嗜好，曾经在曾申的门下受业学习，后来又在鲁国为臣子。有一次齐国发兵攻打鲁国，鲁国国君打算起用吴起为将率军抗齐，但由于吴起的妻子是齐国人，因而对他有所怀疑，难以下定决心。吴起为了当上将军成就功名，就把自己的妻子杀死，借此来显示自己同齐国毫无瓜葛。鲁君至此终于任命吴起为将军。吴起就统率鲁军抗击齐师，将对手打得大败。

鲁国有些人在鲁君跟前中伤攻击吴起说："吴起的为人，生性猜疑，冷酷无情。在他年轻的时候，他家道殷富，饶有资财，由于他四处奔走谋求做官没有成功，结果导致家道中衰。他同乡的人讥笑他，吴起就一口气杀了三十多个毁谤他的人，然后逃出卫都东门另谋出

复入卫。'遂事曾子。居顷之,其母死,起终不归。曾子薄之,而与起绝。起乃之鲁,学兵法以事鲁君。鲁君疑之,起杀妻以求将。夫鲁小国,而有战胜之名,则诸侯图鲁矣。且鲁、卫,兄弟之国也,而君用起,则是弃卫。"鲁君疑之,谢吴起。

吴起于是闻魏文侯贤,欲事之。文侯问李克曰:"吴起何如人哉?"李克曰:"起贪而好色,然用兵司马穰苴不能过也。"于是魏文侯以为将,击秦,拔五城。

起之为将,与士卒最下者同衣食,卧不设席,行不骑乘,亲裹赢粮,与士卒分劳苦。卒有病疽者,起为吮之。

路。他和自己母亲诀别时,曾咬着臂膀发誓道:'我若不当上卿、相,就决不再回卫国。'于是就到了曾子门下求学。过了不久,他的母亲就去世了,他竟然不回家治丧服孝。曾子为此而十分鄙视和讨厌他,和他断绝了师生关系。吴起这才跑到鲁国,学习兵法,以求在鲁君手下谋一官半职。鲁君因吴起娶齐人为妻而对他有所怀疑,吴起就杀死自己的妻子,以此当上了将军。鲁国是一个小国,如今有了战胜齐国的名声,那么诸侯列国就会图谋鲁国了。况且鲁、卫两国乃是兄弟邦国,君主如果重用吴起,那就等于是抛弃了卫国。"鲁君听了这些话不禁心生疑虑,便辞退了吴起。

吴起听说魏文侯仁德贤明,很想前往魏国尽忠效力。魏文侯询问大臣李克说:"吴起究竟是怎样一个人物?"李克回答说:"吴起这个人贪图利禄而又喜欢女色,但是他在用兵打仗方面的能力连司马穰苴也无法超过他。"魏文侯于是就任用吴起为将,率兵攻打秦国,攻取了秦的五座城池。

吴起担任将军期间,和军中地位最低下的士卒同穿一样的衣服,同吃一样的饭菜,睡觉时不铺设席子,行军时不骑马乘车,亲自打包背负军粮,与普通士卒卒母闻而哭之。人曰:“子卒也,而将军自吮其疽,何哭为?”母曰:“非然也。往年吴公吮其父,其父战不旋踵,遂死于敌。吴公今又吮其子,妾不知其死所矣,是以哭之。”

文侯以吴起善用兵,廉平,尽能得士心,乃以为西河守,以拒秦、韩。

魏文侯既卒,起事其子武侯。武侯浮西河而下,中流,顾而谓吴起曰:“美哉乎山河之固,此魏国之宝也!”起对曰:“在德不在险。昔三苗氏左洞庭,右彭蠡,德义不修,禹灭之。夏桀之居,左河济,右泰华,伊阙在其南,羊肠在其北,修政不仁,汤放之。殷纣之国,左

一起分担劳苦。士卒中有人生了毒疮,吴起就用嘴替士兵吸出疮中的脓毒。这个士卒的母亲听说这件事后不禁放声大哭。别人就问她说:“你的儿子不过是个士卒,吴将军亲自替他吮吸脓毒,你为什么还要痛哭呢?”士卒的母亲回答说:“这不是好事情。从前吴将军也为孩子他爹吮过毒疮中的脓血,孩子他爹由是感激,在作战时就有进无退、奋不顾身,结果战死在沙场上。如今吴将军又为我儿子吮吸毒疮的脓血,我不知道他又将死在哪里,所以忍不住要伤心痛哭了。”

魏文侯因为发现吴起善于用兵打仗,待人接物又廉洁、公平,完全能够获得士卒们的拥护爱戴,于是就任命吴起担任西河守臣的职责,以便抵御秦、韩两国的军事威胁。

魏文侯逝世后,吴起又替他的儿子魏武侯出力效劳。有一次,魏武侯乘船沿西河顺流而下,船到中流,他回头对吴起说:“多么壮美啊!山河是这样的险固,这正是魏国最为宝贵的。”吴起回答说:“国家最宝贵的在于君主的德政,而不在于地形的险要。从前,三苗氏部落左边有洞庭湖,右边有彭蠡湖,但由于其统治者不讲求德义,结果大禹将它灭亡

孟门，右太行，常山在其北，大河经其南，修政不德，武王杀之。由此观之，在德不在险。若君不修德，舟中之人尽为敌国也。”武侯曰：“善。”

吴起为西河守，甚有声名。魏置相，相田文。吴起不悦，谓田文曰：“请与子论功，可乎？”田文曰：“可。”起曰：“将三军，使士卒乐死，敌国不敢谋，子孰与起？”文曰：“不如子。”起曰：“治百官，亲万民，实府库，子孰与起？”文曰：“不如子。”起曰：“守西河而秦兵不敢东乡，韩、赵宾从，子孰与起？”文曰：“不如子。”起曰：“此三者，子皆出吾下，而位加吾上，何也？”

了。夏桀统治的地区，左边濒临黄河、济水，右边倚靠泰山、华山，伊阙山在它的南面，羊肠在它的北面，由于施政不讲仁爱，结果成汤起兵将夏桀放逐。商纣王的国家，左傍孟门山，右依太行山，恒山在它的北面，黄河流经它的南面，但由于修政不讲求德义，结果周武王将纣王杀死。从这些史实看来，治理国家在于君主的德政，而不在于山河地形的险要。如果君主不修治德政，那么就是这船中的人也都会成为自己的敌人。”魏武侯说：“你说得非常对！”

吴起担任西河守的官职，威信很高，名声很大。可是魏国设置相职时，却是任命田文为相。吴起对此心里很不高兴，他对田文说：“我请求和您比较一下功劳的大小，可以吗？”田文回答说：“当然可以。”吴起说：“统领三军，使士卒乐意死战，敌国不敢图谋我们的国家，您与我比，到底谁的功劳大？”田文回答说：“我不如您。”吴起问道：“治理各级官吏，使百姓亲附拥戴，府库财物充实，您与我比，究竟是谁有能耐？”田文回答说：“我不如您。”吴起又问：“镇守西河地区，使秦国的军队不敢向东进攻，韩国和赵国都归顺依附魏国，您与我相比，是谁能做到这一点呢？”田文仍然回答说：“我不文曰："主少国疑，大臣未附，百姓不信，方是之时，属之于子乎？属之于我乎？"起默然良久，曰："属之子矣。"文曰："此乃吾所以居子之上也。"吴起乃自知弗如田文。

田文既死，公叔为相，尚魏公主，而害吴起。公叔之仆曰："起易去也。"公叔曰："奈何？"其仆曰："吴起为人节廉而自喜名也。君因先与武侯言曰：'夫吴起，贤人也，而侯之国小，又与强秦壤界，臣窃恐起之无留心也。'武侯即曰：'奈何？'君因谓武侯曰：'试延以公主，起有留心则必受之，无留心则必辞矣。以此卜之。'君因召吴起而与归，即

如您。"吴起说："在这三个方面，您都及不上我，可您的职位则是高居我之上，这究竟是什么缘故呢？"田文回答说："国君年纪尚轻，国家处于惊疑不安的状态，尚未使大臣们亲附协力，也还没有取得老百姓的信任和拥护，在这种情形之下，是由您来任相合适呢？还是由我来任相合适呢？"吴起听后沉默了许久，最后回答说："是应该由您来担任相的职务。"吴起这才知道自己不如田文。

田文死后，公叔担任魏相，娶魏国的公主做妻子，公叔很嫉妒忌恨吴起。他的一个仆人对他讲："要让吴起离开魏国很容易。"公叔问道："有什么办法做到这一点呢？"他的仆人回答说："吴起为人有节操，清正廉洁，但喜好虚名。您可以利用这一点先向武侯说：'吴起是一个有贤德隽才的人，但主公的国家国土小，地位低，又同强大的秦国相接壤，臣下窃以为吴起并没有长期留在魏国的打算。'武侯听了后一定会问：'那该怎么办呢？'您这时就乘机向武侯进言：'主公可以用许配一个公主给吴起的方式来试探他的真心，到时候吴起有留魏之心就必然会欣然从命，若无留魏之心则一定会托言推辞。用这个方法来试探他。'然后您私下先把吴起邀到自己的府上，并故意

令公主怒而轻君。吴起见公主之贱君也,则必辞。”于是吴起见公主之贱魏相,果辞魏武侯。武侯疑之而弗信也。吴起惧得罪,遂去,即之楚。

楚悼王素闻起贤,至则相楚。明法审令,捐不急之官,废公族疏远者,以抚养战斗之士。要在强兵,破驰说之言纵横者。于是南平百越,北并陈、蔡,却三晋,西伐秦。诸侯患楚之强。故楚之贵戚尽欲害吴起。及悼王死,宗室大臣作乱而攻吴起。吴起走之王尸而伏之。击起之徒因射刺吴起,并中悼王。悼王既葬,太子立,乃使令尹尽诛射吴起而并中王尸者,

让公主发怒而轻慢欺凌您。吴起见到公主轻慢对待您的状况,届时一定会拒绝武侯许配公主的好意。”公叔依计而行,吴起眼见公主轻贱慢待魏相的场面后,果然推辞了武侯许配公主的提议。武侯因此而对吴起产生了怀疑,不再信任他了。吴起害怕武侯日后降罪,便离开魏国,前往楚国去了。

楚悼王一直听说吴起贤明能干,所以吴起一到楚国,就被任命为楚相。吴起上任后严肃法纪,申明律令,裁减无关紧要的官吏,取消远房公族宗室的俸禄,将节省下来的钱财用来抚养那些为国作战的将士。其主要目的是为了加强军队的建设,同时斥退那些假借合纵连横游说求官的庸人。于是取得了南面平定百越,北面兼并陈、蔡两国,击退魏、韩、赵三国的进犯,西面攻伐秦国的胜利。因此,天下诸侯都对楚国的强盛感到害怕。但是,楚国的贵族及宗族势力却都想谋害吴起。等到楚悼王一死,这些宗族大臣就乘机作乱围攻吴起。吴起就逃向停放悼王尸体的地方,伏在悼王的尸身上。围攻吴起的暴徒用箭射杀了吴起,并且还射中了悼王的尸体。悼王葬礼完毕后,太子臧即位,他委派令尹将那些因射刺吴起而同时射中悼王尸身的旧贵族全

坐射起而夷宗死者七十余家。

——摘自《史记·孙子吴起列传》

部加以诛戮，这样一来，因犯射杀吴起中王尸之罪而被灭家夷族的旧贵族竟多达七十余家。

——摘自《史记·孙子吴起列传》

附录二

吴起与《吴子》资料辑录

魏武侯与诸大夫浮于西河，称曰："河山之险，岂不亦信固哉！"王错侍王，曰："此晋国之所以强也。若善修之，则霸王之业具矣。"吴起对曰："吾君之言，危国之道也；而子又附之，是重危也。"武侯忿然曰："子之言有说乎？"

吴起对曰："河山之险，信不足保也。是伯王之业，不从此也。昔者，三苗之居，左彭蠡之波，右有洞庭之水，文山在其南，而衡山在其北。恃此险也，为政不善，而禹放逐之。夫夏桀之国，左天门之阴，而右天溪之阳，庐、睪在其北，伊、洛出其南。有此险也，然为政不善，而汤伐之。殷纣之国，左孟门而右漳、釜，前带河，后被山。有此险也，然为政不善，而武王伐之。且君亲从臣而胜降城，城非不高也，人民非不众也，然而可得并者，政恶故也。从是观之，地形险阻，奚足以霸王矣！"

武侯曰："善。吾乃今日闻圣人之言也！西河之政，专委之子矣。"

——《战国策·魏策一》

魏公叔痤为魏将，而与韩、赵战浍北，禽乐祚。魏王说，迎郊，以赏田百万禄之。公叔痤反走，再拜辞曰："夫使士卒不崩，直而不倚，挠拣而不辟者，此吴起余教也，臣不能为也……"王曰："善。"于是索吴起之后，赐之田二十万。

——《战国策·魏策一》

吴起事悼王，使私不害公，谗不蔽忠，言不取苟合，行不取苟容，行义不顾毁誉，必有伯主强国，不辞祸凶。

——《战国策·秦策三》

吴起为楚悼罢无能，废无用，损不急之官，塞私门之请，一楚国之俗。南攻扬、越，北并陈、蔡，破横散从，使驰说之士无所开其口。功已成矣，卒支解。

——《战国策·秦策三》

食人炊骨，士无反北之心，是孙膑、吴起之兵也。能以见于天下矣！

——《战国策·齐策六》

魏武侯谋事而当，群臣莫能逮，退朝而有喜色。吴起进曰："亦尝有以楚庄王之语，闻于左右者乎？"武侯曰："楚庄王之语何如？"吴起对曰："楚王谋事而当，群臣莫逮，退朝而有忧色。申公巫臣进问曰：'王朝而有忧色何也？'庄王曰：'不榖谋事而当，群臣莫能逮，是以忧也。其在中蘬之言也，曰："诸侯自为得师者王，得友者霸，得疑者存，自为谋而莫己若者亡。今以不榖之不肖，而群臣莫吾逮，吾国几于亡乎？是以忧也。"楚庄王以忧而君以喜。'"武侯逡巡再拜曰："天使夫子振寡人之过也。"

——《荀子·尧问》

昔者吴起教楚悼王以楚国之俗曰："大臣太重，封君太众。若此则上逼主而下虐民，此贫国弱兵之道也。不如使封君之子孙三世而收爵禄，绝灭百吏之禄秩，损不急之枝官，以奉选练之士。"悼王行之期年而薨矣，吴起枝解于楚。商君教秦孝公以连什伍，设告坐之过，燔《诗》《书》而明法令，塞私门之请而遂公家之劳，禁游宦之民而显耕战之士。孝公行之，主以尊安，国以富强，八年而薨，商君车裂于秦。楚不用吴起而削乱，秦行商君法而富强。二子之言也已当矣，然而枝解吴起而车裂商君者何也？大臣苦法而细民恶治也。

——《韩非子·和氏》

吴起为魏武侯西河之守，秦有小亭临境，吴起欲攻之。不去，则甚害田者；去之，则不足以征甲兵。于是乃倚一车辕于北门之外而令之曰："有能徙此南门之外者赐之上田上宅。"人莫之徙也。及有徙之者，还，赐之如令。俄又置一石赤菽东门之外而令之曰："有能徙此于西门之外者赐之如初。"人争徙之。乃下令曰："明日且攻亭，有能先登者，仕之国大夫，赐之上田宅。"人争趋之，于是攻亭，一朝而拔之。

——《韩非子·内储说上》

吴起为魏将而攻中山，军人有病疽者，吴起跪而自吮其脓，伤者之母立泣，人问曰："将军于若子如是，尚何为而泣？"对曰："吴起吮其父之创而父死，今是子又将死也，今吾是以泣。"

——《韩非子·外储说左上》

吴起出，遇故人而止之食，故人曰："诺，今返而御。"吴子曰："待公而食。"故人至暮不来，起不食待之。明日早，令人求故人，故人来方与之食。

——《韩非子·外储说左上》

吴起，卫左氏中人也。使其妻织组而幅狭于度，吴子使更之。其妻曰："诺。"及成，复度之，果不中度，吴子大怒。其妻对曰："吾始经之而不可更也。"吴子出之，其妻请其兄而索入。其兄曰："吴子，为法者也。其为法也，且欲以万乘致功，必先践之妻妾然后行之，子毋几索入矣。"其妻之弟又重于卫君，乃因以卫君之重请吴子。吴子不听，遂去卫而入荆也。

一日，吴起示其妻以组曰：“子为我织组，令之如是。”组已就而效之，其组异善。起曰：“使子为组，令之如是，而今也异善何也？”其妻曰：“用财若一也，加务善之。”吴起曰：“非语也。”使之衣归。其父往请之，吴起曰：“起家无虚言。”

——《韩非子·外储说右上》

今境内之民皆言治，藏商、管之法者家有之，而国愈贫。言耕者众，执耒者寡也。境内皆言兵，藏孙、吴之书者家有之，而兵愈弱，言战者多，被甲者少也。

——《韩非子·五蠹》

有提七万之众，而天下莫当者，谁？曰吴起也。

——《尉缭子·制谈》

吴起临战，左右进剑。起曰：“将专主旗鼓尔，临难决疑，挥兵指刃，此将事也。一剑之任，非将事也。”

——《尉缭子·武议》

吴起与秦战，舍不平陇亩，朴樕盖之，以蔽霜露。如此何也？不自高人故也。

——《尉缭子·武议》

吴起与秦战，未合，一夫不胜其勇，前获双首而还，吴起立斩之。军吏谏曰：“此材士也，不可斩。”起曰：“材士则是矣，非吾令也。”斩之。

——《尉缭子·武议》

吴起相魏，西河称贤；惨礉事楚，死后留权。

——《史记·孙子吴起列传·索隐述赞》

吴起之事悼王也，使私不得害公，谗不得蔽忠，言不取苟合，行不取苟容，不为危易行，行义不辟难，然为霸主强国，不辞祸凶。

吴起为楚悼王立法，卑减大臣之威重，罢无能，废无用，损不急之官，塞私门之请，一楚国之俗，禁游客之民，精耕战之士，南收杨、越，北并陈、蔡，破横散从，使驰说之士无所开其口，禁朋党以励百姓，定楚国之政，兵震天下，威服诸侯。功已成矣，而卒枝解。

——《史记·范雎蔡泽列传》

吴起治西河之外，王错谮之于魏武侯。武侯使人召之。吴起至于岸门，止车而望西河，泣数行而下。其仆谓吴起曰："窃观公之意，视释天下如释躧。今去西河而泣，何也？"吴起抿泣而应之曰："子不识。君知我，而使我毕能西河，可以王。今君听谗人之议，而不知我，西河之为秦取不久矣，魏从此削矣！"吴起果去魏入楚。有间，西河毕入秦，秦日益大。此吴起之所先见而泣也。

——《吕氏春秋·长见》

吴起谓商文曰："事君果有命矣夫？"商文曰："何谓也？"吴起曰："治四境之内，成训教，变习俗，使君臣有义，父子有序，子与我孰贤？"商文曰："吾不若子。"曰："今日置质为臣，其主安重；今日释玺辞官，其主安轻。子与我孰贤？"商文曰："吾不若子。"曰："士马成列，马与人敌，人在马前，援桴一鼓，使三军之士乐死若生，子与我孰贤？"商文曰："吾不若子。"吴起曰："三者子皆不吾若也，位则在吾上，命也夫事君！"商文曰："善。子问我，我亦问子。世变主少，群臣相疑，黔首不定，属之子乎？属之我乎？"吴起默然不对。少选，曰："与子。"商文曰："是吾所以加于子之上已。"吴起见其所以长，而不见其所以短；知其所以贤，而不知其所以不肖。故胜于西河，而困于王错。

——《吕氏春秋·执一》

吴起谓荆王曰："荆所有余者，地也；所不足者，民也。今君王以所不足益所有余，臣不得而为也。"于是令贵人往实广虚之地，皆甚苦之。荆王死，贵人皆来。尸在堂上，贵人相与射吴起。吴起号呼曰："吾示子吾用兵也。"拔矢而走，伏尸，插矢，而疾言曰："群臣乱王，吴起死矣。"且荆国之法，丽兵于王尸者，尽加重罪，逮三族。吴起之智，可谓捷矣。

——《吕氏春秋·贵卒》

吴起治西河，欲谕其信于民，夜日置表于南门之外，令于邑中曰："明日有人能偾南门之外表者，仕长大夫。"明日日晏矣，莫有偾表者。民相谓曰："此必不信。"有一人曰："试往偾表，不得赏而已，何伤？"往偾表，来谒吴起。吴起自见而出，仕之长大夫。夜日又复立表，又令于邑中如前。邑人守门争表，表加植，不得所赏。自是之后，民信吴起之赏罚。

——《吕氏春秋·慎小》

圣人见其所生，则知其所归矣。水浊者鱼噞，令苛者民乱。城峭者必崩，岸崝者必陀。故商鞅立法而支解，吴起刻削而车裂。

——《淮南子·缪称训》

吴起为楚令尹，适魏，问屈宜若曰："王不知起之不肖，而以为令尹。先生试观起之为人也。"屈子曰："将奈何？"吴起曰："将衰楚国之爵，而平其制禄，损其有余，而绥其不足；砥砺甲兵，时争利于天下。"屈子曰："宜若闻之：昔善治国家者，不变其故，不易其常。今子将衰楚国之爵，而平其制禄；损其有余，而绥其不足。是变其故，易其常也。行之者不利。宜若闻之曰:怒者,逆德也;兵者,凶器也;争者,人之所本也。今子阴谋逆德,好用凶器,始人之所本,逆之至也。且子用鲁兵,不宜得志于齐,而得志焉;子用魏兵,不宜得志于秦,而得志焉。宜若闻之:非祸人不能成祸。吾固惑吾王之数逆天道,戾人理;至今无祸,差须夫子也。”吴起惕然曰:“尚可更乎?”屈子曰:“成形之徒,不可更也。子不若敦爱而笃行之。”

——《淮南子·道应训》

今夫盲者行于道,人谓之左则左,谓之右则右;遇君子则易道,遇小人则陷沟壑。何则?目无以接物也。故魏两用楼翟、吴起而亡西河。

——《淮南子·氾论训》

商鞅为秦立相坐之法而百姓怨矣,吴起为楚减爵禄之令而功臣畔矣。商鞅之立法也,吴起之用兵也,天下之善者也。然商鞅之法亡秦,察于刀笔之迹,而不知治乱之本也。吴起以兵弱楚,习于行陈之事,而不知庙战之权也。

——《淮南子·泰族训》

魏武侯与吴起浮于西河,宝河山之固。起曰:“在德不在固。”曰:“美哉言乎!”使起之固兵每如斯。

——《法言·寡见》

魏武侯问元年于吴子,吴子对曰:“言国君必慎始也。”“慎始奈何?”曰:“正之。”“正之奈何?”曰:“明智。智不明,何以见正?多闻而择焉,所以明智也。是故古者君始听治,大夫而一言,士而一见,庶人有谒必达,公族请问必语,四方至者勿距,可谓不壅蔽矣。分禄必及,用刑必中,君心必仁。思民之利,除民之害,可谓不失民众矣。君身必正,近臣必选,大夫不兼官,执民柄者,不在一族,可谓不权势矣。此皆《春秋》之意,而元年之本也。"

——《说苑·建本》

吴起为宛守,行县,适息。问屈宜臼曰:"王不知起不肖,以为宛守,先生将何以教之?"屈公不对。居一年,王以为令尹,行县,适息。问屈宜臼曰:"起问先生,先生不教。今王不知起不肖,以为令尹,先生试观起为之也。"屈公曰:"子将奈何?"吴起曰:"将均楚国之爵而平其禄,损其有余而继其不足,厉甲兵以时争于天下。"屈公曰:"吾闻昔善治国家者,不变故,不易常。今子将均楚国之爵而平其禄,损其有余而继其不足,是变其故而易其常也。且吾闻兵者,凶器也;争者,逆德也。今子阴谋逆德,好用凶器,殆人所弃,逆之至也。淫佚之事也,行者不利。且子用鲁兵,不宜得志于齐而得志焉。子用魏兵,不宜得志于秦而得志焉。吾闻之曰:非祸人不能成祸。吾固怪吾王之数逆天道,至今无祸,嘻,且待夫子也。"吴子惕然曰:"尚可更乎?"屈公曰:"不可。"吴起曰:"起之为人谋。"屈公曰:"成刑之徒,不可更已。子不如敦处而笃行之。"

——《说苑·指武》

雄桀之士,因势辅时,作为权诈,以相倾覆。吴有孙武,齐有孙膑,魏有吴起,秦有商鞅,皆禽敌立胜,垂著篇籍。当此之时,合纵连衡,转相攻伐,代为雌雄。齐愍以技击强,魏惠以武卒奋,秦昭以锐士胜。世方争于功利,而驰说者以孙、吴为宗。

——《汉书·刑法志》

《吴子》曰:"凡行师越境,必审地形,审知主客之向背。地形若不悉知,往必败矣。故军有所至,先五十里内山川形势,使军士伺其伏兵,将必自行视地之势,因而图之,知其险易也。"

——《太平御览·兵部·据要》

《吴起》四十八篇。

——《汉书·艺文志》

《吴起兵法》一卷。贾诩注。

——《隋书·经籍志三》

《吴子》三卷，右魏吴起撰。言兵家机权法制之说。唐陆希声类次为之，说国、料敌、治兵、论将、变动、励士，凡六篇云。

——晁公武《郡斋读书志》

宋世以《孙》《吴》《司马》《韬》《略》《尉缭》《李卫公》为兵家七书。《孙武》《尉缭》亡可疑者，吴起或未必起自著，要亦战国人掇其议论成编，非后世伪作也。

——胡应麟《少室山房笔丛》

《吴子》一卷，周吴起撰。起事迹见《史记》列传。司马迁称起兵法世多有，而不言篇数。《汉·艺文志》载《吴起》四十八篇。然《隋志》作一卷，贾诩注。《唐志》并同。郑樵《通志略》又有孙镐注一卷。均无所谓四十八篇者。盖亦如《孙武》之八十二篇出于附益，非其本书，世不传也。晁公武《读书志》则作三卷，称唐陆希声类次为之，凡说国、料敌、治兵、论将、变化、励士六篇。今所行本虽仍并为一卷，然篇目并与《读书志》合。惟“变化”作“应变”，则未知孰误耳。起杀妻求将、啮臂盟母，其行事殊不足道。然尝受学于曾子，耳濡目染，终有典型。故持论颇不诡于正。如对魏武侯则曰在德不在险，论制国治军则曰教之以礼，励之以义。论为将之道则曰所慎者五，一曰理，二曰备，三曰果，四曰戒，五曰约。大抵皆尚有先王节制之遗。高似孙《子略》谓其尚礼义，明教训，或有得于《司马法》者，斯言允矣。

——《四库全书总目》

《吴子》一卷,周吴起撰。黄氏刊本,明汪刊直解本二卷,平津馆刊本二卷,二十子本,明沈尤刊本,明王士祺刊本,兵垣四书本,长恩书室丛书本,诸子萃览本。

[续录]武经七书本二卷,明刘寅直解成化刊本二卷,武经汇解本,子书百种本,四部丛刊本。

——《增订四库简明目录标注》

《吴子》一卷,周吴起撰。晁公武《读书志》则作三卷,称唐陆希声类次为之,凡说国、料敌、治兵、论将、变化、励士六篇。其论为将之道,则曰所慎者五:曰理、备、果、戒、约,有先王节制之遗。

黄氏刊本,平津馆校本二卷,明吴氏二十子本,明沈尤刊本,兵垣四书本,武经七书本二卷,王士祺刊本,明刘寅直解成化、嘉靖刊本二卷,长恩书屋本,诸子萃览本。

——《四库全书学典》

《吴子》一卷,伪,周魏吴起撰。

姚际恒曰:"《汉志》四十八篇,今六篇。其论肤浅,自是伪托。中有屠城之语,尤为可恶。或以其有礼义等字,遂以为正大,非武之比,误矣。"

……

姚鼐曰:"魏晋以后,乃以笳笛为军乐,彼吴起安得云'夜以金鼓笳笛为节'乎?苏明允言'起功过于孙武,而著书颇草略不逮武',不悟其书伪也。"

——张心澂《伪书通考》

今本《吴起兵法》乃伪物,非史迁所见之旧。胡应麟以为"战国人掇其议论成篇,非后世伪作"。姚际恒则曰:"其论肤浅,自是伪托,中有屠城之语,尤为可恶。或以其有礼义等字,遂以为正大,非武之比,误矣。"

姚鼐亦云:“魏晋以后,乃以笳笛为军乐,彼吴起安得云‘夜以金鼓笳笛为节’乎?苏明允言‘起功过于孙武,而著书顾草略不逮武’,不悟其伪也。”《汉志·兵书略》录《吴起》四十八篇,《隋志》仅一卷,亡佚已多。《旧唐书》亦仅一卷。至《宋史·艺文志》忽增至三卷,即今之伪书三卷五篇。

——金德建《司马迁所见书考》

《汉书·艺文志·兵书略》有“《吴起》四十八篇”,属于“兵权谋”类,“权谋者,以正守国,以奇用兵,先计而后战。兼形势,包阴阳,用技巧者也”。但可惜这书是亡了。现存的《吴子》,仅有《图国》《料敌》《治兵》《论将》《应变》《励士》,共六篇。总计不上五千字,半系吴起与魏文、武二侯之问答,非问答之辞者率冠以“吴子曰”。辞义浅屑,每于无关重要处袭用《孙子兵法》语句。更如下列数语,则显系袭用《曲礼》或《淮南子·兵略训》:

“无当天灶,无当龙头。天灶者,大谷之口;龙头者,大山之端。必左青龙,右白虎,前朱雀,后玄武,招摇在上,从事在下。”(《治兵》第三)

“行,前朱鸟而后玄武,左青龙而右白虎,招摇在上,急缮其怒。”(《曲礼上》)

“所谓天数者,左青龙,右白虎,前朱雀,后玄武。”(《淮南子·兵略训》)

四兽本指天象,即东方之角亢为青龙,西方之参井为白虎,南方之星张为朱雀,北方之斗牛为玄武,而《吴子》所说则似乎已转而为地望。象这样的含混不明,则语出剿袭,毫无可疑。且此四兽之原型始见《吕氏春秋·十二纪》,所谓:

“春……其虫鳞。”

“夏……其虫羽。”

“秋……其虫毛。”

“冬……其虫介。”

《墨子·贵义篇》言五方之兽则均为龙而配以青黄赤白黑之方色。

此乃墨家后学所述，当是战国末年之事。若更演化而为四兽，配以方色，则当更在其后。用知四兽为物，非吴起所宜用。故今存《吴子》实可断言为伪。以笔调觇之，大率西汉中叶时人之所依托。王应麟云："《隋志·吴起兵法》一卷。今本三卷六篇，《图国》至《励士》，所阙亡多矣。"王所见者已与今本同，则是原书之亡当在宋以前了。

又《艺文志》杂家中有《吴子》一篇，不知是否吴起，然其书亦佚。或者今存《吴子》即是此书，被后人由一篇分而为六篇的吧？

——郭沫若《青铜时代·述吴起》

司马法

序言

《司马法》是我国先秦时期的一部重要兵书，自北宋元丰年间起被列为《武经七书》之一。作为中国古代军事文化宝库中的璀璨瑰宝，《司马法》在古今中外享有很高的声誉，对中国军事思想的形成与发展产生过深远的影响，“闳廓深远，虽三代征伐，未能竟其义”（《史记·司马穰苴列传》）。

一、司马穰苴的生平事迹

说到《司马法》，当然应该先谈谈它的作者情况。与《孙子》《吴子》《尉缭子》等兵书有所不同的是，尽管历代目录书中把《司马法》的著作权划归在春秋晚期齐国军事家司马穰苴的名下，但两者之间尚不能简单地画等号。换句话说，司马穰苴既和《司马法》有很深的关系，如《史记》所说：“齐威王使大夫追论古者《司马兵法》，而附穰苴于其中，因号曰《司马穰苴兵法》。”“自古王者而有《司马法》，穰苴能申明之。”但又不是《司马法》严格意义上的作者，因为《司马法》自古有之，司马穰苴对它所做的乃是“申明”工作，相当于起了整理阐发作用的角色。

不过既然长期以来司马穰苴顶着《司马法》作者的头衔，而他实际上对《司马法》的成型与传播也做出过重要的贡献，那么我们在今天也不妨让这种“误会”延续下去，姑且以司马穰苴为《司马法》的作者，给读者诸君作一番介绍。

(一)家世与兵学渊源

司马穰苴即田穰苴。

据文献记载,历史上曾有两位司马穰苴,一是春秋晚期齐景公时的大司马,即本文的传主;一是战国中期齐湣王时的当政者。

关于司马穰苴的家世,历代典籍记载不多,主要见于《史记》《战国策》《说苑》《晏子春秋》等文献,据其记载,可知司马穰苴是春秋晚期齐景公时人,为齐国新兴势力的代表田氏宗族的支系子弟,所谓"田完之苗裔","田氏庶孽"。

司马穰苴的生卒年月已无法详考,但他主要活动于齐景公统治时期则是可以肯定的。据《史记》本传记载,他为"田完之苗裔",田完,就是陈国的公子完。由于陈国公族的内部斗争,陈完在陈宣公二十一年(前672)被迫出走齐国,时值齐桓公十四年。陈完来到齐国后,在齐桓公手下担任"工正"一职,即主管工匠的官吏,他不欲称本国故号,并以陈、田二字声近,而改姓田氏。

田完奔齐伊始,齐人即卜测其"五世其昌,并于正卿。八世之后,莫之与京"(《史记·田敬仲完世家》)。事情的发展果然如此,到了田完四世孙无宇(桓子)时,已官至上大夫。无宇生武子开与釐子乞,田乞事齐景公为大夫,此人富有政治头脑与权术手腕,"其收赋税于民以小斗受之,其禀予民以大斗",即"小斗进,大斗出",让利于民,"行阴德于民",所以笼络了民心,争取到支持,"得齐众心,宗族益强,民思田氏",并由是取代姜齐而最终建立了田齐政权。

司马穰苴的生平活动与田乞大约同时而略早。作为"田氏庶孽",穰苴在齐景公初年身份地位还较为平常,只是一位普通的"士",或许担任过基层的地方官吏,也有可能担任过中下层的军官。他在历史舞台上崭露头角,建功立业,当是在受晏婴举荐,统率齐军逼退燕、晋之师进犯的时候。

尽管穰苴早年不显山,不露水,默默无闻,但是田氏宗族的背景对于其成长以及兵学思想的形成还是有影响的。首先,由于穰苴与田氏宗族之间的渊源关系,田氏集团的兴衰对他来说乃是休戚相关的大事,他当然要站在田氏集团的一边,并在治军实践和兵书撰著中对田氏所代表的新兴势力的立场与原则加以反映。其次,以穰苴的主要经历以及兵学思想内容来看,的确和田乞及稍后的田常等人的所作所为有其精神上的一致之处。

尤其值得注意的是,田氏宗族也是当时著名的军事世家。司马穰苴的同族先人中不乏韬略出众、战功显赫的人物。如田无宇,曾以勇力事齐庄公,颇得庄公的宠信,后来在齐国内部的宗族火并中,他曾统率田、鲍宗族的甲兵伏击栾、高氏及其徒党,大败对手,并"分其室",表现出很强的军事才干。

和穰苴大致同时的田书,也是一位较有名的将领。齐景公二十五年(前523),齐国军队征伐莒国,时为齐大夫的田书曾参与其事,其间还独当一面执行作战任务,立有战功。《左传·昭公十九年》曾生动记载了这次战斗的经过:田书乘敌不备乘着夜色朦胧派遣将士缒登纪鄣城垣,登上数十人而绳索突然断裂,田书于是随机应变,下令城上城下的官兵齐声呐喊,虚张声势。莒共公不知虚实,惊慌失措,望风逃窜,齐军遂兵不血刃地攻入城中。此役充分体现了田书临敌沉着冷静,善于出奇制胜的军事指挥才能。

略晚于穰苴的孙武也是田氏后裔。他是中国历史上最卓越的军事理论家,同时也是一位著名的军事指挥家,曾同伍子胥一起,辅佐吴王阖闾经国治军,西破强楚,五战入郢,南服越人,北威齐晋,为吴国在春秋晚期的崛起做出了重大的贡献。他所撰写的不朽兵学名著《孙子兵法》,体系完备,思想精辟,文采斐然,影响深远,在中国军事思想发展史上占有极其重要的地位,被誉为"百世谈兵之祖"。

军事世家的优越条件，对于司马穰苴的成长和《司马法》一书的完成具有不可低估的意义。在古代社会，家族内部专门学问的累代相传，在当时文化较为闭塞，信息传播手段落后的环境里，乃是学问传授、文化建设的主要方式，我们通常将这种现象称为“家学”。儒学的传授即是如此，所以汉代“家法”的盛行即多系这个缘故，兵学的传授同样体现了这个特点，所谓孙氏之道“明之吴越，言之于齐”就是这层意思。可见生长于军事世家这一得天独厚的条件，对于培养司马穰苴的优良军事素质，推动他积极投身军事实践，潜心研究兵学理论，具有不可忽略的意义，而他本人的杰出作为，也为田氏军事世家的门楣增添了新的夺目光彩！

（二）晏婴举荐，初登舞台

春秋晚期，齐国统治者日益腐化、残暴，社会矛盾高度激化。齐景公即位后，“好治宫室，聚狗马，奢侈，厚赋重刑”，当时著名的政治家晏婴批评他是“高台深池，赋敛如弗得，刑罚恐不胜”（《史记·齐太公世家》）。广大民众劳动收入的绝大部分被官府所盘剥殆尽，而刑罚之残酷，则使得市场上鞋子价格便宜而假足价格昂贵，“国之诸市，屦贱踊贵”。残暴的统治导致“民人痛疾”，“民人苦病，夫妇皆诅”。当时的有识之士，都清楚地看到了姜齐统治日暮途穷这一现实，认为社会已经进入所谓的“末世”。

政治上的黑暗腐败，必然导致国防的松懈废弛和军队战斗力的下降，这是历史上的一般规律，当时的齐国也不例外。齐景公的残暴统治，使得齐国上下离心离德，士气萎靡不振，在对外战争中屡屡失利，不断遭到其他诸侯国的侵犯。在齐景公十八年（前530）左右，齐国西部邻国晋国和北部邻国燕国出动大军攻打齐国，其中晋国的军队很快攻到阿（今山东东阿）、鄄（今山东鄄城北）一带，而燕国的部队则直抵河上地区（在今山东德州一带），齐军连战皆负，节节败退，形势不容乐观，齐景公计无所出，忧心忡忡。

政治家晏婴时任齐景公的辅弼大臣，面对燕、晋之师的进犯，他心里同样焦虑不安。他平时和田穰苴相知甚深，非常赏识穰苴在军事方面的才能，知道在这国难当头的关键时刻，唯有穰苴具备率师击退燕、晋军队进犯的能耐。于是他将田穰苴郑重推荐给齐景公：穰苴虽然是田氏宗族中的旁支子孙，然而该人在政治上能够团结众人，在军事上则能够威慑制服敌人，希望君主您将他提拔到统帅的岗位，承担破敌卫国的重任。

晏婴的话在齐景公那里还是很有分量的。齐景公当即下令召见田穰苴，和他商议退敌良策。田穰苴对军事素有研究，对当时的形势作出了深刻的分析判断，在齐景公面前，他侃侃而谈，见识殊绝，齐景公听后感到非常的满意，庆幸自己终于找到了不可多得的良将之材。于是当机立断，破格提拔，任命穰苴为将军，统率齐国军队去抵御燕、晋两国之师的进攻。

（三）诛斩庄贾，整肃军纪

田穰苴从一个普通的贵族子弟一下子被提拔为将军，成为显赫的高官，领受率军破敌卫国的任务，不禁觉得责任重大，使命艰巨，于是向齐景公表示：我的身份一直比较卑贱，君主您将我从普通人当中越级提拔起来，使我的地位凌驾于诸多大夫之上，在这种情况下，士卒还不曾亲附拥戴我，百姓还没有真正信任我，我身份低微，权力有限，所以想请求您委派一个您身边的亲近大臣，又在全国享有较高威望的人到部队担任监军，这样我才可以承担起统率军队的责任。他的意思很明显，希望有一个拥有权威的人做监军，协助自己来完成退敌卫国的使命。齐景公倒也很爽快，当场允诺了穰苴的请求，委派自己的宠臣庄贾出任监军一职。

庄贾此人品质不佳，又无多大能耐，纯粹是靠溜须拍马、胁肩谄笑而获取了齐景公的宠信。他素来养尊处优，作风散漫，田穰苴对此是有所了解的，觉得他并不适合充当监军。可是眼下齐景公既已作出决定，自己再加以反对有冒犯君主权威之嫌,所以只好接受现实。他辞别齐景公后,即与庄贾相约定:明日中午时分,大家在军营门口集合。

第二天,穰苴早早驱车来到军营,下车伊始,他便让部下安装好用于计时的木表和滴漏,观察时间,等候庄贾的到来。庄贾一贯骄横自大,目空一切,认为自己身为全军之监军,直接对齐景公负责,迟些去军营没有人能拿他怎么办,所以慢慢悠悠,不急不忙,凡是亲戚朋友中前来给自己送行的,他都留下他们一道饮酒进餐。日到正午,田穰苴见庄贾还没有到军营报到,就下令推倒木表,放掉滴漏里的水,自己则进入军营调度部署部队,进行整训,申明军纪、军法。

待一切安排部署妥当,已是傍晚时分,这时庄贾才醉醺醺来到军营。穰苴一见,不禁大为恼怒,厉声责问庄贾:你为何迟迟才来?可是庄贾颇不以为然,轻描淡写地表示"道歉"说:我因为众位大夫和亲戚朋友前来相送,留在那里饯别,以致耽误了时间。穰苴一听,更是火冒三丈,沉下脸严厉斥责说:将帅接受任务之日就应该忘掉自己的家庭,置身于军队就应该受军纪的严格约束,当击鼓指挥军队作战之时就应该忘记自身的存在。如今敌国的军队深入国境,举国上下惊恐骚动,广大士卒风餐露宿于边境地区,我们的国君为此寝食不安,老百姓的命运都掌握在你我的手中,怎么可以因为亲友相送留饮而耽误时间呢?真是岂有此理!这一番话直斥得庄贾张口结舌,无言以对。

紧接着,穰苴将军中专门负责执行军法的官员——军正召到自己跟前,认真询问道:按照军法条文,凡是在报到时误了规定时限的,该如何处置?军正肃然回答说:按律当斩首示众,以儆效尤!庄贾一听此言,顿时酒意全醒,魂飞魄散,急忙派亲信飞马报告齐景公,请求景公出面干预,救自己一命。他派去的人还没有来得及返回,穰苴这边为了严肃军纪,来了个先斩后奏,下令刀斧手将庄贾就地斩首,并在全军中示众。三军将士亲眼目睹这一场面,都受到极大的震撼,深深感受到军纪军法的凛然威严,个个战栗肃穆,连大气都不敢出一口。

再说齐景公在宫中闻报庄贾触犯军法,危在旦夕,不禁深感震惊。为了让庄贾留下一条性命,他急忙派出使者拿着符节前去知会穰苴,命他刀下留人。使者救人心切,乘车直接驰入军营,向穰苴宣布齐景公赦免庄贾的命令。穰苴对此毫不理会,明确表示:将帅在军中,对君主的命令可以拒绝接受!他又问站在一旁的军正说:凡是车乘直闯军营的,该当何罪?军正回答道:按律应当斩首!

齐景公的使者闻言不胜恐惧,他做梦也不曾想到穰苴对国君的使者也敢于动真格。穰苴略作思考,决定在此事上稍作变通,表示:国君的使者不宜诛杀。于是当场杀死使者的驾车仆人,砍断了使者乘车左边的辅木,又杀死了左边挽拉车辆的马匹,并在全军示众。做了这一切后,再让来使回去向齐景公禀告整个事件的来龙去脉及处罚决定,然后集合部队,踏上抗击外敌入侵的征途。

田穰苴斩杀失约误期的国君宠臣庄贾,并坚决拒绝接受齐景公姑息养奸的赦免指令,充分体现了他严格治军、坚决执法的立场和态度,给全军将士以一次生动具体的军纪军法教育,极大地提高了将帅的权威,统一了全军上下的意志,增强了军队内部的凝聚力与战斗力,为战胜强敌入侵奠定了坚实的基础。他的这种不畏权贵、严格执法的行为,也受到后人的普遍好评,成为历史上脍炙人口的治军典范。

(四)逐敌出境,官拜司马

辕门立表斩庄贾后,田穰苴即率军开赴前线。在进军途中,穰苴对军队的管理认真负责。凡是士卒们的休息、宿营、掘井、修灶、炊食、疾病治疗、医药供给等具体事务,他都亲自过问,妥善处理。尤其可贵的是,穰苴处处以身作则,身先士卒,把供给主帅专门享用的全部费用和粮食贡献出来,用于改善广大士卒的生活条件,自己则和普通士卒同甘共苦,和他们吃一样的伙食。对于患病的士卒,穰苴更是关怀备至,让他们多休息,用最好的药物予以治疗。这些关怀、爱护士卒的举措,深受士卒的欢迎和拥戴,将士之间建立了相当深厚的感情,激发了广大士卒奋勇杀敌的强烈热情。所以当几天后穰苴调度部署军队之时,全军上下士气高昂,身患疾病的士卒都纷纷要求随大军一起行动,将士们都争先恐后请求上战场杀敌立功,呈现出一片热烈而又有序的临战景象。

入侵齐国的晋军得知穰苴正率领军容整齐、军纪严肃的齐师前来抗击,自知非其敌手,不得不灰溜溜地撤兵返回本土。入侵齐国的燕军闻报穰苴统率大军开赴边境地区,齐军上下个个奋勇杀敌的消息,也觉得自已无法抵挡,便主动向北撤退,渡过黄河放弃了攻齐的计划。田穰苴于是统率齐国大军实施跟踪追击,兵锋直抵边境,一举收复了齐国的全部失地,胜利地驱逐了入侵者。

在完成了反击燕、晋之师的战争使命之后,穰苴引兵班师回朝。当部队接近齐国都城临淄郊外时,他下令部队终止临战戒备状态,将兵器集中收藏起来,解除盔甲等武装,废除战时执行的军纪军法,并隆重举行效忠国家和君主的宣誓仪式。一切就绪之后,才统率部队向都城缓缓进发。

闻报穰苴统率的大军已击退入侵者正凯旋,齐景公欣喜异常。为了表示对三军将士的敬重和这次胜利的庆贺,齐景公率领诸位大夫、官吏亲往郊外隆重迎接。他们向田穰苴和其部下致以亲切的慰问,在郊外举行了热烈的欢迎仪式。然后一队队齐军将士,井然有序地返回各自的宿营地。接着齐景公又在宫中接见田穰苴,对其功勋予以嘉奖,并决定将穰苴提升为大司马,执掌齐国的军事。由于穰苴出任大司马这一要职,世人就习惯于称呼他为司马穰苴。从此,他和主管文事的晏婴紧密合作,辅佐齐景公治理齐国。齐景公开始时也对这两位大臣给予了较大的信任,曾表示:“微彼二子者,何以治吾国?”(《说苑·正谏》)司马穰苴负责军事的直接结果是,田氏宗族逐渐掌握了齐国的军权,其势力进一步壮大起来。

（五）蒙怨而殁，功著青史

齐国卿大夫之间的倾轧斗争由来已久，无休无止。田氏势力在春秋后期的迅速发展，日益坐大，引起了其他贵族如国氏、高氏、鲍氏的极大嫉恨，也导致了田氏与国君之间的深刻矛盾与冲突。为了排斥和打击田氏的势力，高氏、国氏与鲍氏勾结起来，纷纷在齐景公面前进谗言，不遗余力地诋毁、攻击司马穰苴，挑拨他与景公之间的关系，肆意诬蔑他的人格和品德。齐景公本来就是一个昏庸之主，对司马穰苴也多少存有猜忌之心，担心他功高震主。此时听信了鲍氏等贵族的谗言，便毫无理由地罢免了司马穰苴的官职，将他逐出政治中枢。

司马穰苴无端遭到陷害和贬斥，内心不胜悲愤。从此，他只得将满腹的才华倾注到整理研究古代兵书，总结自己的军事理论的工作中去。他一方面对西周流传下来的《司马兵法》进行深入的探讨和研究，阐发其中的精妙哲理，总结其中的条文要则。另一方面又根据自己丰富的治军和作战经验，撰写个人的兵学著作，为发展兵学理论做出自己的贡献。

然而，政治上的打击迫害，自己雄心壮志的受挫，给司马穰苴的精神造成了十分严重的损害，这又直接影响了他生理上的健康，他的身体状况很快趋于恶化，在正当盛年之时染上沉疴，一病不起，抑郁而终。

司马穰苴的英年早逝，无疑是一出沉痛的悲剧，对于古代兵学思想史的发展，也是一个比较大的损失。但在当时，这一事件的直接后果乃是使齐国的政局更为动荡，田氏宗族与姜齐政权之间的矛盾更趋尖锐激化。史称自司马穰苴去世后，田氏之族的田乞、田豹等人由此而怨恨仇视高子、国子之流。他们的后代田常终于弑杀了齐简公，同时尽灭高氏、国氏整个宗族。到了田常后裔田和时，便自立为齐王。从这个意义上说，司马穰苴之死似乎成了田氏代齐的催化剂，这是人们所始料不及的。

由于司马穰苴身为田氏集团的成员，本人又在军事上卓有建树，因此当田氏代齐完成之后,他又受到田齐政权统治者的推崇尊奉。《史记》本传称:“(齐威王)用兵行威,大放穰苴之法,而诸侯朝齐。”至此,司马穰苴及其兵学思想的价值遂得到了更充分的体现。

二、《司马法》的来龙去脉

《司马法》亦称《司马兵法》,是中国最古老的兵法之一。《淮南子·齐俗训》云:“故尧之治天下也,舜为司徒,契为司马。”可见,司马之官,远古时代就有。据《周礼·夏官司马》,西周时代司马的职权是掌管征伐,统御六军,平治邦国。所谓《司马法》,就是先秦时代司马之官治军用兵的法典条令。

《司马法》的特点之一,是其载体形式主要表现为“军法”,而还不是纯粹意义上的“兵法”。所谓“军法”与“兵法”的区分,也即广义的军事艺术和狭义的军事艺术之别。“兵法”主要是指用兵之法,而“军法”则多带有条例和操典的性质,包括军赋制度、军队编制、军事装备保障、指挥联络方式、阵法与垒法、军中礼仪和奖惩措施等,它一般属于官修文书的范围。由于它是西周礼乐文明在军事领域内的集中反映,所以又可以称之为“军礼”。

《司马法》便是这类“军法”著作的代表,它不同于专门讨论兵略的其他兵书,而是以追述古代军礼或军法为主要内容,即以古代军队编制、阵法操练、旌旗鼓铎的使用以及爵赏诛罚的各种规定为主,具有特殊的价值。然而,其书内容相当复杂,时间跨度较大,这对于我们梳理与总结《司马法》的军事学术价值无疑造成了一定的困难,因此有必要对《司马法》的成书以及著录、流传作出考证和介绍。

(一)《司马法》成书的三个阶段

《司马法》的成书历史是十分漫长的。这漫长的成书历史,是我们在今天研究《司马法》所必须首先考察的问题。

关于《司马法》的成书，最早的明确记载见于司马迁所著的《史记》，主要是三条材料：

一是《司马穰苴列传》言："（齐威王）用兵行威，大放穰苴之法，而诸侯朝齐。""使大夫追论古者《司马兵法》，而附穰苴于其中，因号曰《司马穰苴兵法》。"二是《太史公自序》云："自古王者而有《司马法》，穰苴能申明之。"三是同是《太史公自序》言："非兵不强，非德不昌，黄帝、汤、武以兴，桀、纣、二世以崩，可不慎欤？《司马法》所从来尚矣，太公、孙、吴、王子（成甫）能绍而明之。"

《史记》中的这些记载，清楚地表明了以下这么几层意思：

第一，古本《司马法》是春秋中期以前的军事典籍，其基本性质可能与《左传》《孙子兵法》等书中所提到或引用的《军志》《军政》《令典》诸书相近，但也有可能是"司马法"为一类名，而《军志》等则是这一类名范围内的具体兵学著作。我们认为，司马迁的这一记载比较可信，可以作为研究其书时代特征的重要线索，因为这也能从其他先秦文献材料的记载中获得充分的印证。《周礼·夏官司马》中说："司兵，掌五兵五盾，各辨其物与其等，以待军事。及授兵，从《司马之法》以颁之。"它多少透露了这么一个信息：既然司兵之官是按照《司马之法》颁发兵器，那么在西周时期确实存在着一部《司马之法》。换言之，从西周时期起，很可能已有供武官学习或武官必须遵循的法典、军法一类著作，就叫《司马法》或《司马兵法》。正因如此，"太公"（吕尚）才"能绍而明之"。所以《李卫公问对》卷上对此作出了很准确的揭示："周之始兴，则太公实缮其法，始于岐都，以建井亩，戎车三百辆，虎贲三千人，以立军制。六步七步，六伐七伐，以教战法。陈师牧野，太公以百夫致师，以成武功，以四万五千人胜纣七十万众。周《司马法》本太公者也。"

清人张澍在其《养素堂文集》卷三《〈司马法〉序》中就《司马法》的成书及其性质进行了较详尽的考证，可以信从。其要云："按《孙子注》

云《司马法》者,周大司马之法也。周武(王)既平殷乱,封太公于齐,故其法传于齐……是古者即有《司马法》,非穰苴始作,亦威王时附《穰苴兵法》于《司马法》中,非附《司马法》于《穰苴兵法》中也。《周礼》疏误矣……考《周官·县师》将有军旅田役会同之戒,则受法于司马以作其众庶,小司马掌事如大司马之法,司兵授兵,从司马之法以颁之,此《司马法》即周之政典也。"

当代著名学者余嘉锡先生赞同张澍的上述考证,并进而认为:"盖《司马法》为古者军礼之一,不始于齐威王之大夫,并不始于穰苴。穰苴之兵法,盖特就《司马法》而申明之,而非其所创作,其后因附入《司马法》之中。古书随时增益,不出于一人之手,类皆如此。至于齐威王使大夫追论,疑不过汇辑论次之,如任宏之校兵书而已。"由此可见,《四库全书总目提要》的作者判定"《隋》《唐》诸志,皆以为穰苴之所自撰者"之成说为"非也"的观点,是大致可以成立的。

第二,春秋齐景公时期的重要军事家司马穰苴,对古代《司马兵法》有过深刻的研究和论述,是一位能够"申明"《司马兵法》的人。这也许正是后来齐国大夫们在追论古《司马兵法》之时,之所以要"附穰苴于其中",并"号曰《司马穰苴兵法》"的原因。

"能申明之",即能够发扬光大《司马法》,这是说穰苴曾运用《司马法》击败燕、晋的军队,而且对《司马法》有所创新。据《左传》等典籍记载,春秋诸侯多设司马之官,如孔父嘉为宋司马,子反为楚司马,韩厥为晋司马,子国为郑司马等;春秋二百五十余年间,弑君三十六,亡国七十二,大大小小军事行动近五百起。由此可知,司马穰苴之前一定有人"申明"过《司马法》,司马穰苴的"申明",是在春秋前、中期诸多司马"申明"基础之上的"申明",是春秋时期有代表意义的一次"申明"。这说明春秋时期是《司马法》获得新的发展之重要阶段,司马穰苴在《司马法》的成书过程中起到了不可忽视的作用。从这个意义上说,司马穰苴的兵学论述,也是《司马法》军事思想的来源之一。但是需要加以指出的是，司马穰苴在“申明”古《司马兵法》方面的作用不宜无限制地夸大，因为司马穰苴并非唯一“申明”古《司马兵法》之人，司马迁就说得非常明确：“太公、孙、吴、王子能绍而明之。”

第三，《司马法》在长期的流传过程中时有散佚，至战国中期，一般人对它已经相当陌生与隔膜了。所以齐威王才“使大夫追论古者《司马兵法》”，即齐威王指派大夫负责研究、整理古代流传下来的《司马法》，并将司马穰苴的军事理论附记于内，称之为《司马穰苴兵法》。这样做的结果，是使得《司马法》得以在一定程度上恢复和保持基本原貌，并确保其书的最主要内容和核心精神未致被历史的风尘所湮没。应该说，齐威王和他的学士大臣在客观上为保存古代军事文化传统做出了重要的贡献。

同时，我们也应该看到，现存的《司马法》既系战国中期时人整理成书，那么，书中带有一定成分的战国时代色彩，也是相当自然的。但是，这并不足以抹杀全书中保留的相当部分的夏、商、周时的精神特征，其基本性质比较接近于《四库全书总目提要》所言：“其言大抵据道依德，本仁祖义，三代军政之遗规，犹借存什一于千百。盖其时去古未远，先王旧典，未尽无征，掇拾成编，亦汉文博士追述《王制》之类也。”

总之，西周、春秋时期，《司马法》作为重要的军事典章著作应该是存在过的，而《司马法》一书在形式上编次成书最终确定于战国中期的齐威王时代。因此，我们认为《司马法》可以被称为一部以古为主，综合古今的混合型兵书，其基本内容则由三个部分组成：一是古代《司马兵法》，即西周时期供武官学习或遵循的法典类兵学著作，这是它的主体成分。二是春秋时期齐国著名军事家司马穰苴的兵学观点以及他对古代《司马兵法》的诠释内容。三是战国中期齐威王统治时的大夫们在“追论”古者《司马兵法》之时，根据战国时代新的战争特点而加入的一些兵家观点。

综上所述，《司马法》一书与大多数先秦古籍一样，不是一时一人之作，而是经过长期流传而后集结成书的。概括而言，它开始产生于黄帝至殷商时，创立于西周，发展于春秋，成书于战国中期，具有深厚的历史文化积淀，集中反映了商、周、春秋、战国前期各种军事观念、作战特点与军事制度，历史文化价值不容低估。

（二）《司马法》的著录与流传

据《隋书·经籍志》记载，古本《司马法》乃是汉河间献王所得，似乎是一种古文写本，共一百五十五篇。在刘歆的《七略》中它被归入兵家，在班固的《汉书·艺文志》中则被著录于《六艺略·礼类》，亦为一百五十五篇，称为《军礼司马法》。《隋书·经籍志》《旧唐书·经籍志》《新唐书·艺文志》《宋史·艺文志》等各代正史，以及《崇文总目》、《遂初堂书目》、晁公武《郡斋读书志》、陈振孙《直斋书录解题》等公私目录均将其列入子部兵家类。

其书历代散佚比较严重，至唐初《隋书·经籍志》成书之时，仅存残本三卷五篇，计 3419 字，这就是我们所能见到的今本《司马法》。也有学者认为，今本《司马法》三卷五篇，很可能就是隋以来的一种删节本（参见金德建《司马迁所见书考》）。五篇的篇题，分别为《仁本》《天子之义》《定爵》《严位》《用众》。大略而言，《仁本》《天子之义》前两篇较多地反映了春秋中期以前的军事思想，而《定爵》《严位》《用众》后三篇则较多地体现了战国军事思想的时代特征。

除今本《司马法》五篇之外，尚有一定数量的《司马法》逸文流传下来，主要散见于《太平御览》《通典》《文选注》《群书治要》等汉唐时期的类书和政书、文集。清代朴学家从事了大量专门的辑佚工作，张澍、钱熙祚、黄以周、王仁俊等曾从古书的引文及其注疏中辑得《司马法》逸文约六十余条，共一千六百多字，并分别以《司马法逸文》《军礼司马法考证》为题收入《二酉堂丛书》《指海》《玉函山房辑佚书续编》等。这些逸文从内容上看似乎更偏重于古代军礼或军法制度的各种细节，它们对于了解《司马法》原书的全貌,进行先秦军事制度和兵学思想的研究,具有十分重要的价值。

与逸文相比,今本在内容上似乎更偏重于对战争观念、用兵原则和某些作战方法的论述。由于存在着这种不同,所以有些学者认为逸文才是《司马法》原书,而今本乃是伪托(参见姚际恒《惜抱轩文集》卷五《读〈司马法〉〈六韬〉》、龚自珍《定盦全集》卷五《最录〈司马法〉》)。这种观点是不能成立的。很多研究者早已指出,大量古书引文能够证明,今本和逸文都是出自《司马法》,引用者或题为《司马法》(《古司马法》《古司马兵法》),或题为《穰苴兵法》,其实都是同一部书。至于流传中出现的今本篇幅不大的现象,原因是复杂的,其中一条也许不可忽略,人们喜欢该书较抽象的兵略部分的内容,故有意较系统地集中在一起,加以保存和流传,而对各种制度的具体细节兴趣不大,长此以往,这方面的大量内容就逐渐被汰除了,仅仅散见于某些古籍的引文或注疏之中。

今本《司马法》的版本比较多,据不完全统计,仅明清时期其版本就不下于六十余种(参见田旭东《司马法浅说》)。其中公认的优秀版本当数清代孙星衍《平津馆丛书》卷一所收影宋本《孙吴司马法》中的《司马法》、《续古逸丛书》所收宋刻本《武经七书》中的《司马法》以及《四库全书》所收的《司马法》抄本。

历史上为《司马法》作注者亦不在少数,较早的尚零散保存于《北堂书钞》《群书治要》《太平御览》等类书和某些古书中的引文附注。这些注文可考者,据李零先生研究,只有曹操注和李氏注,其他大多性质不明。前人辑录古书引文和引文注,主要有清代张澍所刊《司马法》(《二酉堂丛书》本)和曹元忠《司马法古注》(《笺经堂丛书》本)。这些残注对于校勘注释《司马法》具有较大的价值。宋代以降,为《司马法》作注者有三十余家,但这类注本大多只限于解说大义,理解较为肤浅,参考价值并不是很大,其中相对比较优秀的,有金代施子美所撰《武经七书讲义·司马法讲义》、明代刘寅所撰《武经七书直解·司马法直解》和清代朱墉所撰《武经七书汇解·司马法汇解》等,它们系统完整地校订文字、梳理文义,间有阐说发挥,长期风行海内,学者称便。

《司马法》一书在国外也有一定的流传和影响,据田旭东教授介绍,仅在日本,其注本就达三十余种。另外,在1772年,法国神父约瑟夫·爱密欧从众多中国兵法名著中选择几部译成法文在巴黎出版,题名《中国军事艺术》,其中就包括有《孙子》十三篇和《司马法》五篇。这乃是有文字可考的《司马法》传入欧洲的开始。

三、《司马法》兵学思想览胜

《司马法》一书的内容相当丰富,其中包括战争的基本理论、治军原则和军制、军令、军礼等内容。与《孙子兵法》等先秦其他著名兵书稍有不同的是,其书对战争观念、军事典章制度的论述较为重视和充分,而对具体的作战指导方法等问题则相对较少涉及,这可以说是其书内容上一个比较显著的特点,也是“军法”类兵书与“兵法”类兵书差异的具体表现。

(一)“以仁为本”“以义治之”的战争观念

西周时期高度发达的礼乐文明,在《司马法》一书中有非常显著的体现,这反映在其书关于战争理论的阐述渗透着崇尚“军礼”的浓厚色彩。同时,《司马法》毕竟最终成型于战国中期,因此又不可避免地带有时代特征,折射出新的社会思潮的光辉。

春秋战国时期是我国历史上大动荡、大变革的时代,在当时,学术下移,私学勃兴,诸子蜂起,百家争鸣,其核心乃是提倡用何种模式的政治纲领来解决当时纷繁复杂的社会政治问题,统驭民众,治理国家,富国强兵,兼并天下,以适应社会大变革条件下政治上的各种需要。这一社会政治思潮的发展大势,势必要在当时的兵家著述中留下深刻的烙印,产生重大的影响，尤其是在战争观念上，会明显地受到当时政治思潮的渗透和制约，这方面，《司马法》同样不可能例外。

战争观是人们理性认识军事问题的集中体现，是兵学思想的总纲，也是人们从事军事活动的出发点与根本宗旨，它包括人们对待战争的态度，对战争目的和性质的分析，对战争与政治、经济关系的认识，对战争与民众关系的理解，对战争与天时、地利以及主观指导的考察等诸多方面。《司马法》的战争观念是十分丰富且具有特色的，是我们重点分析、总结的对象。

深入地考察《司马法》的战争观，可发现其既突出地反映了古典"军礼"的主要精神，又明显地接受了儒家政治观的影响。其实这两者之间并不存在任何矛盾：因为儒家出自司徒之官，其学说直接渊源于礼乐文明，彼此存在着密不可分的联系，它的政治思想的核心内容——礼、乐、仁、义、德、教，说到底是对西周时期古典礼乐文明进行改造、发展以适应新形势的自然结果。这就是孔子及其他儒家代表人物所津津乐道的"祖述尧舜，宪章文武""郁郁乎文哉，吾从周"的由来。正由于儒学与古典礼乐文明之间的这种深层次的内在一致性，决定了《司马法》的战争观对两者的兼容。

《司马法》一再提及所谓的"治乱之道"，主张"顺天之道，设地之宜，官民之德，而正名治物，立国辨职，以爵分禄"（《仁本》），即顺应自然变化的规律，因势利导，因地制宜，任用民众中德行优秀的人担任官职，并确定官职名分，以治理各项事务；分封诸侯，区分职权，按照爵位的高低给以数额不等的俸禄。循此以达到"诸侯说怀，海外来服，狱弭而兵寝"的理想政治境界。这既是西周礼乐文明的基本要求，也是儒家政治观的显著特色，《司马法》将它们有机地统一了起来。

从这一政治立场出发，《司马法》非常重视对军事与政治之间关系的考察，它将从事战争的基本条件归纳为八个字："以礼为固，以仁为胜。"

即以礼义廉耻为规范，军队就能够稳如磐石；以仁慈博爱为宗旨，军队就能所向披靡无往而不胜。通观《司马法》全书，“因古则行”，崇礼尚仁的文化精神贯穿于始终，成为其立论的基础。换句话说，就是提出“六德”以统领兵学思想的各个层面。所谓“六德”，即礼、仁、信、义、勇、智。其中的“礼”，更被置于特别突出的地位，“以礼为固”，正是古典礼乐文明的中心内容，也是正统儒学影响和制约下的战争观的必有之义。再从“仁”的方面讲，《司马法》的作者明确提出了对战争问题的基本认识和主导态度：“以仁为本，以义治之之谓正，正不获意则权。”（《仁本》）“仁见亲，义见说……内得爱焉，所以守也；外得威焉，所以战也。”（《仁本》）“仁”在“治乱之道”中居于诸项要素之首，被视为关键和根本之所系。

当然，理想的境界并不一定就是现实的可行选择，崇尚礼乐、弘扬仁义也不等同于一概否定和排斥战争活动。春秋战国时期社会政治、经济、文化诸条件的根本性变革，标志着建立在贵族分权制基础上的礼乐文明已走向衰亡；而这一时期严酷的战争现实，也实际上宣告了儒家在战争问题上“德化至上论”的破产。作为兵学著作，毋庸置疑必须以指导战争为前提，因此，受时代条件的制约，《司马法》一书的战争观念也有突破礼乐文明，超越儒家学说藩篱的高明之处。它并没有像有些“迂远而阔于事情”的陋儒那样，仅仅停留在“王霸之辩”“争义不争利”这样简单机械的认识层面，而是充分肯定了战争的不可避免性与正当必要性，论证了战争与政治之间的内在辩证统一关系。

根据具体战争的不同内涵以及外在表现形式，《司马法》的作者将战争划分为“正义”和“非正义”两大类型。它认为，正义战争的根本目的是“讨不义”“诛有罪”，对于这一类战争，应该持充分肯定和积极支持的态度。当礼乐遭到破坏，仁政不能施行，德化无法推广，战争又不可避免时，《司马法》主张实行《周礼·夏官司马》所规定的“九伐之法”，“以战止战”，即通过战争的手段制止战争，赢得和平。

《司马法》积极提倡从事以仁爱为根本宗旨的“义战”，如《仁本》说：“杀人安人，杀之可也；攻其国，爱其民，攻之可也；以战止战，虽战可也。”又说：“贤王制礼乐法度，乃作五刑，兴甲兵以讨不义。巡狩省方，会诸侯，考不同。其有失命、乱常、背德、逆天之时，而危有功之君，遍告于诸侯，彰明有罪……征师于诸侯，曰：‘某国为不道，征之，以某年月日师至于某国，会天子正刑。’”这种既立足于“仁义”的立场，致力于避免无谓的战争活动；又正视战争存在的客观现实，肯定从事正义战争必要性的理性态度，立论是辩证的，思想是可贵的，较之于当时社会上流行的简单斥责战争为“凶器”的迂腐观点，以及一味鼓吹“战争万能论”的偏激言论，无疑要来得正确高明，具有相当突出的合理性与进步性，反映出《司马法》在有关战争问题上的理性认识已经达到了一定的深度，可与同时期的《吴子》《尉缭子》的进步战争观念相媲美。

（二）慎战与备战并重的国防建设思想

历史事实证明，一味好战、穷兵黩武，必定会自食其果，走向失败的深渊；但是苟且偷安，战备懈怠，同样将导致丧师辱国、葬送社稷的恶果，所谓“兵者百岁不一用，然不可一日忘也”（《鹖冠子·近迭》），指的就是这个道理。如何正确处理好两者的辩证关系，对于高明地指导战争、建设国防具有重大的意义。《司马法》对此进行了具体而深刻的阐述，作出了辩证而精彩的回答：“故国虽大，好战必亡；天下虽安，忘战必危。”（《仁本》）其核心含义就是“慎战”与“备战”并重，既高度重视战争，积极从事备战活动；又坚决反对迷信武力，热衷于征伐兼并战争，从而牢牢地立于不败之地。这充分反映了作者在战争与国防认识上所达到的思想高度，直至今天仍是至理名言，不乏重大的启示意义。

当然，在当时战争频仍、兼并日炽的残酷现实面前，《司马法》将更多的注意力集中在加强战备、打赢战争、巩固国防这一点上，一再强调“春蒐秋狝”“不忘战”等观念。从这个基本立场出发，《司马法》用相当多的篇幅，论述了国防建设和战争指导问题。

《司马法》认为，政治的清明与否直接关系到战争的胜负、社稷的存亡，因此无论是指导战争还是建设国防，都要首先创造良好的政治条件，为军事行动的顺利展开提供充分的保证："凡战，固众相利，治乱进止，服正成耻，约法省罚。"（《定爵》）这就是要做到团结广大民众，开展政治教育，统一君臣上下的意志，激励军心士气，以及严明法纪，减轻刑罚等。它认为这一切正是从事军事斗争的最根本的前提，离开它们，就不可能巩固国防、克敌制胜。

在拥有良好政治条件的前提下，《司马法》进一步具体阐述了克敌制胜、巩固国防的综合因素：一是要制定并执行相应的规章制度，经常性地开展训练与教育，积极网罗和任用各种专门军事人才："定爵位，著功罪，收游士，申教诏，讯厥众，求厥技。"（《定爵》）二是要把巩固国防与指导战争当作一个大系统来对待，处理好该系统内部的各种关系，落实具体的环节。《司马法》的作者把这种综合系统模式十分扼要地概括为"五虑"："顺天，阜财，怿众，利地，右兵。"（《定爵》）即顺应天道，发展社会经济，笼络人心，巧妙利用地理条件，提高武器装备水平。

至于"五虑"的基本内容，《司马法·定爵》篇中也作出了相当具体的说明："顺天奉时；阜财因敌；怿众勉苦；利地，守隘险阻；右兵，弓矢御，殳矛守，戈戟助。"意思是说：顺应天时，就是要了解和利用自然条件；厚积资财，就是要善于利用敌人的资源财富；取悦人心，就是要努力顺应广大民众的意志、愿望；利用地形，就是指要占据狭隘险要的地形，夺取战场上的先机之利；重视兵器装备，就是要在作战中用弓矢御敌，用殳、矛守阵，戈、戟等武器掺杂配合使用，互为辅助，发挥最大的杀伤力。

这些情况表明，《司马法》的国防建设思想除了优先突出政治前提之外，还包括了重视天时地利，发展经济实力，增强官兵之间的团结，提高武器装备水平等诸多内容。这中间有三点特别值得我们注意：一是主张

“阜财”，强调从经济的角度从事战备活动，即广集资财，发展生产，努力做到“众有有，因生美”，使民众富足，国力充实，从而为建设国防或必要时实施战争打下坚实的物质基础。二是提倡“大军以固，多力以烦”，“人习陈利”，即建立起一支兵员充足而且战法熟练、能征善战、强大无敌的军队，作为国防安全的牢固支柱，以适应日趋激烈残酷的争霸兼并战争的迫切需要，去最终夺取战争的胜利，实现既定的战略目标。三是广“求厥技”，即通过各种途径大量收罗、起用具有专门军事技能的人才，充分发挥他们的积极作用，以改善部队的素质，提高军队的战斗力。

总体来说，《司马法》的国防建设指导思想十分丰富和成熟，是适应时代要求的产物，深刻地揭示了战争与政治、经济、民众以及天时、地理、军事装备之间不可分割的联系，具有较全面、辩证的特点，对于后世国防建设思想的发展、国防建设实践的成熟，都曾经产生过积极而深远的影响。直至今天，其国防建设指导思想的总纲——“故国虽大，好战必亡；天下虽安，忘战必危”，依然是不刊之论，值得被人们奉为圭臬，努力实行。

（三）“国容不入军，军容不入国”为中心的治军思想

治军理论是构成《司马法》整个军事思想体系的重要内容，相对比较系统、比较完善，其不少论述符合军队建设与管理训练的一般规律和特点，具有一定的军事学术价值；同时，它的治军理论还具有鲜明的特色，即较多地反映了礼乐文明在治军领域中的突出表现，因此受到后人的高度重视。

《司马法》治军思想的重大价值之一在于，其指导思想以及体系构建是建立在把握军队建设自身特点的基础之上的。这方面最为显著的标志，是它一再强调“国容不入军，军容不入国”（《天子之义》），一针见血地道出了治军的特殊要求与自身规律。换言之，这句军队管理教育上脍炙人口的至理名言，区分了治军与治国两者之间的重大差异，划清了彼

此的界限，它指出国家、朝廷的那一套礼仪规章不能搬用于军队之中，而军队的那一套法令章程以及处事方式同样也不能用来处理国家、朝廷的事务。《司马法》的作者认为，这是治军中必须首先要加以解决的问题，在其看来，治军与治国各有不同的特点和要求，“在国言文而语温，在朝恭以逊，修己以待人，不召不至，不问不言，难进易退；在军抗而立，在行遂而果，介者不拜，兵车不式，城上不趋，危事不齿”（《天子之义》）。

鉴于两者的差异，《司马法》进而强调：倘若将军队的规章制度应用于国家、朝廷，那么民间礼让的风气就会废弛。同样的道理，如果把国家、朝廷上的礼仪规章制度移用于军队，那么军人尚武果决的精神也会被削弱：“军容入国则民德废，国容入军则民德弱。”（《天子之义》）总而言之，治理国家应该崇尚礼义，治理军队则应讲求法制，礼与法两者互为表里，互为补充，各有其司，并行而不悖，“礼与法，表里也；文与武，左右也”（《天子之义》）。正是基于“居国和，在军法，刃上察”这种不同的特点和要求，《司马法》作为军事法典性的兵学著作，根据治军的自身规律，提出了比较系统而且影响深远的治军理论及方法措施。

《司马法》十分重视军事教育的作用，认为这是军队建设的重大课题，也是战场上克敌制胜的强有力保障。为此它强调“故虽有明君，士不先教，不可用也”（《天子之义》）。在具体的军事教育内容上，《司马法》反对烦琐冗杂，搞形式主义的花架子，而主张做到简明扼要，切合实际，并积极提倡以所谓“六德”，即“礼、仁、信、义、勇、智”来教育和培养部队，这就是它津津乐道的“六德以时合教”。

《司马法》还用大量的篇幅来具体阐述治军立法的各种要则，指出申明军法、规定约束、严格赏罚为治理部队的关键之所在。

第一，它把治军看成是一个历史的范畴，不同历史时期有各自不同的特色，应该以发展变化的眼光来看待其形式上的差异性和实质上的同一性：夏代在朝堂上施行奖赏，这是为了勉励好人；商代在集市上公开施行诛戮，这是为了使坏人警惧；周代在朝堂上施行奖赏，在集市上执行诛戮，这乃是为了劝勉君子，警醒坏人。然而，三代君王鼓励人们去恶从善的精神实质却是完全一致的。

第二，提倡严明赏罚，树立权威，令行禁止。必须做到“从命为士上赏，犯命为士上戮”，从而使得“德义不相逾，材技不相掩，勇力不相犯”（《天子之义》）。还要能够做到坚决贯彻明耻教战的原则，以保证军队最大限度地发挥战斗力，达到“不令而行”、勇往直前、英勇杀敌、战胜攻取的目标。

第三，主张施行赏罚、申明军纪军法要把握合适的分寸，既不能软弱松弛，也不宜过火偏颇，同时还要贯彻及时、准确的基本原则。《天子之义》指出：“师多务威则民诎，少威则民不胜。”意思是说，治军上过于威严，士气就会受到压抑；反之，如果治军缺乏威严，就难以指挥众将士去克敌制胜。所以，只有仁慈爱人，才能使众将士亲近拥戴自己；但是倘若只讲仁爱而不讲信义威严，那就反而会走向反面，祸及自身。当然，宽严适度都必须以执法的及时与准确为前提条件，即所谓“赏不逾时”“罚不迁列”（《天子之义》），从而做到“小罪乃杀”，以避免出现“小罪胜，大罪因”（《天子之义》）的不利被动情况。

《司马法》高度重视对将帅队伍的培养建设，并着重强调将帅自身的道德品质修养。它认为将帅是军队中的核心，但是这种核心地位需通过与广大士卒的沟通和配合才能发挥其应有的作用：“将军，身也；卒，支也；伍，指拇也。”（《定爵》）同时，它认为真正优秀的将帅应该具备“仁、义、智、勇、信”五种美德，做到德才兼备，智勇双全。

同时《司马法》还要求将帅做到“心中仁，行中义”（《严位》），谦让谨慎，虚怀若谷，以身作则，洁身自好，身先士卒，成为普通士卒的表率，从而使得部属心悦诚服，乐于为将帅效劳尽力。《司马法》还主张将帅应该具备正确的荣誉观、得失观，在打胜仗的时候，要“与众分善”，共享荣誉;当战斗失利时,又要能够“取过在己”,主动承担责任。至于临阵作战之时,将帅更应该善于果断地实施指挥,激励士气,冲锋在前。总之,将帅兴兵打仗要合乎正义,处世做事把握时机,任用他人要施以恩惠,遇敌交锋必须冷静沉着,面对混乱必须从容不迫,在遇到危难的时候要“无忘其众”,和官兵们荣辱与共。

特别值得注意和肯定的是,《司马法》主张将帅应该和广大士卒同样遵纪守法,不能搞任何的特殊化,“使法在己曰专,与下畏法曰法”(《定爵》)。这是对“同罪异罚”等“人治”弊端的冲击和否定,不论在当时还是在后世,都是有突出的进步意义的。

《司马法》的治军观符合军队建设与管理的规律和特点,也具有较强的可操作性,因此深受后人的重视。西汉名将周亚夫细柳营军门挡驾整肃军容的做法,就是借鉴《司马法》“国容不入军”的思想,实践“介者不拜,兵车不式”等原则,并应用于治军实践的一个显著事例。由此可知,说《司马法》治军思想影响深远,是事有可稽,并非没有根据的想象比附。

(四)“相为轻重”的作战指导思想

与《孙子兵法》《六韬》等先秦其他兵书相比,《司马法》对于作战指导问题的论述,显然不是重点之所在。然而作为一部著名的兵书,它对此也并未忽略。其中比较突出的是,它在作战指导上提出了“相为轻重”的重要作战原则,即如何在对敌作战中,根据具体的情况正确地部署和使用兵力,赢得优势,把握主动,夺取胜利。

《司马法》指出,“凡战,以力久,以气胜,以固久,以危胜”(《严位》),意思是说,用兵打仗,依靠力量强盛而持久,凭借士气高涨而取胜,依靠行阵坚固而持久,凭借经受危险考验而取胜。它明确认为,所谓战争就是敌对双方之间互相使用不同的兵力的生死较量,“故战相为轻重”,所以必须要认真地“筹以轻重”。至于怎样才能做到这一点,《司马法》也作出了很好的回答,即在兵力的具体部署和使用上,要严格贯彻“以重行轻则战”的根本原则:“凡战,以轻行轻则危,以重行重则无功,以轻行重则败,以重行轻则战。”(《严位》)意思是一般作战的规律,用自己的小部队去对付敌人的小部队会有危险,用自己的大部队去对付敌人的大部队就难以取得成功,用自己的小部队去对付敌人的大部队就会导致悲惨的失败,只有用自己的大部队去对付敌人的小部队方可占据主动,才能够决战取胜。这实际上就是主张集中优势兵力,以强击弱,以多击寡,掌握主动,稳操胜券。

应该指出,《司马法》这一“相为轻重”、集中优势兵力对敌的观点,揭示了作战指导中的一条普遍规律,也是中国古代兵家的共识,并已为战争实践所一再证实。如《孙子兵法》就主张“胜兵若以镒称铢”,提倡“并力一向,千里杀将”,《淮南子·兵略训》更是用非常形象的比喻来说明这层道理:五个手指轮番敲打,不如握紧拳头狠命一击;一万人逐个轮番进攻,不如一百人同时出击。这恰好说明,真正优秀的兵书,在一些带基本规律性的兵学观念上,认识往往是相通的。

《司马法》同时还指出,即使是以优势的兵力对付劣势之敌,也不能一次性投入己方的全部兵力,即“重进勿尽,凡尽危”(《严位》),意谓即便是兵力雄厚,优势明显,当实施进攻时也不要一次性投入全部的兵力,要知道力量用尽会带来不可预测的危险,而应当留有适当的机动性兵力(略当于现代战争中的战略预备队)以便应付各种突然的变故。

关于战略选择,《司马法》的观点和《孙子兵法》有相近之处,即推崇谋略,对单纯的“伐兵”持一定的保留态度,“大善用本,其次用末”(《严位》),然而它也认为“伐谋”与“伐兵”必须根据实际情况作出选择,不可一概而论,“执略守微,本末唯权,战也”(《严位》)。这很显然是辩证公允的态度。

在作战指挥上,《司马法》积极提倡“智”“勇”“巧”三者的有机结合:“凡战,智也;斗,勇也;陈,巧也。”(《定爵》)即作战要重视谋略,运用智慧,战场拼搏厮杀要提倡勇敢献身的精神,布阵列势要巧妙灵活,变化多端。它要求作战指导者善于造就优势,争取主动,“用其所欲,行其所能,废其不欲不能,于敌反是”(《定爵》)。并且,它还强调军队屯驻时应注意兵器甲胄的放置,行军时应注意队列的整齐,战场交锋时应注意进退有节。

《司马法》作战指导思想的核心精神之一是,用兵打仗要善于做到“视敌而举”,“称众,因地,因敌令陈”(《定爵》),要善于捕捉战机,随机变化,因敌而制胜,“因欲而事,蹈敌制地”(《定爵》),还应根据不同的情况尤其是敌情制定不同的战法。例如,当兵力处于优势地位之时,应该力求阵势严整,摆堂堂之阵向敌开战,包围敌人,轮番对其实施猛烈的打击。反之,如果以劣势兵力对付优势之敌,则不可轻举妄动,随意出击,而先得要求自己阵脚稳定不乱,在此基础上,再采取内线作战的方式,努力使战术运用灵活巧妙,变化无穷,从而实现克敌制胜的目的。

在因敌变化的用兵原则下,《司马法》进而积极提倡示形动敌,观察分析敌情,高屋建瓴掌握全局,从容应付各种情况,乘隙蹈虚,出奇制胜,予以敌人凌厉而毁灭性的打击。这些作战指导方法,与《孙子兵法·虚实篇》中所倡导的“策之而知得失之计,作之而知动静之理,形之而知死生之地,角之而知有余不足之处。故形兵之极,至于无形”等主张,实有异曲同工之妙!

关于战场的选择,《司马法》也有独到的见解。它提倡贯彻“背风背高,右高左险,历沛历圮”等一系列原则,主张在驻军或防御之时,要构成环形的态势,力求坚实稳固,在阵法的具体布置上,《司马法》的基本原则乃是“行惟疏,战惟密,兵惟杂”(《定爵》),即布阵列势的行列要相对疏散,接敌作战时的队形要相对密集,各种兵器要掺杂着配合使用。它认为方阵作战关键在于作战指导者要匠心独运,举重若轻,“凡战,非陈之难,使人可陈难;非使可陈难,使人可用难;非知之难,行之难”(《严位》)。

毫无疑问,这是十分精辟而深刻的看法,反映出《司马法》作战指导理论的确已达到高度成熟的形态。

《司马法》还进一步指出,要确保作战指导进入高明的境界,收到最佳的效果,极为重要的条件之一就是,能够在作战指挥方面做到“无复先术”,即不断地创新,不断地开拓,避免老一套的战法,防止墨守成规,胶柱鼓瑟。所有这些见解,无疑都具有重大的军事学术价值,都值得我们在今天加以总结和借鉴。

(五)“甲以重固,兵以轻胜”的军事技术观念

古人或多或少都懂得“工欲善其事,必先利其器”的道理,在军事上则必须讲求军械之利,这无疑是正确的观点。因为人固然是战争中最活跃的因素,起着决定性的作用,可是武器装备在军事斗争中也占有重要的地位,武器装备的优劣对于作战进程乃至胜负归属具有不可忽略的影响,这一点古今中外,概莫能外。正是基于这样的认识,古代兵家比较重视武器装备的改良和运用问题,如《管子·参患》曾云:“凡兵有大论,必先论其器。”把“审器而识胜”提到重要的位置来认识。然而,受中国传统文化基本特性的制约,人们在这方面的共识存在着一定的不足。众所周知,重道轻器,忽视科技,是中国传统文化的一个显著特点。在历史上,人们普遍认同“形而上者谓之道,形而下者谓之器”的观念,有人甚至将科技实践粗暴轻蔑地斥之为“奇技淫巧”,不大主动积极地去推动科学技术的发明和应用,这在军事领域同样有较明显的表现。在这样的文化背景下,《司马法》重视武器装备水平的改善与提高,将其列为战争制胜的重要因素之一,就显得十分难能可贵了。

通观《司马法》全书,其关于武器装备问题的论述占有很大的篇幅,而所达到的广度与深度,在先秦时期诸多兵书中更是独树一帜,对此,我们理应给予足够的重视。概括地说,《司马法》在这方面的论述主要表现为:

一是阐释武器装备在军事活动中的作用与地位。《司马法》充分认识到制造精良的武器装备在军队建设中的地位和作用,认为军队“以甲固,以兵胜”,“甲以重固,兵以轻胜”(《严位》),指出如果武器装备精良,往往可以使己方的实力由弱转强,“凡马车坚,甲兵利,轻乃重”(《严位》)。反之,倘若战争指导者不讲求兵器锋利,不讲求盔甲坚韧,不讲求战车牢固,不讲求马匹优良,不致力于扩充军队,那就意味着没有真正懂得和掌握用兵作战的道理:“兵不告利,甲不告坚,车不告固,马不告良,众不自多,未获道。”(《严位》)《司马法》特别强调,当发现敌人发明和使用新式兵器时,应该尽快地仿效制造,以保证自己与敌方在兵器装备方面保持必要的平衡:“见物与侔,是谓两之。”(《定爵》)

二是讨论如何在作战中发挥武器装备的应有功能。《司马法》认为,在作战中要适当地配置各种兵器,为此,它提出了方阵作战中的武器配置运用原则,主张长、短、轻、重兵器掺杂混同配置和使用,以充分发挥其威力:“兵不杂则不利,长兵以卫,短兵以守。太长则难犯,太短则不及;太轻则锐,锐则易乱;太重则钝,钝则不济。”(《天子之义》)指出各类兵器都有其不同的功用,不可替代,五种兵器有五种不同的用途,长兵器是用来掩护短兵器的,而短兵器则是用来弥补长兵器的不足的,五种兵器轮番用于作战可以持久,一齐使用就能发挥出强大的威力。《司马法》中这些重视武器装备的制作和使用的论述,是从当时实战经验中提炼概括出来的,有强烈的针对性和可操作性,是古代有关人与武器关系问题探讨方面的精彩篇章,能给后人以较大的启迪。

四、《司马法》的特色与地位

东汉大历史学家班固在其《汉书·艺文志》有云:“下及汤武受命,以师克乱而济百姓,动之以仁义,行之以礼让,《司马法》是其遗事也。”宋代郑友贤《孙子遗说》也指出:“《司马法》以仁为本,孙武以诈立;《司马法》以义治之,孙武以利动;《司马法》以正,不获意则权,孙武以分合为变。”这些论述都准确扼要地揭示了《司马法》其书在中国兵学思想发展史上的特殊地位和历史意义。

如果将《司马法》和《左传》《国语》《周礼》《逸周书》等先秦典籍参照印证,那么我们可以很自然地得出这样的结论:《司马法》所涉及的军礼军法、作战方式、军事制度以及战争观念等,往往具有较大的时间跨度,为人们在今天全面了解、准确把握我国古代战争、兵学思想发展历史的嬗递轨迹提供了必要的依据。而其中最为珍贵的是原“古者《司马兵法》”中所保留的西周及春秋前期的部分内容。换句话说,即《司马法》的重要军事学术价值,体现为它是我国现存兵书之中,反映春秋以前军事思想、作战特点、军事制度实际情况最具体、最充分的兵学典籍之一,集中渗透着春秋中期之前的时代文化精神。

(一)早期战争观念及其特征的历史缩影

西周时期所确立的奴隶制古典礼乐文明,表现在军事领域中,就是以一整套“军礼”来指导、制约具体的军事活动。到了春秋时期,这种“军礼”的外在形式和内在宗旨,尽管已遇到了很大的冲击,这从子鱼、舅犯(即狐偃)等人对“军礼”的批评言辞中可以窥见一斑,如舅犯就曾表示“繁礼君子,不厌忠信;战阵之间,不厌诈伪”(《韩非子·难一》),但是就整个社会思潮大氛围来看,“军礼”的基本精神却依旧受到人们的尊重和奉行。例如,在晋楚邲之战中,“晋人或以广队不能进,楚人惎之脱扃少进。马还,又惎之拔旆投衡,乃出。(晋人)顾曰:‘吾不如大国之数奔也。’”(《左传·宣公十二年》)当两军战阵上交锋厮杀之际,居然指教敌人如何摆脱困境,逃离危险,结果还招致敌方的一番挖苦奚落,这在今天看来,未免太不合乎情理了,然而在当时,这恰恰是战场上贯彻执行“军礼”的应有之义,没有任何可奇怪的。

又如在晋楚鄢陵之战中,“晋韩厥从(追击)郑伯,其御杜溷罗曰:‘速从之，其御屡顾，不在马（不能集中精力御马驾车），可及（追上）也。’韩厥曰：‘不可以再辱国君。’乃止。郤至从郑伯，其右茀翰胡曰：‘谍辂之（另外再派遣一支轻兵从间道迎击），余从之乘，而俘以下。’郤至曰：‘伤国君有刑。’亦止”（《左传·成公十六年》）。晋将韩厥、郤至等人在战场交锋时，都曾拥有机会擒获协同楚军作战的郑国君主，然而他们都断然拒绝了部下的建议，停止追击，而让郑伯等人逃逸。

不仅如此，郤至本人还曾“三遇楚子之卒，见楚子，必下，免胄而趋风”，向敌国国君竭尽恭敬尊崇之礼。而楚共王也不含糊，“使工尹襄问之以弓”，回报以礼物和慰问。这实在是教人有些不可思议。其实这并不是郤至、韩厥等人道德境界高尚，而不过是他们能忠实地遵循“军礼”的要求行事而已。《国语·周语中》明白无误地道出了这一层奥秘：“三逐楚君之卒，勇也；见其君必下而趋，礼也；能获郑伯而赦之，仁也。”

正是在这种尊崇“军礼”的社会思潮氛围影响下，春秋中期以前的战争，总的看来，更多的是以使敌方屈服归顺为基本宗旨。当时军事威慑要明显多于战略会战，即以军事威慑和政治外交谋略来迫使对方接受自己的条件，成为比较普遍的现象，真正以主力进行会战来决定战争胜负的行动为数相对有限。一方面，当时的所谓“大国”（如晋、楚、齐、秦）固然在兼并小国，开疆拓土，壮大自己；另一方面，大中型国家之间发生冲突时，却多以双方妥协或使敌方屈服为结局，而较少有以彻底消灭对方武装力量、摧毁对方政权作收场的。会盟、议和乃是当时军事活动的重要表现方式，这在《左传》中有很多具体的例证，如公元前 770 年，屈瑕率楚军大败绞师，结城下之盟而还；公元前 612 年，晋军攻打蔡国，攻入蔡都，为城下之盟而还；公元前 571 年，晋国联合宋、卫诸国，共同发兵攻打郑国，冬季，在虎牢一带筑城示威，逼郑讲和。凡此等等，不胜枚举。

春秋中期以前这种以“军礼”的原则规范指导战争的基本特征，究其原因，当与当时的大中型诸侯国政权都属于贵族阶层专政，且相互之间又有宗族、姻亲关系分不开。《左传·闵公元年》引管仲之语,“诸夏亲昵,不可弃也”,就是对这种情况的概括性揭示,而它反映在战争形式上,就不能不笼罩上一层温情脉脉的色彩。《公羊传》贵“偏战”而贱“诈战”,就是明显的证据:“偏,一面也。结日定地,各居一面,鸣鼓而战,不相诈。”(《春秋公羊传解诂》桓公十年)由此可见,“兄弟之国”“甥舅之国”名分的存在,决定着当时的战争方式讲求的是正而不诈,而任何不遵行这一原则的做法,均被视作是违背“军礼”的行为:“合诸侯而灭兄弟,非礼也。”(《左传·僖公二十八年》)

在认识和把握了上述时代精神之后,我们再回头来看《司马法》中有关西周及春秋早期的具体论述,就能够对这一部分内容保存和弘扬三代“军礼”的思想倾向作出较为清楚的说明了。

关于从事战争的基本目的,“军礼”所主张的是征讨不义。《国语·周语上》言:“伐不祀,征不享。”《左传·庄公二十三年》云:“征伐以讨其不然。”《左传·成公十五年》称:“凡君不道于其民,诸侯讨而执之。”讲的都是这一层意思。这在《司马法》那里,便是主张“兴甲兵以讨不义”,两者是完全相一致的。具体地说,只有当对方犯有“凭弱犯寡”“贼贤害民”“放弑其君”“犯令陵政”等九种严重罪行之时,才可以兴师征讨,“会之以发禁者九”。而《周礼·夏官·大司马》中有关正邦国的“九伐之法”,所述的内容与《司马法》完全相同。

如果不得已而从事战争活动,就必须在军事行动中坚决贯彻“礼”“仁”一类的原则。《司马法》有“以礼为固,以仁为胜”的提法,而《左传·文公十二年》则言:“不待期而薄人于险,无勇也。”这也是宗礼尚义的意思。郤至之所以在鄢陵之战后自我欣赏,“吾有三伐(三件值得夸耀的美德善行)”,也在于他曾做到“勇而有礼,反之以仁”。正因为征伐归宗于“礼”“仁”,所以,“不加丧,不因凶”便成为展开对敌军事斗争的先决条件之一。考察《左传》,可知《司马法》这一主张并非是空穴来风、无的放矢，而是于史可征的"军礼"原则。《左传·襄公四年》载："三月，陈成公卒，楚人将伐陈，闻丧乃止。"又《左传·襄公十九年》载："晋士匄侵齐，及穀，闻丧而还，礼也。"就是例证。

当进行正式的战场交锋之时，当时的"军礼"也有不少规范，要求作战双方共同遵循。《司马法》对此有相当翔实的反映，且经得起史实和有关文献记载的勘合。其云："成列而鼓，是以明其信也。"（《仁本》）宋襄公则说过："古之为军也，不以阻隘也。寡人虽亡国之余，不鼓不成列。"（《左传·僖公二十二年》）其又云："不穷不能而哀怜伤病，是以明其仁也。""见其老幼，奉归勿伤；虽遇壮者，不校勿敌；敌若伤之，医药归之。"（《仁本》）而这在宋襄公那里，则是"君子不重伤，不禽二毛"（《左传·僖公二十二年》）。这不能简单地断定为是《司马法》或宋襄公"迂远而阔于事情"，而恰恰应该看作是他们对古"军礼"的申明，因为《穀梁传·隐公五年》中就曾有"战不逐奔，诛不填服"的说法。还是《淮南子·氾论训》说得好："古之伐国，不杀黄口，不获二毛，于古为义，于今为笑。古之所以为荣者，今之所以为辱也。"所以，尽管在今天看来，这些论调显得十分迂腐可笑，但它毕竟是历史上业已存在过的观念，是了解古代战争演变逻辑的重要依据。

"服而舍人"是古典"军礼"中的又一项重要原则。春秋中期以前的战争指导者，其从事战争所追求的是战而服诸侯的旨趣与境界。这就是说，战争的主要目的之一是通过武力威慑或有限征伐的手段，树立自己的威信，迫使其他诸侯屈节归顺，臣服于自己。这个目标一旦达到，就偃兵息武，停止军事行动，而给予敌方以继续生存下去的机会。这在《左传》等先秦典籍中有充分的反映，而《司马法》在这一问题上，同样透露了古典"军礼"的这项基本原则："又能舍服，是以明其勇也。"（《仁本》）

在"既诛有罪"完成了战争的基本使命之后，《司马法》还提出了关于下一步行动的具体纲领与步骤："王及诸侯修正其国，举贤立明，正复厥职。”(《仁本》)其实,这也不是它自己的发明创造,而仅仅是对古典“军礼”中的有关战争善后原则的具体申明而已。参之以《左传》,信而有征,鲁昭公十三年(前529),楚国“平王即位,既封陈、蔡,而皆复之,礼也。隐大子之子庐归于蔡,礼也;悼大子之子吴归于陈,礼也”。这段记载可以看作是对《司马法》上述言辞的有力注脚。孔夫子所谓“兴灭国,继绝世,举逸民”的真切含义,也终于可以凭借《司马法》之言而昭告于今了。

(二)上古军制、战术的渊薮

《司马法》对春秋中期以前的军事训练、兴师程序、誓师仪式、献捷凯旋以及战术运用等各个方面的军事活动,都作出了详尽而如实的记载,这是其书具有重大学术价值和鲜明特色的又一个重要的标志。

在军事训练方面,《司马法》强调“士不先教,不可用也”(《天子之义》)。考察其所说的军事训练的内容和方式,不外乎“春蒐秋狝”“诸侯春振旅,秋治兵”诸项,这正与《左传》《国语》《周礼·夏官·大司马》等古籍的记载相一致。《左传·隐公五年》言:“春蒐,夏苗,秋狝,冬狩,皆于农隙以讲事也。三年而治兵,入而振旅,归而饮至,以数军实。”《国语·齐语》亦说:“春以蒐振旅,秋以狝治兵。”这种军事训练和演习,通常在农闲之时以田猎的方式进行,就如《诗经·豳风·七月》所反映的那样,是“二之日其同,载缵武功”,据汉代著名经学家郑玄云:“其同者,君臣及民因习兵俱出田也。”

而到了战国时期,上述“田猎以习五戎”的军事训练方式则被新型的以“一”教“十”、以“十”教“百”的训练方法所取代。《吴子·治兵》言:“用兵之法,教戒为先。一人学战,教成十人;十人学战,教成百人;百人学战,教成千人;千人学战,教成万人;万人学战,教成三军。”另外,《六韬·犬韬·教战》《尉缭子·勒卒令》等兵书也有类似的记载。这种新的训练方式不再与“田猎”相结合,而成为一种经常性与正规化的制度了。它恰好从反面证实了《司马法》中所记述的某些军事训练制度具有早期原始性。

在兴师程序问题上,《司马法》的有关论述同样是对三代出军制度的真实写照。《司马法·仁本》中关于兴师程序有一段很具体的描绘:"其有失命乱常、背德逆天之时,而危有功之君,遍告于诸侯,彰明有罪,乃告于皇天上帝日月星辰,祷于后土四海神祇山川冢社,乃造于先王。然后冢宰征师于诸侯曰:某国为不道,征之。以某年月日师至于某国,会天子正刑。"它的真实性也可以通过有关史籍而一一得到印证。如《国语·晋语》记载,"今宋人弑其君,罪莫大焉",于是"乃使旁告于诸侯,治兵振旅,鸣钟鼓,以至于宋"。由此可见,《司马法》所说的"冢宰征师于诸侯"云云,不是杜撰之辞。而《周礼·太祝》郑玄《注》有一段文字除个别之处外,与上述《司马法》之言基本一致。在可能是较晚出的《礼记·王制》中,也有"天子将出征……受命于祖,受成于学"的说法。这表明,三代的兴师征伐程序业已为先秦典籍所普遍记载,《司马法》同样没有例外。

至于战前军中誓师仪式及战后献俘奏捷等情况,《司马法》和其他先秦古籍也多有一致之处。如《司马法·天子之义》中记载,"得意则恺歌,示喜也。偃伯灵台,答民之劳,示休也",如果将它同《周礼》中"王师大献则令奏恺乐"的记载对比,就可以明显地发现两者所反映的早期战争活动形式与特点的一致性。

就战场纪律而言,《司马法》的有关论述也突出体现了早期军事活动的特色:"入罪人之地,无暴神祇,无行田猎,无毁土功,无燔墙屋,无伐林木,无取六畜、禾黍、器械。"(《仁本》)这与其他古文献的原始记载非常接近。《尚书·费誓》即言:"无敢伤牿,牿之伤,汝则有常刑;马牛其风,臣妾逋逃,勿敢越逐,祗复之,我商赉汝。乃越逐,不复,汝则有常刑!无敢寇攘,逾垣墙,窃马牛,诱臣妾,汝则有常刑!"而《墨子·非攻》中所描述的战国期间"入其国家边境,芟刈其禾稼,斩其树木,堕其城郭,以湮其沟池,攘杀其牲牷,燔溃其祖庙,刭杀其万民,覆其老弱,迁其重器"的残酷战争场景,与《司马法》上述文字相比较,则实在大不相同。

在作战方式方面,《司马法》中有"军旅以舒为主"的主张,讲求"徒不趋,车不驰,逐奔不逾列,是以不乱。军旅之固,不失行列之政,不绝人马之力,迟速不过诫命"(《天子之义》),一再强调"逐奔不过百步,纵绥不过三舍"(《仁本》)。这些论述当视为对春秋以前作战中战术运用特点的保存与概括。《尚书·牧誓》对当时的作战战术也有过类似的阐述:"今日之事,不愆于六步、七步,乃止,齐焉……不愆于四伐、五伐、六伐、七伐,乃止,齐焉。"即规定军队冲锋前进了一段距离之后,就暂停进攻以整顿作战队形,这正是早期笨拙的大方阵进攻作战的基本特点。这种进攻战术使得部队推进的速度相当迟缓,平常条件下行军,一日开进的标准距离为一舍(三十里地),最高日行军速度以三舍(九十里地)为限,而战场追击,也只能是"逐奔不远",至多不超过"百步"。《司马法》将这类上古战术原则较完整地记载了下来,从而使得我们能够结合《左传》等典籍的相关史料,深入了解春秋中期以前战争的作战方式以及战术运用,这是很有价值的。

这里我们还可以顺便谈谈《司马法》与《孙子兵法》的差异问题。如果说"动之以仁义,行之以礼让"是《司马法》军事思想的基本特色,那么班固在《汉书·艺文志》中所说的"自春秋至于战国,出奇设伏,变诈之兵并作"的战争现实,反映到春秋晚期的军事理论建树上,便是《孙子兵法》的成书以及对军事实践活动的指导意义。这种时代特征上的重大差异性,不少后人是心领神会、洞若观火的。郑友贤《孙子遗说》便曾就《司马法》与《孙子兵法》的各自特点作过扼要的比较:"《司马法》以仁为本,孙武以诈立;《司马法》以义治之,孙武以利动;《司马法》以正,不获意则权,孙武以分合为变。"

其实,这两者间的区别又何止于郑友贤所列举的简单几项。通过进一步的深入考察,我们可以发现,《司马法》与《孙子兵法》在许多问题上都存在着很大的差别,甚至可以说对立。

在论述的侧重点上,《司马法》注重于申明军礼,论列军制;而《孙子兵法》则注重于探讨作战指导原则。在战争目的方面,《司马法》基于"军礼"的"仁义"特色,而将战争活动的宗旨归结为"讨不义""会天子正刑";而《孙子兵法》则明确提倡"伐大国",以强大立于天下。这影响到战争善后问题的处理上,便是《司马法》"又能舍服""正复厥职"的做法与《孙子兵法》拔"其城"、堕"其国"行为之间的截然对立。在作战方式和战术运用上,《司马法》主张"军旅以舒为主",要求做到"徒不趋,车不驰";而《孙子兵法》则是提倡"兵之情主速,乘人之不及,由不虞之道,攻其所不戒也"。在后勤保障及执行战场纪律方面,《司马法》主张"入罪人之地""无取六畜、禾黍、器械";而《孙子兵法》则明确主张"因粮于敌",鼓吹"掠于饶野""掠乡分众"。凡此种种,不一而足。要而言之,就是在《司马法》与《孙子兵法》之间,似乎真的存在着一条难以逾越的时代鸿沟。

总之,《司马法》一书集中体现了春秋中期以前战争的规模、形式及特点,反映着早期军事思想的基本内涵与主导性质,说它为上古军制、战术的渊薮恰如其分。毫无疑义,《司马法》乃是我们在今天认识整个古代军事思想逻辑嬗递不可或缺的重要环节。

(三)绵延不绝的影响

《李卫公问对》卷上中有一段话非常值得我们引起注意:"今世传兵家者流,又分权谋、形势、阴阳、技巧四种,皆出《司马法》也。"这实际上揭示了《司马法》一书在中国兵学发展史上的特殊地位,即它是中国兵学文化的总源头,是先秦兵学思想发展史上的第一座巍峨丰碑。只有从这个角度去考察《司马法》的历史影响,才能真正说明历史的本来面目。

概略地说,《司马法》对后世的影响有以下几个方面:第一,是《孙子兵法》的重要思想来源。这一信息是由唐代李善《文选注》有关引文资料所透露的。它表明,《孙子兵法》之成书,在很大程度上是对《司马法》

的具体继承和扬弃,这不仅仅体现为兵学原则的全面归纳和总结,而且也反映为文字语言的广泛袭用转引,《孙子兵法》中所谓“兵法曰”“法曰”等内容,许多是《司马法》基本条文的载录摘抄。

考《文选注》,今本《孙子兵法》中的不少内容,其出处均被李善断定为《司马法》。据初步统计,这类情况有以下几则:一、“兵者诡道也,故能而示之不能”;二、“善守者,藏于九地之下;善攻者,动于九天之上”;三、“火攻有五”;四、“始如处女”。

上述引文,第一则见于《孙子兵法·计篇》;第二则见于《孙子兵法·形篇》;第三则见于《孙子兵法·火攻篇》;第四则见于《孙子兵法·九地篇》。

然而问题在于,李善征引上述《孙子兵法》的文字,为何不直接注明出自《孙子兵法》,而偏要别出心裁,说成是引自《司马法》呢?

其实要解开这个谜底并不困难。李善注释《文选》既然“淹贯该洽”,以“原用事所出”为宗旨,那么在征引史料时,自然要采用最原始的依据,以力求避免出现弃最原始材料于不顾,而引用较晚材料的现象。在李善看来,“火攻有五”“始如处女”等文字材料,虽然见于《孙子兵法》的记载,可它们并不属于孙子的发明,而是直接抄自于古本《司马法》。后者才是这些材料真正的原始出典,所以在征引过程中,李善便径自注明其最原始的出典,以求恢复事物的本来面目。殊不知他这种追本溯源的注释方法实践的结果,正好为我们提供了《孙子兵法》诸多内容来自于《司马法》的具体证据。

应该说,知道《孙子兵法》的诸多内容出自《司马法》这一情况,在隋唐时期并不属于什么秘密,李善固然对此洞若观火,其他学者在这一点上同样也了如指掌。李贤、李筌等人就做了类似李善所做的工作,如“穷寇勿追,归众勿迫”与《孙子兵法·军争篇》所提到的“用兵八法”相关,然而注释《后汉书》的李贤,就没有把它归入孙子的名下,而是在《皇甫嵩传》中直接注明它们系引自于《司马法》,从而明确了这两句话的真正著作权所有者。再如“攻则不足,守则有余”也见于《孙子兵法·形篇》,《汉书·赵充国传》引用此语作“兵法:攻不足者守有余”。然而李筌在《阃外春秋》中,则径自将它记录为:“《军志》有言:攻不足而守有余。”明确地把“兵法”坐实为“《军志》”(《军志》乃古司马兵法大系中的一部典籍)。我们认为,李贤、李筌等人的做法,都不是心血来潮式的糊弄,而是和李善一样,汲汲致力于恢复《孙子兵法》继承和沿袭古《司马法》的本来面目,力图从文献源流学的角度正本清源,返璞归真。

再从古书成书的一般规律考察,《孙子兵法》辗转抄录古《司马法》也属于合乎逻辑和情理的事情。众所周知,先秦著作往往不出于一人之手,而是同一学派累世辗转增补而成的,这是学术界的普遍共识,罗根泽、余嘉锡等著名学者对此考说甚详,兹不赘引。这种古书成书规律,决定了《孙子兵法》不可能横空出世,突兀而起,而只能是凭借前代兵家所提供的思想内容和文字资料,融会综合而成书。《司马法》正是这样的资料,这也就是《李卫公问对》要把《司马法》列为兵学四种之总源头的缘故所在。

由此可见,无论是从具体的文献征引资料所提供的依据,还是从一般的古书成书规律考察,《司马法》都可以视为《孙子兵法》成书的基本来源,从这个意义上说,《司马法》的历史影响之巨大和重要,乃是不言而喻的。

第二,秦汉以降,《司马法》始终受到人们的普遍重视,其基本原则和重要言论常常为人们所征引,被列为《武经七书》之一,长期享有权威军事著作的崇高声誉。

西汉时期,人们对《司马法》的评价就达到相当高的程度,司马迁赞誉它:“闳廓深远,虽三代征伐,未能竟其义,如其文也。”(《史记·司马穰苴列传》)汉代官方对其书也非常重视,汉武帝时“置尚武之官,以《司马兵法》选,位秩比博士,讲司马之典,简蒐狩之事”(《申鉴·时事》)。有研究者更认为,西汉初年“萧何次律令,韩信申军法”,实际上都是对《司马法》的因袭和补充。《汉军法》的内容,基本上未出《司马法》的范围,可以说《汉军法》是本之以《司马法》的。(参见田旭东《司马法浅说》)汉人引《司马法》议论军事的现象更不鲜见,如主父偃曾以《司马法》“国虽大,好战必亡;天下虽安,忘战必危”为依据,上书汉武帝,痛陈远伐匈奴之弊。其他像《汉书》载武帝之“制诰”、载元帝时刘向上疏、《辛庆忌传》载成帝时何武上疏,《说苑·指武》、《吕氏春秋·论威》高诱注、《周礼》郑玄注、徐幹《中论·赏罚》等,亦均引《司马法》文,可见《司马法》在当时的普及。

魏晋至隋唐时期,曹操、杜预、贾公彦、杜佑、杜牧、李世民、李靖等经学家、史学家、军事家、文学家,都曾以《司马法》为重要文献资料而加以征引,考证上古军制,并引为自己讨论军事问题的立说依据。其中李靖等人对《司马法》尤为熟悉,推崇备至。另外,当时的政书、类书如《群书治要》等,所引《司马法》文尝加注,可知《司马法》在隋唐时期不仅为论兵者所常用,并且还有注释通行于世。

在宋代,《司马法》的地位愈益提高,其影响亦愈益扩大,其中最重要的标志,就是在北宋神宗元丰年间,它和《孙子》《六韬》等一起,被列为《武经七书》之一,正式颁行,成为官方选定的武学教科书。

《武经七书》是宋代官方校勘颁行的兵法丛书,也是中国古代第一部军事教科书。宋代统治者有憾于国势衰弱,边患迭至的被动局面,注重于对兵法理论的研究和总结,希望借此振兴军势,光大国威。就在这样的背景下,宋神宗于熙宁五年(1072)六月,继宋仁宗重新开设“武学”(军事学校)。为了适应“武学”教学和军事训练的需要,元丰三年(1080)四月,宋神宗诏命国子监司业朱服等人从当时流传的二百多种兵书中选定了七部,“校定《孙子》《吴子》《六韬》《司马法》《三略》《尉缭子》《李靖问对》等书,镂版行之”(《续资治通鉴长编》卷三〇三)。校定后的兵书共 25 卷,于元丰年间正式刊行,统称为《武经七书》,用来教学和考试,成为当时将校所必读之书。

列入《武经七书》的七部兵书均内容丰富、价值显著、地位重要，称得上是古代兵法中的杰出代表，集中体现了古典兵学理论的精华和成就。值得注意的是，它们各有其鲜明的特色，不可互相替代。其中《孙子兵法》的理论体系最为博大精深，代表了中国古典兵学的最高水平，无愧于“兵经”的称号。《司马法》的主要价值在于，它充分反映了春秋中叶以前军事思想的主体内容和基本特征。《尉缭子》的重要性表现为，它既是现存“兵形势家”的唯一著作，又在很大程度上反映了法家思想对战国兵书的渗透和影响，保存了大量弥足珍贵的战国军事制度资料。《六韬》的价值在于，其是先秦兵学的集大成之作，凸显了战国后期学术思潮合流趋势在兵书撰著上所打下的烙印。《吴子》的理论特色相对单薄，但仍不失为一部有价值的兵学著作，尤其是关于战争观、治军理论的阐述有独到、深刻之处。《黄石公三略》具有鲜明的道家思想特征，它在某种意义上更像是一部政治学著作，它的出现和流传，表明军事从属于政治，军事学伦理本位化趋势的强化已成为不可逆转的事实。《李卫公问对》的学术价值不容忽视，这主要表现为两个方面，一是对重要的兵学范畴（诸如奇正、虚实、主客、形势、攻守）的丰富和发展；二是显示出古典兵学的重点正开始由战略层次向战役战术层次转移，标志着随着战争实践的日益丰富，人们的军事理性认识也趋于多元、复杂、缜密和深化。

由此可见，《司马法》入选《武经七书》是当时人们独具慧眼、精当选择的结果，人们看中它，就是因为它的特殊价值，它在兵学发展史上的里程碑式的意义。另一方面，《司马法》入选《武经七书》对于它更广泛地得到流传，产生影响，实有积极的推动作用，它为当时的《武经总要》《百战奇法》等兵书以及《太平御览》等类书所大量征引，就是这方面的有力证据。

元明清时期，《司马法》依然受到高度的推崇。当时，不仅朝廷官刻

《司马法》,而且民间也大量刻印,为之作注者亦不在少数,从而形成各种各样的版本五六十种之多,注本则多达三十余种。另外,还有一个文化现象也值得重视,即当时不仅武人推崇《司马法》,而且有为数不少的文人学者也对《司马法》产生很大的兴趣。如明代的著名学者归有光、李贽、杨慎等人都研究过《司马法》,并对它作出过自己独到的评价。清代的一些大学者如秦蕙田、黄以周、孙诒让等更从研究古代礼制的角度探讨《司马法》,为其书研究开辟了新的蹊径,使之呈现出新的面貌,取得了新的成绩。

《司马法》还先后流传到日本、法国等国家,仅日刊本《司马法》白文以及各种注本就不下三十余种。这些情况表明,《司马法》如同《孙子兵法》等其他著名兵书一样,也在中外文化交流中起到了重要的作用,作为全人类的宝贵文化遗产,它的价值将是永恒的。

仁本第一

导读

《仁本》是存世《司马法》一书的首篇，主要论述战争的起源、战争与政治的关系、制胜的基本条件以及兴师作战的程序等诸多方面的内容。它集中反映了春秋以前战争的方式及其特点，在全书中具有发凡及提纲挈领的意义。

《仁本》初步认识到战争与政治之间的辩证关系："正不获意则权，权出于战。"为此，它积极提倡以仁爱为根本的义战主张："杀人安人，杀之可也；攻其国，爱其民，攻之可也；以战止战，虽战可也。"这种主张较之于简单斥责战争为"凶器"的迂腐观点，以及一味穷兵黩武的好战言论，无疑要来得高明，具有相当的合理性与进步性。

义战的理论基础是"慎战"和"备战"。对此，《仁本》进行了具体而深刻的阐述，提出了非常卓越的见解："故国虽大，好战必亡；天下虽安，忘战必危。"既重视战争，积极从事备战，又反对迷信武力，以战为乐。这充分反映了作者在战争认识上所达到的理性高度，直至今天仍不乏重大的启迪意义。

本篇的重大学术价值还在于，它较多地保留了春秋以前的"军礼"内容，如"逐奔不过百步，纵绥不过三舍""不穷不能而哀怜伤病""成列而鼓""争义不争利""又能舍服"等，为我们今天研究春秋以前的战争、军制和军事思想提供了难能可贵的文献资料依据。

原文

1. 古者以仁为本[1],以义治之之谓正[2]。正不获意则权[3],权出于战,不出于中人[4]。是故杀人安人[5],杀之可也;攻其国,爱其民,攻之可也[6];以战止战[7],虽战可也。故仁见亲[8],义见说[9],智见恃[10],勇见方[11],信见信[12]。内得爱焉[13],所以守也;外得威焉[14],所以战也。

译文

上古时代,人们以仁爱为根本,用合乎礼法规范的方法治理国家,这属于正常的途径。用正常的方法达不到目的,那么就采取特殊的手段。特殊的手段表现为战争,而不是表现为中和与仁爱。因此,如果诛杀坏人而使好人得到安宁,那么杀人是可以的;如果进攻别的国家是出于关怀爱护该国民众的目的,那么攻打是可以的;如果用战争的手段来制止战争,那么从事战争活动也是可以的。所以,要施行仁爱以获得人们的亲附,推行正义以获得人们的悦服,凭借智慧来赢得人们的钦仰,依靠勇敢以争取人们的效法,借助诚实以博取人们的信任。这样,对内就能够得到民众的拥戴,从而可以守土卫国;对外就能保持强大的威慑,从而可以战胜敌人。

注释

1 以仁为本:以仁爱为宗旨。本,指根本。

2 以义治之之谓正:用合乎礼法规范的方法处事接物,谓之正当、正常。义,本义为妥切、恰当,引申为合乎礼法规定的行为规范。正,正常的途径,正当的手段。

3 权:本义为权衡,用以称量物之轻重。此处指权变,不得已而采取的特殊手段。

4 中人:中和,仁慈。中,中庸、中和的意思。人,通"仁",仁爱、仁慈的意思。

5 杀人安人:通过杀戮个别坏人的途径来安抚保护大多数民众。

6 攻其国,爱其民,攻之可也:攻打敌国的出发点是为了爱护帮助该国的民众,这样的军事行动是能够被允许的。

7 止战:制止战争,实现和平。

8 仁见亲:仁爱为人们所亲附。见,为,被;亲,亲附,依从。

9 说:同"悦",悦服的意思。

10 恃:依赖、依靠、依凭的意思。

11 方:仿效、效法的意思。底本作"身",疑误,今据施子美《武经七书讲义》校正。

12 信见信:以诚实守信而为人们所信任。第一个"信"字为名词,意为诚实;次"信"字为动词,意为信任。

13 内得爱焉:意为在内部获得民众的爱戴。爱,爱戴,拥护。

14 外得威焉:意为在国际上拥有强大的威慑力量,掌握发言权。威,威慑,威力。

原文

2. 战道[1],不违时[2],不历民病[3],所以爱吾民也;不加丧[4],不因凶[5],所以爱夫其民[6]也;冬夏不兴师,所以兼爱其民[7]也。故国虽大,好战必亡[8];天下虽安,忘战必危。天下

译文

用兵的基本原则是:不要违背农时,不要让民众遭受苦难,这样做是为了爱护自己的民众;不乘敌国亡君举丧时前去进攻,也不趁敌国发生灾害时起兵攻伐,这样做是为了爱护敌国的民众;在凛冽的寒冬和酷热的炎夏不兴师出征,这样做是出于对敌我双方民众的爱护。所以,国家虽然强大,乐兵好战就必定灭亡;天下虽然太平,忘记战备则必有危

既平[9]，天子大恺[10]，春蒐秋狝[11]；诸侯春振旅[12]，秋治兵[13]，所以不忘战也。

险。即使是天下已经太平，天子也大功凯旋，但仍然要在每年春秋两季进行田猎以操练部队，演习战阵；各国诸侯也要在春天整顿军队，在秋天训练部队，这样做就是为了让人不忘战备。

注释

1 战道：用兵打仗的原则。道，规律、原则的意思。

2 不违时：不违农时。

3 不历民病：不使民众遭受苦难。历，经历，遭受。《广雅·释言》："历，逢也。"

4 不加丧：不趁敌国国君新死之际去发兵攻打。这是旧"军礼"的一条重要原则。如《左传·襄公四年》："三月，陈成公卒。楚人将伐陈，闻丧乃止。"又《左传·襄公十九年》："晋士匄侵齐，至穀，闻丧而还，礼也。"这些都是"不加丧"的史证。

5 不因凶：不利用敌国发生饥荒时起兵进攻。这也是"军礼"所规定的要求，对它的违犯被视为"非礼"行为，受到当时社会舆论的谴责。

6 爱夫其民：关心爱护敌国的民众。其，指示代词，此指敌对一方。

7 兼爱其民：不加区别地爱护敌我双方的民众。兼爱，爱无差等、一视同仁的意思。其，底本无，据《武经七书汇解》本补。

8 好战必亡：穷兵黩武必定导致灭亡。好，以……为乐；必，一定，必定。

9 平：平定，安宁。

10 天子大恺：子，底本作"下"，疑误，今据刘寅《武经七书直解》校改。恺，古代庆祝胜利的军乐，此处指凯旋奏捷。

11 春蒐秋狝：春秋以前的军事训练和演习，通常在农闲时以田猎的方式进行，称之为"蒐狝"。其中春季田猎练兵为"蒐"，秋季田猎演习为"狝"。《左传·隐公五年》："春蒐，夏苗，秋狝，冬狩，皆于农隙以讲事也。"

12 春振旅：振旅一般在春季举行，故曰“春振旅”，《国语·齐语》：“春以蒐振旅。”振，训整，意为整军，《国语·齐语》：“卒伍整于里，军旅整于郊。”

13 秋治兵：指在秋季举行的颁授兵器的实战演习。《国语·齐语》：“秋以狝治兵。”

原文

3. 古者逐奔不过百步[1]，纵绥不过三舍[2]，是以明其礼[3]也；不穷不能而哀怜伤病[4]，是以明其仁[5]也；成列而鼓[6]，是以明其信也；争义不争利[7]，是以明其义也；又能舍服[8]，是以明其勇也；知终知始[9]，是以明其智也。六德[10]以时合教，以为民纪之道[11]也，自古之政也。

译文

古代作战，追逐败退的敌人不超过一百步，追击主动退却的敌人不超过九十里，这是为了表明礼让的精神；不过分逼迫已经丧失战斗能力的敌人，同时哀怜敌方的伤病人员，这是为了表示仁慈的原则；等待敌人排兵布阵就绪后再发动攻击，这是为了表示诚信的态度；恪守大义而不汲汲于追逐小利，这是为了表现崇高的正义；赦免已经降服的敌人，这是为了表现真正的勇敢；洞察战争的起因和结局，这是为了表现超常的智慧。根据以上六德适时进行教育，并作为民众行动的规范准则，这是自古以来的为政之道。

注释

1 逐奔不过百步：追击败逃的敌人不超过一百步距离。这是古代方阵作战的特殊要求，大方阵作战必须保持队形整齐，做到旅进旅退。若追击敌人超过百步，则不易保持队形整齐，故要求逐奔不过百步。

2 纵绥不过三舍：跟踪、追击主动退却的敌人不超过九十里。绥，不战而退军谓之绥。三舍,九十里。古代行军一舍为三十里。

3 明其礼:表明己方的礼让大度。

4 不穷不能而哀怜伤病:不去逼迫已经丧失战斗力之敌,怜悯敌方的伤病员,即《左传·僖公二十二年》引宋襄公语:"君子不重伤。"

5 仁:底本作"义",疑误,今从朱墉《武经七书汇解》校改。

6 成列而鼓:等待敌人阵势部署完毕之后,再击鼓发起攻击。这是旧"军礼"的又一项重要原则。故宋襄公曰:"不鼓不成列。"

7 争义不争利:恪守道义而不追逐利益。这可视为古代"义利之辨"的滥觞。

8 舍服:赦免、饶恕业已降服的敌人。舍,赦免。

9 知终知始:指洞察战争的起因以及最终的结局。

10 六德:即指上述"礼""仁""信""义""勇""智"等六种懿德嘉行。

11 民纪之道:普通民众据以行动的规范准则。

原文

4. 先王[1]之治,顺天之道,设地之宜[2],官民之德[3],而正名治物[4],立国辨职[5],以爵分禄[6],诸侯说怀,海外来服[7],狱弭而兵寝[8],圣德之治也。

译文

从前的圣王治理天下,能顺应自然变化的规律,因势利导,因地制宜,任用民众中德行优秀的人担任官职,并确定官职名分,以治理各项事务;分封诸侯,区分其职权,按照爵位的高低给以数额不等的俸禄。这样,诸侯就都心悦诚服,海外的邦国也就倾心归附。消弭讼狱,兵革不起,这乃是最为完美的圣王之治。

注释

1 先王:指上古时代的圣王,如唐尧、虞舜等。

2 设地之宜:因地制宜。设,合乎。《广雅·释诂二》:"设,合也。"

3 官民之德:任用民众中德行优秀的人担任官职。官,名词作动词用,以……为官。

4 正名治物:意谓设官分职,各司其事。

5 立国辨职:立国,意谓分封诸侯;辨职,区分职权范围。

6 以爵分禄:按照爵位高低赐以不同的俸禄。

7 海外来服:指中原地区以外的藩邦方国前来称臣纳贡。

8 狱弭而兵寝:消弭讼狱,止息战争。

原文

5. 其次,贤王[1]制礼乐法度,乃作五刑[2],兴甲兵以讨不义[3]。巡狩省方[4],会诸侯,考不同[5]。其有失命[6]、乱常[7]、背德[8]、逆天之时[9],而危有功之君,遍告于诸侯,彰明有罪,乃告于皇天上帝日月星辰[10],祷于后土四海神祇山川冢社[11],乃造于先王[12]。然后冢宰[13]征师于诸侯曰:"某国为不道[14],征之。以某年月日师至于某国,会天子正刑[15]。"冢宰与百官布令于军曰:"入罪

译文

次圣王一等的贤王政治是这样的:制定礼乐法度来管教民众,设置五等刑罚来惩治罪犯,动用军队来征讨不义。亲自巡视诸侯各国领地,察访四方,会合诸侯考核其政治得失。如果发现诸侯国君中有违抗命令、破坏纪律、亵渎道德、逆天行事、嫉功害贤这样的人,便通告于各国诸侯,公布他的罪状,并且上告于皇天上帝日月星辰,祈祷于后土四海一切神灵,诉告于宗庙祖先。然后由冢宰向各诸侯国发布征调军队的命令:"某某诸侯国暴虐无道,现在决定出兵征讨它。各诸侯国的军队应于某年某月某日抵达某地,随同天子对犯罪的诸侯明正典刑。"然后冢宰又和百官一起向全军宣布作战原则及战场纪律:"大军进入罪犯的辖境后,不准亵渎神灵,不准举行围猎,

人之地，无暴神祇[16]，无行田猎，无毁土功[17]，无燔墙屋[18]，无伐林木，无取六畜[19]、禾黍[20]、器械。见其老幼，奉归勿伤[21]；虽遇壮者，不校勿敌[22]；敌若伤之，医药归之。”既诛有罪，王及诸侯修正其国[23]，举贤立明，正复厥职[24]。

不准破坏建筑，不准焚烧房舍，不许砍伐林木，不得擅自掠取牲畜、粮食和用具。见到老人和孩子要妥为护送回家，不得加以伤害；即使遇到精壮之人，只要他们不进行抵抗，就不以敌人对待。对于受了伤的敌人，应给予医药治疗，然后释放他们使其重获自由。”在惩办了罪犯之后，贤王及诸侯还要出力帮助整顿好那个国家，选用贤能，册立明君，调整恢复其各级官职。

注释

1 贤王：指稍逊于圣王的贤明之君。如历史上的夏禹、商汤、周文王、周武王等人。

2 五刑：即古代社会中的墨（刺面）、劓（割鼻）、刖（挖去膝盖骨或斩足）、宫（阉割去势）、大辟（斩首）等五种刑罚。

3 兴甲兵以讨不义：指动用武力来讨伐不义的人或事。这也是“军礼”的原则之一。《国语·周语上》“伐不祀，征不享”，《左传·成公十五年》“凡君不道于其民，诸侯讨而执之”，就是具体的注脚。

4 巡狩省方：巡狩，指天子巡视各诸侯国了解情况。省，底本作“者”，疑误，今据《武经七书讲义》校改。

5 会诸侯，考不同：会见诸侯，考核其是否有违反礼乐法度的地方。

6 失命：违抗命令，玩忽职守。

7 乱常：违背伦常，破坏法度。

8 背德：背逆、亵渎道德。

9 逆天之时:不顺应天时。

10 皇天上帝日月星辰:此处泛指天上的一切神灵。皇天,至高无上的自然神;上帝,至高无上的人格神。

11 后土四海神祇山川冢社:泛指地上的一切神祇。后土,土地神;四海神祇,指四方的神;山川,山神与水神;冢社,祭神的社坛场所。

12 造于先王:祭祀祖庙,请示先王的旨意。造,祭祀的名称。

13 冢宰:周代的官名,为百官之长,相当于后来的宰相。

14 不道:背德逆理,为非作歹。

15 会天子正刑:会同天子对有罪诸侯进行征伐,以明正典刑。

16 无暴神祇:不准侵犯、亵渎对方的神祇。暴,侮辱,亵渎。神祇,天神称神,地神称祇。

17 土功:土木工程,建筑物。

18 无燔墙屋:不允许焚烧对方的房舍。燔,焚毁,焚烧。

19 六畜:指牛、马、羊、猪、鸡、狗。

20 禾黍:泛指粮食作物。

21 见其老幼,奉归勿伤:意思是说要保护敌国的老人和孩子,不得伤害。《淮南子·氾论训》:“古之伐国,不杀黄口,不获二毛。”这也是“军礼”的要求,故宋襄公在泓水之战中宣扬“不禽二毛”。

22 不校勿敌:凡不作抵抗者不以为敌。校,较量、抵抗的意思。

23 修正其国:指不绝其祀,而只是帮助进行整顿,使其崇礼尚义,重新走上正道。

24 正复厥职:调整、恢复其各级官职、机构。

原文

6. 王霸[1]之所以治诸侯者六:以土地形诸侯[2],以政令平诸侯[3],以礼信亲

译文

天子治理诸侯的方法共有六种:通过封土裂疆的途径来控制诸侯,依靠政策法令来约束诸侯,凭借

诸侯，以材力说诸侯[4]，以谋人[5]维诸侯，以兵革服诸侯[6]。同患同利以合诸侯，比小事大[7]以和诸侯。

会之以发禁者九[8]：凭弱犯寡则眚之[9]，贼贤害民则伐之，暴内陵外则坛[10]之，野荒民散则削之[11]，负固不服则侵之[12]，贼杀其亲则正[13]之，放弑其君则残[14]之，犯令陵政则杜[15]之，外内乱、禽兽行[16]则灭之。

礼义诚信使得诸侯们亲近自己，借助任贤使能从而让诸侯悦服自己，重用深谋远虑的智士去维系诸侯间的关系，依靠强大的军事力量慑服诸侯。总之，要与诸侯国共患同利合为一体，大国亲近小国，小国侍奉大国，做到和衷共济，和睦相处。

会合诸侯颁布下列九条禁令：凡是恃强凌弱、以众犯寡的，就限制削弱他；虐杀贤良、残害民众的，就用兵讨伐他；对内暴虐、对外侵凌的，就坚决废黜他；使田野荒芜、民众逃散的，就削除其君主的爵位；依恃险阻、拒不服从王命的，就出兵打击他；背逆人伦、残杀骨肉至亲的，就坚决惩罚他；驱逐或弑杀国君的，就严厉处置他；违抗命令、轻藐王政的，就孤立制裁他；内外淫乱、厚颜无耻、行同禽兽的，就彻底诛灭他。

注释

1 王霸：王，此处指天子。霸，指诸侯之长。

2 以土地形诸侯：通过分封土地控制诸侯。形，通“型”，规范、控制的意思。

3 平诸侯：约束、抑制诸侯。

4 以材力说诸侯：依靠任贤使能使得诸侯亲附。材力，即有能力之人。

5 谋人：指深谋远虑的智士。一说，谋人是“方伯”（如齐桓、晋文等）的意思。

6 以兵革服诸侯：依靠军事手段控制诸侯。这是六项控制诸侯措施中的最后手段。前五项为“文”,此为“武”。文武兼施,恩威并行,刚柔相济,双管齐下。

7 比小事大:亲近小国,侍奉大国。

8 会之以发禁者九:召集诸侯颁布九条禁令。按:以下九条禁令又见于《周礼·夏官·大司马》,称为“九伐之法”。

9 凭弱犯寡则眚之:意谓凡以强凌弱、以大侵小的诸侯,则当受到削弱、限制的惩罚。凭,欺凌。眚,减省。

10 坛:通“墠”,清除空地。此处是指废逐其君另立贤者。

11 野荒民散则削之:凡使土地荒芜、民众流离失所的诸侯,其爵位当被削贬。

12 负固不服则侵之:依恃险阻、不服王命者当受到征讨。管仲兵临楚境,成“召陵之盟”,就是这方面的例证。

13 正:正法。《周礼·大司马》郑玄注:“正之者,执而治其罪。”

14 残:诛杀。

15 杜:封锁,孤立。《周礼》郑玄注:“杜塞使不得与邻国交通。”

16 外内乱、禽兽行:在家族内外淫乱逆伦,行如禽兽。

战例

宋襄公泓水败绩

周襄王十四年(公元前638年)初冬爆发的泓水之战,是宋、楚两国为争夺中原霸权而进行的一次战争,也是中国古代战争史上因思想保守、墨守成规而导致失败的典型战例之一。

春秋五霸中的第一个霸主齐桓公死了之后,中原诸侯国顿时失去了一匡天下的领导人,成为一盘散沙。这样一来,“召陵之盟”后受齐桓公遏制的南方强国——楚国,便企图乘机入主中原,攫取霸权。在中原列国的眼里,楚国乃是一“蛮夷之邦”,如今楚国大举北进,自然引起它们的忐忐不安,愤愤不平。于是一贯自我标榜仁、义、礼、信的宋襄公,便想凭借宋为公国、爵位最尊的地位以及领导诸侯平定齐乱的余威,出面领导诸侯与楚国争个高低,继承齐桓公的霸主地位,并进而伺机恢复殷商的故业。可是在当时,宋国的实力比楚国可要差得远了,宋襄公不自量力的做法,只能置自己于十分被动的境地。楚国对当年的齐桓公是力不从心、无可奈何的,但这时对付宋襄公却是稳操胜券、游刃有余。所以它处心积虑要拿宋襄公开刀,并借此给中原列国一个下马威,结果终于导致了泓水之战的爆发。

虽说宋襄公专心致志想圆自己的霸主梦,可毕竟国力有限,因此,拿不出别的高招,只能依样画葫芦模仿齐桓公的做法,祭起"仁义"这个法宝,打出"礼信"这杆大旗,召集诸侯举行盟会,借以抬高自己的声望。可是他的这点能耐,实在谈不上高明,不仅遭到诸多小国的冷遇,更受到楚国君臣的算计。在盂地(今河南睢县西北)盟会上,宋襄公拒绝公子目夷事先提出的多带战车、以防不测的合理建议,兴冲冲轻车简从前往,结果为"不讲信义"的楚成王手下的武装侍从活捉擒拿。楚军押着他趁势攻打宋都睢阳(今河南商丘),幸亏公子目夷等人率领宋国的军民进行殊死抵抗,才挫败了楚军的猛烈攻势。楚成王后来也觉得留着宋襄公也没有什么用场可派,就让鲁僖公出面调停,做个顺水人情,将宋襄公释放回国。

宋襄公遭受这般奇耻大辱,真是气不打一处来。他既痛恨楚成王不守信用,出尔反尔;更愤慨其他诸侯国见风使舵,背宋亲楚。他自知军力不是楚国的对手,暂时不敢主动去摸这个烫手的山芋,而是先把一肚子闷气发泄在带头臣服于楚的郑国头上,决定兴师讨伐它,以显示一下自己的威风,挽回一点面子。

大司马公孙固和襄公的庶兄公子目夷都是头脑比较清醒的人,他们都认为攻打郑国会引起楚国出兵干涉,使宋国走向失败的深渊,所以异口同声劝阻宋襄公冷静下来,放弃伐郑的打算。可是气头上的宋襄公哪里听得进这番金玉良言?反而振振有词为自己的行动作辩护:假如老天爷不嫌弃我,殷商的故业是可以得到复兴的。郑文公闻报宋国兵马大举来攻,倒也并不十分惧怕,反正有强楚做自己的靠山嘛。他派人向楚国求救,果然请动了楚成王。楚国雄师浩浩荡荡向北挺进,征伐宋国,援助郑国。宋襄公这时才知道事态十分严重,只好匆匆忙忙从郑国撤出部队。

周襄王十四年十月底,宋军主力返抵宋国本土。这时楚国的军队犹在陈国境内向宋国挺进途中。这次宋襄公准备一切都豁出去了,决心将楚军拒于国门之外。为此,他屯军于泓水(涡河的支流,经今河南商丘、柘城间)以北,以等待楚军的远道来攻。

十一月初一日,楚军开进到泓水南岸,并开始涉水渡河。这时宋军已布列好阵势,可以随时出击。大司马公孙固鉴于楚宋两军众寡悬殊,但宋军已占有先机之利的情况,建议宋襄公把握战机,趁楚军渡到河当中时予以打击。但却为宋襄公断然拒绝了:哪有这个道理呀?敌人正在过河的时候就打过去,还算得上是讲仁义的军队吗?结果使楚军得以全部顺利渡过泓水。楚军方面可不含糊,渡完河便开始布列阵势。这时公孙固又奉劝宋襄公乘楚军列阵未定之际发动攻击,但宋襄公仍然不予接受,反而责备他说:你太不讲道义了!人家队伍还没有排好,怎么可以打!

一直等到楚军布阵完毕、一切准备就绪之后,宋襄公这才击鼓向楚军进攻。可是,这时一切都已经晚了。楚国的兵马就像大水冲塌堤坝似的直涌过来,宋国的军队怎么也顶不住。一阵你砍我杀下来,宋军被打得溃不成军。宋襄公本人的大腿也受了重伤,其手下精锐的禁卫军一个也不曾走脱,全成了虎狼似的楚军的刀下之鬼。只是在公子目夷等人的拼死掩护下,宋襄公才好不容易突出重围,狼狈不堪地逃回都城。泓水之战就这样以楚胜宋败画上了句号。

泓水之战后,宋国的众多大臣都埋怨宋襄公实在糊涂。可是宋襄公本人却并不服气,还在那里强词夺理为自己的错误指挥进行辩解,胡诌什么"君子不伤害已经受伤的敌人,不捕捉擒拿头发花白的敌军老兵,不于险隘阻击敌人取胜,不主动擂鼓攻击尚未列好阵势的敌人"。总之一切要讲究“仁、义、礼、信”。可见他的花岗岩脑袋真的顽固得可以。到了第二年夏天，宋襄公因腿伤过重，带着满脑子“仁、义、礼、信”的陈旧用兵教条进棺材“安息”了。他那争当霸主的迷梦，也恰如肥皂泡似的就此彻底破灭了。

泓水之战规模虽不很大，但是在中国古代战争发展史上却具有一定的意义。在政治上它使得宋国从此一蹶不振，楚国势力进一步向中原扩张，春秋争霸战争进入了新的阶段。在军事上，它标志着商周以来以“成列而鼓”为主要特色的“礼义之兵”行将寿终正寝，以“诡诈奇谋”为主导的新作战方式正在崛起，反映在军事学术上，就是《司马法》成为明日黄花，而《孙子兵法》即将面世独领风骚。所谓“礼义之兵”，就是作战方式上重偏战而贱诈战，“结日定地，各居一面，鸣鼓而战，不相诈”。它是陈旧的密集大方阵作战的产物。但在这时，由于武器装备的日趋精良，车阵战法的不断发展，它已不适应战争实践的需要，逐渐走向没落了。宋襄公无视这一变化，拘泥于《司马法》“以礼为固，以仁为胜”“成列而鼓”“不穷不能而哀怜伤病”“见其老幼，奉归勿伤”等教条，遭致悲惨的失败，实在是不可避免的。这正如《淮南子》所说的那样：“古之伐国，不杀黄口，不获二毛，于古为义，于今为笑，古之所以为荣者，今之所以为辱也。”总而言之，在泓水之战中，尽管就兵力对比来看，宋军处于相对的劣势，但如果宋军能凭借占有泓水之险这一先机之利，采用“半渡而击”灵活巧妙的战法，先发制人，主动进攻，仍是有可能以少击众、打败楚军的。遗憾的是，宋襄公奉行业已过时的兵法教条，既不注重实力的建设，又缺乏必要的指挥才能，最终覆军杀将，为天下笑。

天子之义第二

导读

《天子之义》主要论述了建军、治军以及作战原则和有关军事制度，并从历史的角度介绍了夏、商、周三代在这些方面的区别和变化。

本篇对建军、治军问题进行了系统、精辟的论述，主张在国尚礼，在军尚法，礼与法互为表里，互相弥补，各有其用，并行不悖。为此它提出了一个十分著名的命题："国容不入军，军容不入国。"意思就是治国的一套不能用于治军，治军的一套也不能用于治国。治军上要严明赏罚，树立权威，令行禁止，确保军队最大限度地发挥战斗力。这一主张对后世曾产生过深远的影响。西汉时期名将周亚夫细柳治军就是这方面的显著事例。

本篇对作战原则也有较多的阐发。它主张在战场交锋时做到"徒不趋，车不驰，逐奔不逾列""逐奔不远，纵绥不及"，强调"军旅以舒为主"，反映了车战时代方阵作战的基本特点。与作战原则相关联，它进而提出了方阵作战中的武器配置原则，主张长、短、轻、重兵器配合使用，以充分发挥其威力。

在《天子之义》中，我们还可以看到关于举贤、将德、誓师、赏罚、凯旋等问题的系统申说。所有这些申述论说，都笼罩着"以礼为固，以仁为胜"的"军礼"色彩，比较完整地反映了早期兵学思想的基本内容和主要性质，从中可以扼要地把握中国古代军事学术发展历史的逻辑。

原文

1. 天子之义[1]，必纯取法天地[2]，而观于先圣[3]；士庶[4]之义，必奉于父母，而正于君长[5]。故虽有明君，士不先教[6]，不可用也。

古之教民，必立贵贱之伦经[7]，使不相陵[8]。德义不相逾，材技[9]不相掩，勇力不相犯[10]，故力同而意和[11]也。古者，国容不入军，军容不入国[12]，故德义不相逾。上贵不伐[13]之士，不伐之士，上之器[14]也。苟[15]不伐则无求，无求则不争。国中之听，必得其情；军旅之听，必得其宜，故材技不相掩[16]。从命为士上赏[17]，犯命为士

译文

天子正确的行为准则，必须是纯正地取法天地，并垂鉴古代圣王的法度；普通民众正确的行为准则，必须是遵奉父母教诲，并接受君主长辈的规诫和指导。所以，尽管有贤明伟大的君主，但如果对普通民众不加以教育训练，那么也是不能使用他们的。

古代对民众的教育，必定是先确立贵贱上下的伦理纲常，以确保贵贱尊卑之间不相侵凌混乱，做到德和义两者互不逾越，有才能和技艺的人士不至于被埋没，孔武英勇的人不敢违抗命令，这样，大家就会同心协力、和衷共济了。古时候，朝廷中的礼仪法度不用于军队，军队里的规章制度也不用于朝廷，所以，德和义两者就不会互相逾越了。君主尊敬、任用那些不自吹自擂、自我夸耀的人，因为不自我夸耀的人，正是君主所宝贵的人才。非常显然，如果一个人能够做到不自我炫耀，就表明他没有什么奢求，而没有奢求就肯定不会追名逐利，损公肥私。朝廷大事上若听取他们的意见，就一定能掌握真实情况；军队事务上若听取他们的意见，就一定能妥善处理好各

上戮[18],故勇力不相犯。既致教其民,然后谨选而使之[19]。事极修[20],则百官给[21]矣;教极省,则民兴良[22]矣;习贯成,则民体俗[23]矣。教化之至也。

种问题,这样,有才能和技艺的人士就不致被埋没了。以服从命令为军人的最高奖赏,以违抗命令为军人的最高惩罚,一旦做到这一点,那么孔武有力的人也就不敢违抗命令了。在对广大民众进行了这些教育之后,再慎重地选拔任用他们。各项事务都处理得很好,那么各级官吏就算是恪尽职守了;教育内容简明易学,那么民众就会翕然好学,积极上进;良好的习惯一经养成,那么民众就会依照习俗行事。这就是教育上所能达到的最佳效果。

注释

1 天子之义:天子正确的行为准则。义,适宜,得当。《礼记·中庸》:"义者,宜也。"

2 纯取法天地:完全按天地之道处世行事。纯,完全,纯正。

3 观于先圣:借鉴古代圣人的做法,以古代圣人为效法的楷模。

4 士庶:士,先秦时期最低一级贵族;庶,庶人,即平民。此处泛指民众。

5 正于君长:就正于统治者,指顺从各级长官提出的要求和规范。

6 教:教育,训练。此处的"教"包括两层意思,就思想精神而言,谓之教育;就身体技能而言,谓之训练。两者相辅相成,不可或缺。

7 伦经:人伦道德的规范、原则。

8 使不相陵:使上不欺下,下不犯上。陵,凌驾,欺侮。

9 材技:才能,技艺。材为素质,属于内涵;技为能力的体现,是外在的。

10 勇力不相犯:孔武有力、血气方刚的人不敢违抗命令。勇,勇气;力,力量。

11 力同而意和:指同心协力,和衷共济。

12 国容不入军,军容不入国:朝廷的礼仪法度不能适用于军队,军队的规章制度也不能应用于朝廷。国,指朝廷。容,礼仪,法度。《礼记·杂记》郑玄注:“容,威仪也。”

13 伐:夸耀,自我标榜。

14 上之器:君主所宝贵、器重的人才。器,古代以钟、鼎等礼器显示贵族的身份,谓之器,引申为器重之义。

15 苟:如果,假若。

16 不相掩:不被掩盖,不被埋没。

17 上赏:最高的奖赏。

18 上戮:最重的惩罚,指被处以死刑。戮,诛杀,处死。

19 谨选而使之:谨慎、慎重地遴选拔擢,适宜地加以任用。谨,慎重;使,任用。

20 极修:指一切都安排得井井有条。修,整治,有序。

21 给:满足、充分的意思,此处引申为恪尽职守。

22 兴良:去恶向善,指向善好学,积极上进。

23 体俗:依照良好的习俗行事。体,身体力行的意思。

原文

2. 古者,逐奔不远,纵绥不及[1],不远则难诱,不及则难陷[2]。以礼为固[3],以仁为胜[4]。既胜之后,其教可复[5],是以君子贵[6]之也。

译文

古代作战,追击战败溃逃的敌人不过远,追逐主动退却的敌人不迫近。不过远就不容易为敌人所欺骗,不迫近就不容易陷入敌人的埋伏。以礼义廉耻为规范,军队就能够坚如磐石;以仁慈博爱为宗旨,军队就能所向披靡无往不胜。战争取得胜利之后,对民众的教化就可以推行,因此,贤德之人都十分重视这种方法。

注释

1 逐奔不远，纵绥不及：参见前《仁本》“逐奔不过百步，纵绥不过三舍”注。绥，底本作“缓”，误，今据《武经七书讲义》校改。

2 难陷：难以进行设伏打击。

3 以礼为固：指依靠礼义规范，以保证军队坚如磐石，不可动摇。固，稳固，坚固。

4 以仁为胜：依靠仁爱来克敌制胜。按：“以礼为固，以仁为胜”是《司马法》全书军事思想的主线，也是我们今天了解和把握其书思想体系、学术价值以及地位、特点的一把钥匙。

5 其教可复：指仁义教化之举可以重新得到恢复。

6 贵：珍贵，器重。在此处是形容词的意动用法，以……为贵。

原文

3. 有虞氏戒于国中[1]，欲民体其命[2]也。夏后氏[3]誓于军中，欲民先成其虑[4]也。殷誓于军门[5]之外，欲民先意以行事[6]也。周将交刃而誓之[7]，以致民志也。

夏后氏正其德[8]也，未用兵之刃[9]，故其兵不杂[10]；殷义[11]也，始用兵之刃矣；周

译文

虞舜时代在国中举行誓师仪式，这是想让广大民众理解和支持君主的决定。夏朝在军中举行誓师仪式，这是希望让全军上下事先在思想上有所准备。殷商时期在军门外举行誓师活动，这是想使军队将士事先了解作战意图以便投入战斗。宗周时代在两军正式交锋的前夕举行誓师活动，这是为了充分激励全体官兵的战斗意志。

夏朝的君主凭借仁德匡正天下，未曾使用武力，所以当时的兵器种类并不复杂；殷商依靠正义取得天下，因此开始使用武力；周朝仰仗武力夺取天下，于是就广泛使用各式各样的武器。

力[12]也，尽用兵之刃矣。

夏赏于朝，贵善[13]也；殷戮于市[14]，威不善[15]也；周赏于朝，戮于市，劝[16]君子惧小人也。三王彰其德一也[17]。

夏朝在朝堂上施行奖赏，这是为了鼓励好人；商朝在集市上公开施行诛戮，这是为了警惧坏人；周朝在朝堂上施行奖赏，在集市上施行杀戮，这乃是为了劝勉君子，使小人戒惧。总之，三代君王鼓励人们去恶从善的精神实质是完全一致的。

注释

1 有虞氏戒于国中：虞舜时代在国都内举行誓师仪式。有虞氏，传说中的古部落名，其首领为舜，都于蒲坂（今山西永济东南）。戒，告诫，约誓，引申为誓师。

2 体其命：理解和执行君主的命令。

3 夏后氏：古国名，即夏朝，中国历史上第一个世袭王朝。其开创者为夏禹及其子启，都于安邑（今山西夏县）。

4 先成其虑：指预先在精神上有所准备，为战场杀敌创造必要的条件。

5 殷誓于军门：殷，朝代名，即商朝。商朝中叶，盘庚迁都于殷（在今河南安阳），故商亦称为殷。传至帝辛（纣王）时为周所灭。军门，即营垒出入之门。

6 先意以行事：指事先了解作战的意图，做好随时投入战斗的准备。

7 周将交刃而誓之：周，朝代名。周武王伐纣灭商后所建立的强盛王朝。以公元前770年周平王东迁洛邑为标志，划分为西周和东周两个阶段。交刃，战场交锋。

8 正其德：依靠仁德匡正天下，达至大治。正，端正，匡正。

9 未用兵之刃：以仁德服人，而非直接使用武力去征服。

10 其兵不杂：因不动用武力进行征服，故兵器仅是一种摆设，种类自然不会复杂。

11 殷义:商朝依靠正义获得统治天下的权力。

12 周力:周依靠武力夺取天下。

13 贵善:表彰、鼓励好人好事。

14 戮于市:在闹市区执行死刑,陈尸示众,即所谓“弃市”。《礼记·王制》:“刑人于市,与众弃之。”又《释名》:“市死曰弃市……言与众人共弃之也。”

15 威不善:警告、震慑作恶之人。

16 劝:劝勉,鼓励。

17 三王彰其德一也:指夏、商、周三代先王勉励人们去恶从善的宗旨是一致的。一,统一,一致。

原文

4. 兵不杂则不利[1]。长兵[2]以卫,短兵[3]以守。太长则难犯[4],太短则不及[5];太轻则锐[6],锐则易乱[7];太重则钝,钝则不济[8]。

译文

兵器装备不配合使用就没有威力。戈、矛等长兵器是用来掩护短兵器的;而殳、剑等短兵器则是用来近身格斗抵御的。兵器过长则不便使用,太短了就打击不到敌人;太轻飘就脆弱,脆弱就容易折断;太厚重就不锋利,不锋利就派不上用场。

注释

1 兵不杂则不利:意为各类兵器如果不妥善搭配使用就发挥不了作用。杂,搭配使用。利,锋利,引申为发挥作用。

2 长兵:长杆兵器,如戈、矛、戟之属。

3 短兵:短柄兵器,如剑、匕首之属。

4 犯:使用。《孙子兵法·九地篇》:“犯三军之众,若使一人。”曹操注云:“犯,用也。”

5 不及:无法及身,即打击不到敌人。

6 锐:细微,细小。《左传·昭公十六年》:“不亦锐乎?”杜预注:“细小也。”此处引申为脆弱。

7 乱:不治,混乱。此处可理解为毁折。

8 不济:派不上用场,耽误作战。济,助益。

原文

5. 戎车[1],夏后氏曰钩车,先正[2]也;殷曰寅车,先疾也;周曰元戎[3],先良[4]也。旂[5],夏后氏玄[6],首人之执[7]也;殷白,天之义也;周黄,地之道也。章[8],夏后氏以日月[9],尚明[10]也;殷以虎,尚威[11]也;周以龙,尚文也。

译文

兵车,在夏朝称作钩车,特点是注重行驶的平稳;在殷朝称作寅车,特点是注重行动的迅捷;在周朝称作元戎,其特点是注重结构的精良。旗帜,夏朝用黑色,取其像手持人头那样的威武;殷朝用白色,取其像天穹那样的洁白;周朝用黄色,取其像大地那样的厚实凝重。徽章,夏朝以日月为标志,表示光明;殷朝以猛虎为标志,象征威武;周朝以腾龙为标志,体现文采。

注释

1 戎车:战车。春秋以前,战车是作战的主力。一车通常以四马挽拉,也偶尔有用二马或六马挽拉的,每车乘甲士三人,左执弓射箭,右持戈矛击敌,居中者驾马御车。

2 先正:首先注重的是行驶的平稳。

3 元戎:一种制作精良的大型战车。元,大。《诗经·小雅·六月》:“元戎十乘。”毛《传》:“元,大也。”

4 先良：首先注重的是制作的工巧、结构的精良。先，以……为先。

5 旂：泛指旌旗。旗帜是古代军队作战时用以指挥、联络的主要工具之一，亦称之为“形”。《孙子兵法·势篇》：“斗众如斗寡，形名是也。”曹操注：“旌旗曰形。”

6 玄：黑色。

7 首人之执：象征手执黑色须发的人头。

8 章：徽章。肩上的标记称徽，胸前和后背的标记称章，主要用于标明士卒所隶属的部伍及其在军阵中的行列和位置。

9 以日月：以太阳和月亮作为图案。

10 尚明：象征崇尚光明。尚，以……为上，即推重、崇尚。

11 尚威：象征崇尚孔武、威严。按：尚威，底本作“白戎”，疑误。今从《武经七书讲义》校改。

原文

6. 师多务威则民诎[1]，少威则民不胜[2]。上使民不得其义[3]，百姓不得其叙[4]，技用不得其利，牛马不得其任，有司陵之[5]，此谓多威。多威则民诎。上不尊德而任诈慝[6]，不尊道而任勇力[7]，不贵用命而贵犯命，不贵善行而贵暴行，陵

译文

治军上过于威严，士气就会受到压抑；反之，如果缺乏威信，就难以指挥士卒去克敌制胜。君主使用民力不得当，任用官吏欠妥善，深富韬略、身怀绝技的人无法发挥作用，牛马等物资不能合理使用，主管者又刚愎自用只知道盛气凌人强迫大家服从，这就叫作过于威严。过于威严，士气就会受到压抑。君主不尊重有德行的人而信任奸佞之徒，不遵道敬义而任意恃勇逞强，不严申服从命令而默许违抗命令，不赞许嘉言善行而容忍残暴行径，这必然会导致坏人侵凌主管官吏，这就叫作缺乏威信。缺乏威

之有司[8],此谓少威。少威则民不胜。

信,那就不能有效地控制和约束士卒去英勇杀敌、战胜攻取。

注释

1 诎:同“屈”,受拘束,受压抑。

2 少威则民不胜:意为缺乏权威,没有威信,就不能指挥士卒去战胜敌人。民,此处特指士卒。古代军政合一、兵民一体,故民有时也就是兵士。这在先秦兵书中多有其例。如《孙子兵法·形篇》:“胜者之战民也。”

3 义:合宜,适宜,恰当。

4 百姓不得其叙:不能给贵族安排恰当的官职。百姓,在春秋以前通常特指各级贵族。

5 有司陵之:指主管者盛气凌人欺压下属。有司,负责的官吏。古代设官分职,事各有所专司,故称有司。

6 慝:奸猾邪恶。

7 任勇力:肆意妄为,一味地恃勇逞强。

8 陵之有司:指以下犯上,破坏秩序。

原文

7. 军旅以舒为主[1],舒则民力足。虽交兵致刃[2],徒不趋[3],车不驰[4],逐奔不逾列[5],是以不乱。军旅之固,不失行列

译文

军队行动,崇尚的是从容不迫,从容不迫就能够保持战斗力的旺盛。即便是在战场交锋厮杀之际,也要做到步兵不奔跑,兵车不疾驰,追击敌人不逾越行列,这样才不至于扰乱己方的战斗队形。要而言之,军队的强大和稳固,在于不打乱行列的部署,不竭尽人员、马匹的力量,行动

之政[6],不绝人马之力,迟速不过诫命[7]。

的快慢节奏不超出上级颁布的具体指令要求。

注释

1 军旅以舒为主:舒,徐缓,从容不迫。这里指进攻的速度宜徐缓,这正是早期大方阵作战的基本特点。春秋战国之际,随着作战武器、兵种等条件的变化,这种战法逐渐走向没落,故《孙子兵法·九地篇》云:“兵之情主速,乘人之不及,由不虞之道,攻其所不戒也。”

2 交兵致刃:兵器相击,喻指战场上双方激烈地进行交锋。

3 徒不趋:步兵不奔跑。徒,徒卒,即步兵。趋,奔跑疾走。

4 车不驰:战车不奔驰。

5 逐奔不逾列:意为即使是在追击逃跑的敌人时也不逾越规定的行列。逐奔,追击。列,行列。

6 行列之政:指行列的部署。行是纵的队形,列是横的队形。

7 迟速不过诫命:进攻行动的快慢节奏不违背上级所颁布的指令。诫命,上级的指示、命令。

原文

8. 古者,国容不入军,军容不入国。军容入国,则民德废[1];国容入军,则民德弱[2]。故在国言文而语温,在朝恭以逊[3],修己以待人[4],

译文

古代,朝廷的礼仪法度不用于军队之中,军队的规章制度也不用于朝廷之上。如果将军队的规章制度应用于朝廷,那么民众中的礼让风气就会废弛;同样的道理,如果把朝廷的礼仪法度应用于军队,那么军队里的士气就会涣散,斗志就会松懈。所以,在朝廷上要言辞文雅,语气温和,在朝廷办事应该是恭敬谦逊,严于律己,宽不召不至，不问不言，难进易退[5]；在军抗而立[6]，在行遂而果[7]，介者[8]不拜，兵车不式[9]，城上不趋[10]，危事不齿[11]。故礼与法，表里[12]也；文与武，左右也。

以待人，国君不召见就不来，不问话就不发言，朝觐时礼节隆重，告退时礼节简单。而在军队中，则要求做到昂首直立；在战阵上，要做到行动果断；身穿铠甲时遇到尊者无须跪拜；立乘兵车时谒见上级不必行大礼；在城上值守之时用不着小步急走以示恭敬；遇到危险之时都可挺身而出而无须讲究长幼尊卑。所以说，礼和法两者互为表里，文与武如同一个人的左右手，不可偏废。

注释

1 民德废：民众礼让谦敬的风气废弛不振，粗鲁鄙陋的作风随之产生。

2 民德弱：士气涣散，斗志松懈，文弱无用。

3 恭以逊：恭敬谦逊。

4 修己以待人：严于律己，宽以待人。

5 难进易退：《武经七书汇解》："难进者，三揖而进；易退者，一辞而退也。"意谓朝见时礼节隆重，告退时礼节简单。

6 抗而立：昂首直立，威仪凛然之貌。

7 在行遂而果：意思是说，在战阵上要做到行动果断坚决。遂，前进，这里可以理解为行动。

8 介者：穿戴甲胄的人。

9 兵车不式：式，通"轼"，车舆前面扶手的横木。古人立而乘车，于车上相遇时，则低头抚轼，以表示敬意。若乘兵车相遇，可免却此礼。

10 趋：小步急走。古人以此表示恭敬之意。

11 危事不齿：指在危急情况下，不论老幼少长，都应该挺身而出，而不必讲究年龄大小。齿，喻指年龄。

12 表里:指国容与军容的关系。国礼为礼,军礼为法,两者互为表里,即以国礼为里,以军礼为表。

原文

9. 古者贤王,明民之德[1],尽民之善,故无废德,无简民[2],赏无所生,罚无所试。有虞氏不赏不罚,而民可用,至德[3]也。夏赏而不罚,至教[4]也。殷罚而不赏,至威也。周以赏罚,德衰[5]也。赏不逾时[6],欲民速得为善之利也;罚不迁列[7],欲民速睹为不善之害也。大捷不赏,上下皆不伐善[8]。上苟不伐善,则不骄矣;下苟不伐善,必亡等[9]矣。上下不伐善若此,让之至也。大败不诛,上下皆以[10]不善在己。上苟以不善在己,必悔

译文

古代圣明贤德的君主,总是努力彰显民众的美德,鼓励民众的善行,所以不会发生败坏道德的事情,也没有不守法度、犯上作乱的奸民,奖赏用不着推行,惩罚也无须实施。虞舜时代既不行赏也不施罚,而民众却都能乐为君主所用,这乃是最高尚的德治。夏代只行赏而不施罚,这乃是最完美的教化。商代只施罚而不用赏,这乃是最强大的威严。到了周代赏罚并用,这表明当时道德已经走向衰微。颁行奖赏不要逾时,这是为了使民众迅速得到积德行善的利益;施行惩罚要就地执行,这是要使民众立即看到为非作歹的报应。打了大胜仗之后不施行奖赏,这样,上下各级就都不会夸耀战功。君主如果不夸耀自己的功绩,就不会骄傲自满;官兵如果不夸耀自己的功绩,也就不会互相攀比。上上下下不矜夸争功如此,实可谓谦让到了极致。打了大败仗之后不施行诛戮,这样,上下各级就都会把过失往自己的身上揽。君主如果认为过

其过;下苟以不善在己,必远其罪。上下分恶[11]若此,让之至也。

失在自己身上,必定会痛加悔过,改正错误;下属如果认为过失在自己身上,必定会下决心不再重犯类似的错误。上上下下像这样勇于承担责任,引咎自省,也称得上是最好的谦让风气了。

注释

1 明民之德:指努力彰显民众的懿范美德。明,形容词使动用法,使……尊显。

2 简民:指惰慢不羁之人。简,怠慢、倨傲不轨的意思。

3 至德:至高无上的德治境界。至,极致。

4 至教:最完美的教化。

5 德衰:道德衰微。周代依赖武力夺取天下,相较于“德治”“教化”,实属下策,因此在作者的眼里,这是德衰仁薄的表现。

6 赏不逾时:意为及时颁行奖赏。它和下句“罚不迁列”一起构成治军中的重要赏罚原则,为后世兵家所借鉴和运用。

7 罚不迁列:指就地执法处置。

8 伐善:自我标榜,夸耀战功,这是一种追名逐利的表现。

9 亡等:意谓在荣誉面前,能做到不互相攀比,不锱铢必较。亡,无;等,等同,类比。

10 以:把,将。

11 分恶:共同承担过错,主动引咎自省。

原文

10. 古者戍军[1],三年不兴[2],睹民之劳也。上下相报[3]若此,和之

译文

古代对于戍守边防的士兵,(服役一年后)三年之内不再征调,这是因为看到了他们的辛苦。上下之间能够做

至也。得意则恺歌[4]，示喜也；偃伯[5]灵台[6]，答[7]民之劳，示休也。	到这样的互相体恤和关怀，就是最和睦的表现。打了胜仗后就高奏凯歌，这是表达喜庆；结束战争后高筑灵台，慰劳民众，这是表示休养生息从此开始。

注释

1 戍军：意为服兵役。戍，征戍，服役。成年男子应征服兵役是古代社会的通例。一般情况下，其年龄界限在 20 岁至 60 岁之间，但遇战争等特殊情况，则可变通。

2 三年不兴：不到三年不征发一次。兴，发动，此处是征发、征调的意思。

3 相报：互相报施，即相互体恤和关怀。报，报施，报答。

4 得意则恺歌：得意，如愿以偿，指获胜凯旋。恺歌，即凯歌，庆祝胜利的乐曲或颂歌。

5 偃伯：指停止争霸战争。偃，止息、停止的意思。伯，通“霸”，指争雄称霸。

6 灵台：古代观测天象的建筑场所。文献记载周文王曾筑有灵台。（见《诗经·大雅·灵台》）这里是指胜利后在灵台祭天，在感谢上苍保佑的同时，也表示与民同乐。

7 答：报答、慰劳的意思。

战例

周亚夫细柳治兵

“细柳治军”作为我国古代历史上的治军佳话，千百年来一直脍炙人口，广为流传。它的主角，就是我国西汉文景治世的一代名将周亚夫。

周亚夫（？—公元前 143 年），是汉初开国功臣绛侯周勃的儿子。军事世家的特殊环境，使他自幼受到军事文化的熏陶，习读兵书，谙熟军礼。

长大成人后,他于公元前164年出任河内(郡治在今河南武陟)太守,前161年受封为条侯。不久,他在抵御匈奴内犯的备战中崭露头角,深得汉文帝的赏识,被誉为"真将军",从此名闻遐迩。继而在平定吴楚七国之乱(公元前154年)的作战中立下军功,为维护西汉王朝的统一做出重要贡献,于是大得景帝的重用,出将入相,位极人臣。后来由于直言进谏,屡触景帝之怒,被借故下狱,周亚夫悲愤交加,在狱中绝食而死,走完了他坎坷而辉煌的人生旅程。

说起周亚夫,不能不说到他"真将军"称号的来历,而提起"真将军"的来历,又不能不从他"细柳治军"的故事谈起。

西汉初年,北方强大的少数民族匈奴乘西汉王朝刚刚建立,百废待举之机,时常大举起兵,骚扰中原地区。而西汉王朝方面则由于亟待整顿内政,无暇外顾,加上军事实力尚不够强大,不得已而实行防御战略。公元前158年冬天,匈奴又大举内犯,来势凶猛,兵锋直抵甘泉(今陕西淳化西北)。汉文帝除发兵奔赴边关御敌外,又任命周亚夫、刘礼、徐厉三人为将军,统率三支部队分别驻扎于长安(今陕西西安西北)周围的细柳、霸上和棘门三营,担任卫戍京师的重任。

一天,汉文帝在部署军事防御事宜就绪后,为了激励士气,加强守御,亲自前往长安周围的军营慰劳、勉励将士。当他到达霸上的刘礼军营和棘门的徐厉军营时,车驾都毫无阻碍地长驱直入,两营中的大小将吏还骑着马全程陪同,殷勤迎送,整个军营看不到丝毫的严整军纪和备战气氛。

最后,汉文帝又前往细柳营视察。按理说周亚夫的资历远不如刘礼等人,见皇帝大驾光临,理应大开军门,恭候迎送。可情况却截然相反,当文帝车驾抵达细柳营时,只见军门紧紧地关着,军吏士卒人人身披坚甲,头戴盔胄,手持锋利的刀剑,机弩也上了满弦,戒备森严,一片临战的气氛。文帝的先遣官抵达营门前,竟被守营的军士所阻拦,不准入营。先遣官何曾遇到过这样的场面,就不耐烦地喝令道:"天子驾到,赶快开门迎接！”谁知守营军士不慌不忙沉着地回答说：“周将军有令：军中只听从将军的命令，不遵奉天子的指示。”先遣官碰了软钉子后，只得向汉文帝通报不能入营的消息。汉文帝听了，倒也沉得住气，就让使臣拿上天子专用的符节，给周亚夫传话：我想进入军营慰劳各位将士。

周亚夫这时才传令给守军门的军士，打开营门，请皇帝的车驾入内。当文帝车驾驶入军营后，守门军士又十分严肃地告诫文帝的随从人员道：周将军有规定，在军营内不得策马驱驰。于是文帝的车驾就缓缓行驶，不敢发出喧哗之声，就这样一直来到中军帐前。此时，只见周亚夫戎装佩剑，精神抖擞，从容出帐接驾。他见了文帝，当即拱手一揖请示说：身穿盔甲不宜行跪拜之礼，还请允许臣下我以军礼参见皇上。汉文帝大为所动，“改容式车”，亦按照军礼的有关规定，俯身手扶车舆前的横木，以表示对周亚夫的敬意，同时还派遣随员向周亚夫致礼称谢：“皇帝敬劳将军。”礼毕之后随即起驾回宫。

周亚夫严格执法，军门挡驾整肃军容之举，使汉文帝的随行人员吃惊不小，他们中间有的人认为周亚夫是吃了熊心豹子胆，太目无君长了；有的人心地善良一些，只是为周亚夫的前程担忧不已。可是汉文帝本人却相当开明，他完全理解周亚夫这样做的良苦用心，不仅没有责怪周亚夫，反而大加赞誉、称道不已，说只有周亚夫才是“真将军”，并感慨地指出如果像霸上、棘门两军那样，视战备若儿戏，敌人一旦打过来，岂不都成了俘虏；至于周亚夫，敌人怎么能奈何得了他呢？

汉文帝通过这次实地劳军视察，发现周亚夫治军严谨，的确是位难得的将才，便在匈奴边患警报解除后，下令“拜周亚夫为中尉”，让周亚夫具体负责京师长安的治安戍守事宜。不久，汉文帝病重不起，临终之前特意告诫太子说：国家一旦有危难，即可让周亚夫统率军队。

历史证明，周亚夫丝毫没有辜负汉文帝的厚望。汉景帝前元三年（公元前 154 年）正月，吴楚七国以“除晁错，清君侧”为名发动大规模叛乱。汉景帝在妥协不成的情况下，决定诉诸武力，委任周亚夫为太尉，率领 36

将军出关平叛。

周亚夫受命之后,认真分析形势,知彼知己,提出了后发制人的作战指导方针。他先是出敌不意兵出武关(今陕西丹凤东南),进据荥阳(今河南荥阳东北),控制住关东最重要的战略据点。尔后亲率重兵进据昌邑(今山东巨野南),切断叛军主力与齐地叛军之间的联系,并派出精锐轻骑断敌之粮道。当叛军寻求决战时,他又沉着持重,拒不应战;最后待叛军势穷力竭被迫撤退之际,乘势出击,一举破敌,平定了吴楚七国之乱,使西汉王朝转危为安。

周亚夫在平定吴楚七国之乱作战中指挥若定,克敌制胜,建立殊勋,充分证明了古往今来军队建设上的一条铁的规则:只有平时治军严,才能战时显神威。同时这也为他"细柳治军"做法的正确、高明作出了最有说服力的注脚。

综观"细柳治军"的全部过程,可知它是"国容不入军,军容不入国"基本原则在新的历史条件下的坚持和发展。周亚夫所倡导的"军中闻将军令,不闻天子之诏"的主张,所表现的"介胄之士不拜,请以军礼见"的行为,与《司马法·天子之义》所规定的"在军抗而立,在行遂而果,介者不拜,兵车不式,城上不趋,危事不齿"的原则,有其一致的地方,从而有效地避免了"国容入军,则民德弱"的不利现象的发生,为维护治军的严肃性,保持军队的强大战斗力创造了必要的前提,也为日后在战场上叱咤风云、战胜攻取提供了充分的条件。因此是值得予以肯定的。由此可见,《司马法》虽成书于先秦时期,所反映的主要是春秋以前的兵学思想以及作战、治军纲领,许多具体条文已随着时间的推移而失去价值,但仍有一些基本原则,如"以战止战,虽战可也""故国虽大,好战必亡;天下虽安,忘战必危""国容不入军,军容不入国"等,能够超越时空,为后人从事治军、指导战争提供有益的启示。

定爵第三

导读

本篇文字相当古奥,内容非常庞杂,大体而言,它论述了战争准备、用兵方法以及将帅治军的基本原则等三个方面的具体内容。

《定爵》指出,凡是从事战争活动,必须在事前做好充分的准备,做到"顺天、阜财、怿众、利地、右兵",即了解和顺从天时,发展社会经济,积极争取人心,巧妙利用地利,改善武器装备。同时要"定爵位,著功罪,收游士,申教诏,讯厥众,求厥技",即制定相应的制度,开展教育,收罗和任用人才。作者认为只有"人习陈利",方能"大军以固",建设起一支强大无敌的军队,最终夺取战争的胜利。

《定爵》对用兵的方法也有深刻的阐释。它主张用兵打仗要做到"视敌而举","因敌令陈",根据不同的敌情制定不同的战法,认为"凡战,智也;斗,勇也;陈,巧也",即作战要重视谋略的运用,战场拼搏要提倡勇敢献身精神,布列阵势要讲究巧妙灵活。它也要求战争指导者应善于造就优势,争取主动:"用其所欲,行其所能,废其不欲不能。于敌反是。"从而捕捉战机,"蹈敌制地",出奇制胜。

在治军问题上,《定爵》强调"服正成耻,约法省罚"。这实际上就是要求坚决贯彻明耻教战的原则,使整支部队达到不令而行、勇往直前、英勇杀敌的上乘境界。它提倡将帅关怀、爱护士卒,处处以身作则,使得官兵上下能够同心同德，患难与共，以确保全军斗志昂扬地投入战斗，建立殊勋。

原文

1. 凡战，定爵位[1]，著功罪[2]，收游士[3]，申教诏[4]，讯厥众[5]，求厥技[6]，方虑极物[7]，变嫌推疑[8]，养力索巧[9]，因心之动[10]。

凡战，固众相[11]利，治乱进止[12]，服正成耻[13]，约法省罚，小罪乃杀[14]，小罪胜[15]，大罪因[16]。

译文

大凡用兵打仗，首先要做到：定好军职爵位，明确赏罚规定，收用各方游士，申明军队教令，征询大众的意见，募求技能出众的人才。反复仔细思虑，弄清楚事情的来龙去脉；分辨是非，推究疑问，积蓄力量，索求巧计，依据民众的心愿来采取行动。

凡是作战，必须要做到稳固军心，明辨利害，整治混乱，申明进退原则，服膺正义，激发廉耻之心，简省法令，减轻刑罚，小罪过就要坚决加以制止，如果让小罪过通行无阻，那么大罪恶也就会随之而至。

注释

1 定爵位：指确定军职爵位，即预先制定与军功大小相对应的各级爵位。这在当时的社会生活中是比较普遍的做法，如秦国就实行二十等爵制。

2 著功罪：明确赏罚规定。著，显著、昭明的意思。

3 游士：指春秋战国时期，那些游历诸侯国，通过向统治者出谋献策而寻求施展才能的机会，实现自己政治理想或追逐高官厚禄的人。

4 申教诏：申明军队的教令。申，申明。

5 讯厥众：向大众征询意见或建议。上古时期受原始军事民主制残余的影响,统治者遇有立君、迁都或战争等大事时,必须向普通贵族和平民征询意见。这在《尚书》《左传》等典籍中有相当多的记载。

6 求厥技:意为募求技能出众的人才。

7 方虑极物:反复仔细思考,搞清事情的来龙去脉。方,并列,引申为多方,反复。极,穷究、深入的意思。物,事物的实质。

8 变嫌推疑:指分辨是非,推究解答疑问。

9 养力索巧:积蓄军事实力,探求破敌制胜之巧计奇谋。

10 因心之动:依据民众的心愿来采取军事行动。

11 相:视,观察。《诗经·相鼠》:"相鼠有皮,人而无仪。"这里是辨别、分辨的意思。

12 进止:进退举止。此处引申为军队的前进或后退都必须服从命令,听从指挥。

13 服正成耻:指遵奉、服膺正义,激发自己的廉耻之心。

14 杀:煞住,停止。这里可以理解为及时制止。

15 胜:胜出,超过。此处是得逞的意思。

16 因:因袭,顺应,即伴随而至的意思。

原文

2. 顺天,阜财[1],怿众[2],利地[3],右兵[4],是谓五虑。顺天奉时;阜财因敌[5];怿众勉若[6];利地,守隘险阻[7];右兵,弓、矢御,殳、矛[8]守,戈、戟[9]助。凡五兵

译文

要顺应天时,厚积财富,取悦人心,利用地利,重视武器装备,这就是作战中所必须考虑关注的五件事情。顺应天时,就是要了解和利用自然条件;厚积资财,就是要善于利用敌人的资源财富;取悦人心,就是要努力顺应大众的意志、愿望;利用地形,就是指要占据狭隘险要的地形;重视兵器装备,就是要在作战中用弓、矢御敌,用殳、矛守阵,戈、戟等兵器掺杂配合使用,互为辅助。

五当[10]，长以卫短，短以救长。迭战则久[11]，皆战则强[12]。见物与侔[13]，是谓两之[14]。

五种兵器有五种不同的用途：长兵器是用来掩护短兵器的，短兵器则是用来弥补长兵器的不足的。五种兵器轮番用于作战可以持久，一齐使用就能发挥出强大的威力。如果发现敌人使用新式兵器，那么就要仿效制造，从而同敌人保持力量上的平衡。

注释

1 阜财：厚积财富，发展繁荣经济。扬雄《法言·孝至》："君人者，务在殷民阜财。"

2 怿众：取悦人心。怿，喜欢，悦服。众，民众，部属。

3 利地：利用地利。按：古代兵家多重视利用地利。《孙子兵法·地形篇》即云："夫地形者，兵之助也。料敌制胜，计险厄远近，上将之道也。"《司马法》在这方面也不例外。

4 右兵：注重武器装备。右，古以右为尊，此处可理解为注重。

5 阜财因敌：指广殖资财，要善于利用敌方的资源财物。与《孙子兵法》"因粮于敌""取敌之利"之义相同。

6 勉若：指努力顺应民众的意志和愿望。

7 守隘险阻：控制险要地形，夺取战场的主动权。

8 殳、矛：殳，一种棍棒类的兵器。矛，一种带两面刃金属尖刺的兵器。

9 戈、戟：戈，一种装有镰状横刃金属头的兵器。戟，一种合戈、矛功能为一体，既可用于击刺，又可用于钩刺的兵器。

10 五兵五当：五种兵器有五种不同的用途。五兵，即上述弓、矢、殳、矛、戈、戟。

11 迭战则久：指五种兵器轮番用于作战就可以长时间与敌抗衡。迭，更迭，轮番。

12 皆战则强：指五种兵器一齐用于作战就能发挥强大的战斗力。

13 侔：匹配，相等，这里是齐等、仿效的意思。

14 两之：平衡、对称的意思。

原文

主固勉若[1]，视敌而举[2]。将心，心也；众心[3]，心也。马牛车兵[4]佚饱[5]，力也。教惟豫[6]，战惟节[7]。将军，身也；卒[8]，支[9]也；伍[10]，指拇也。

译文

主将既要顺应众人的意愿，巩固军心；又要善于观察敌情，随机而动。将帅的心是心，普通士卒的心也是心，应该做到同心协力。马、牛、战车、兵器，休整良好，供应充足，这些因素合在一起，就构成了军队的战斗力。教育训练重在平时，作战打仗重在指挥。军队中，将军好比是人的躯干，卒恰似人的四肢，伍如同是人的手指（，彼此间必须协调一致，才会有战斗力）。

注释

1 主固勉若：意谓主将要不断地顺应众人的意愿，以巩固军心。

2 视敌而举：根据敌人的情况而决定作战的对策。

3 众心：普通士卒的心愿、意志。

4 马牛车兵：指挽拉车辆的马和牛、各种兵车、各类兵器等。它们都是构成军事实力的有机成分。

5 佚饱：安逸和饱食。这里喻指军队休整良好、后勤补给充足。

6 豫：事先有所准备，意谓教育训练注重在平时进行，持之以恒。

7 战惟节：作战打仗重在指挥得当。节，节制、指挥的意思。

8 卒：古代军队的一级编制单位，通常以一百人为一卒，但亦有以二百人为卒者。参见《国语·齐语》和《管子·小匡》。

9 支：通“肢”，人的四肢。

10 伍:古代军队的最低一级编制单位,一般以五人为一伍,其统领者称为“伍长”。

原文

3. 凡战,智也;斗,勇也[1];陈,巧也[2]。用其所欲[3],行其所能[4],废其不欲不能。于敌反是[5]。

凡战,有天[6],有财[7],有善[8]。时日不迁[9],龟胜微行[10],是谓有天。众有有[11],因生美[12],是谓有财;人习陈利[13],极物以豫[14],是谓有善。

译文

大凡指挥作战,讲究的是智谋韬略;近敌格斗,注重的是勇敢顽强;布列阵势,推崇的是巧妙变化。要努力去实现自己的意图,同时要在力所能及的前提下行动,不要去做违背自己意图或力所不及的事情。对于自己的敌人,则要反其道而行之。

凡是作战,应该具备“有天”“有财”“有善”诸项条件。遇上好时机不要白白错过,占卜到胜利预兆就要机密行动,这就叫作“有天”。民众富足,国力充实,这就叫作“有财”。士卒训练有素,占有阵形优势,武器装备精良,预先有充分的准备,这就叫作“有善”。

注释

1 斗,勇也:近敌格斗,靠的是勇敢凶狠不畏牺牲。斗,两人相搏曰斗;战,多人合斗曰战。

2 陈,巧也:布列阵势,推崇的是巧妙变化、灵活机动。陈,同“阵”。

3 用其所欲:设法实现自己的意愿。欲,欲望,意愿。

4 行其所能:做自己所能办到的事情。

5 于敌反是:对于自己的敌人,则要反其道而行之。意即让敌人无法实现自己的意愿,去做自己不情愿去做的事情。

6 有天：得天道之助，即所谓上得天时。

7 有财：有财货之利，指物质力量雄厚。

8 有善：指拥有有利的作战条件，掌握战争的主动权。善，完善，完备。

9 时日不迁：意谓不错过适当的时机。

10 龟胜微行：一旦占卜到胜利的预兆即要机密地展开行动。龟胜，用龟甲占卜获得吉兆。微行，机密地行事，做到神鬼莫测。

11 众有有：意谓民众殷实富足。

12 因生美：因民众富足而造就国家强盛。此处有藏富于民的含义。

13 人习陈利：士卒训练有素，阵法优越先进。习，熟习。

14 极物以豫：指武器装备精良且预先做好充分的准备。

原文

4. 人勉及任[1]，是谓乐人[2]。大军以固[3]，多力以烦[4]，堪物简治[5]，见物应卒[6]，是谓行豫[7]。轻车轻徒[8]，弓矢固御，是谓大军。密静多内力[9]，是谓固陈。因是进退，是谓多力[10]。上暇人教[11]，是谓烦陈[12]。然有以职[13]，是谓堪物。因是辨物[14]，是谓简治。

译文

人人都能够全力以赴去完成战斗任务，这叫作“乐人”。军队强大而阵势巩固，兵员充足而训练有素，选拔各种人才去管理各项事务，洞察各种情况以应付突然事变，这叫作预先准备。兵车轻捷，步兵精锐，弓箭足以固守抵御，这就是强大无敌的军队。兵力集中，军心稳定，力量充实，这就是坚固无比的阵势。在这样的情况下做到进退有序，就叫作富有战斗力。主将从容不迫，士卒操练娴熟，这就是训练有素。各项事务都有专人具体负责，这就叫作事有所司。在此基础上分辨清处理事务的轻重缓急，这就是简明实用的管理。

注释

1 人勉及任:人人都受到勉励,能够积极去完成上级所赋予的战斗任务。

2 乐人:指人人乐于作战。

3 大军以固:意谓军队强大而且阵势坚固。

4 多力以烦:指兵力充足而且训练有素。多力,实力雄厚的意思。以,连接系词,而。

5 堪物简治:意谓选拔任用各种人才去管理军中的各类事务。《武经七书汇解》云:"堪物者,事物虽繁,堪为职主者也。简治者,简用之以致治也。"简,此处是遴选、简选的意思。

6 见物应卒:观察、掌握各种情况以从容应付突然事变。卒,同"猝",仓促,突然。

7 行豫:指行动事先即有安排、准备。

8 轻车轻徒:兵车轻捷便利,步兵剽疾精锐。轻,此处指轻捷善战。

9 密静多内力:指兵力集中,军心稳固,实力雄厚。

10 多力:富有战斗力。

11 上暇人教:主帅从容不迫、悠闲裕如,不包揽或干预属下的事务,士兵训练有素。

12 烦陈:训练有素的意思。《武经七书汇解》:"频烦于阵,教而又教,使之熟也。"

13 然有以职:指各项事务都有专人具体负责。职,专职。

14 辨物:分辨事务的轻重缓急,有条不紊地妥善加以处理。

原文

5. 称众,因地,因敌令陈[1],攻战守[2],进

译文

正确衡量双方兵力,巧妙利用各类地形,根据敌情部署战阵,掌握攻、战、守

退止[3],前后序[4],车徒因[5],是谓战参[6]。

的不同要领,把握前进、后退、停止的时机,注意前后左右的配合和战车、步兵的协同,这些都是临战时应该考虑的问题。

不服、不信、不和、怠[7]、疑、厌[8]、慑[9]、枝[10]、拄[11]、诎[12]、顿[13]、肆[14]、崩[15]、缓,是谓战患[16]。

对上级不服从,不信任,彼此间不和睦,怠于职守,猜疑丛生,骄傲自大,畏惧敌人,军心涣散,互相拆台,丧失斗志,疲劳困顿,肆意妄为,分崩离析,军纪松弛,所有这一切,都是作战上的祸患。

骄骄、慑慑、吟嚝[17]、虞惧[18]、事悔[19],是谓毁折[20]。

骄傲自满,畏葸恐惧,士卒呻吟吵闹,军心忧虞自危,临事不审慎而事后又反悔,这些都是导致军队覆没的因素。

大小、坚柔[21]、参伍[22]、众寡[23],凡两[24],是谓战权[25]。

制造声势或大或小,采用战法或刚或柔,实行编组或参或伍,投入兵力或多或少,都必须衡量利害得失而适宜处置,这就是作战上的机宜权变之道。

注释

1 因地,因敌令陈:根据地利条件和敌方情势来排兵布阵,随机变化,因敌制胜。

2 攻战守:它们是三种基本的作战样式。一般地说,攻城称为“攻”,野战称为“战”,城市防御作战称为“守”。

3 进退止:指三种具体的作战方式,前进、退却、停止进攻。

4 前后序:指前后位置排列有序。序,有秩序。

5 车徒因:指兵车和步兵互相配合、协同。因,互为配合,协同一致。

6 战参:指作战中必须加以考虑、检验的问题。参,考虑,检验。

7 怠:懈怠,怠慢。这里是玩忽职守的意思。

8 厌:满足,自满,意谓骄傲自大。

9 慑:恐惧的样子,意谓畏惧敌人。

10 枝:通"支",肢解、涣散的意思。

11 拄:驳倒。这里引申为互相责难,互相拆台。

12 诎:畏懦退缩,丧失战斗意志。

13 顿:疲惫困顿,势穷力竭。《孙子兵法·谋攻篇》:"兵不顿而利可全。"

14 肆:肆无忌惮,妄自行动。

15 崩:大乱,分崩离析。《孙子兵法·地形篇》:"大吏怒而不服,遇敌怼而自战,将不知其能,曰崩。"

16 战患:作战上的祸患。患,忧患,祸患。

17 吟旷:呻吟叹息,喧嚣吵闹。《玉篇》:"旷,啧声。"

18 虞惧:忧虑、惧怕的意思。

19 事悔:意谓因临事不审慎而铸成大错,结果只好徒自悔恨。

20 毁折:毁灭、覆没的意思。《孙子兵法·势篇》:"鸷鸟之疾,至于毁折者,节也。"

21 坚柔:刚柔。指战法上或主动进攻(刚),或稳固防守(柔)。

22 参伍:指军队编组的基本方式。《通典》卷一四八:"凡立军一人曰独,二人曰比,三人曰参,比参曰伍,五人为列。"

23 众寡:指兵力上的多少对比。兵力多为众,兵力少为寡,这是古兵法中的重要范畴之一。

24 两:比较,等同,引申为平衡。

25 战权:指作战中的机宜权变。《尉缭子》有《战权篇》,专门论述作战指挥的权宜机变问题。

原文

6. 凡战,间远[1],观迩[2],因时,因财,贵信,

译文

大凡作战,要侦察远方的敌情,观察近处的事态,要利用天时,凭借财

恶疑[3]。作兵义[4],作事时[5],使人惠,见敌静[6],见乱暇[7],见危难无忘其众。居国惠以信[8],在军广以武[9],刃上果以敏[10]。居国和[11],在军法[12],刃上察[13]。居国见好[14],在军见方[15],刃上见信。

力,要崇尚诚信,杜绝猜疑。兴兵打仗要合乎正义,处世做事要把握时机,任用他人要施以恩惠,遇见敌人必须镇静,面对混乱必须从容,碰到危难不要忘掉部众。治国要广施恩惠讲究信用,治军既要宽厚又要威严,面临战阵则要果决善断。治理国家务求和睦相安,管理军队务求严明法纪,临敌对阵务求明察情势。治国要能为民众所爱戴,治军要能为士卒所敬重,临阵要能为大家所信赖。

注释

1 间远:侦察了解远处的敌情。间,伺候、刺探的意思。

2 观迩:观察近处的事态和形势。观,观察;迩,近,与远相对。

3 恶疑:杜绝猜疑犹豫。恶,讨厌,厌恶,这里是摈弃、杜绝的意思。

4 作兵义:指起兵作战要合乎正义。按:《司马法》所说的"义兵",即在天子的统一号令下讨伐那些"失命乱常、背德逆天之时"的人和事。

5 作事时:处世做事要把握时机。《六韬·龙韬·军势》:"善者见利不失,遇时不疑。失利后时,反受其殃。"

6 见敌静:遇到敌人要沉着镇静。

7 见乱暇:遇到混乱必须不慌不忙,镇静自若。暇,悠闲自得。

8 居国惠以信:治理国家要广施恩惠并且讲究信用。以,而,并且。

9 在军广以武:治军既要宽厚又要威严。广,博大,此处引申为宽厚。武,威武、威严的意思。

10 刃上果以敏:面临战阵必须做到果断坚决、机敏灵活。刃上,两军对阵交锋。

11 居国和:在国中讲究的是上下和睦。

12 在军法:管理部队讲究的是严明法纪。

13 刃上察:临阵对敌讲究的是明察情势。察,明察、了解、掌握的意思。

14 居国见好:治理国家要能为民众所拥护爱戴。见,被,为。好,喜欢,引申为拥戴。

15 在军见方:治军要能为广大士卒所敬重。方,比拟,引申为敬重、推尊。

原文

7. 凡陈,行惟疏[1],战惟密[2],兵惟杂[3]。人教厚,静乃治[4]。威利章[5],相守义[6],则人勉。虑多成则人服[7],时中服厥次治[8]。物既章[9],目乃明。虑既定,心乃强。进退无疑[10],见敌无谋,听诛[11]。无诳其名[12],无变其旗。

译文

大凡布阵,行列要疏散,接敌作战时队形要密集,各种兵器要掺杂配合使用。士卒训练有素,沉着冷静,就能保持阵形的严整。军令严肃准确,上下恪守信义,就能使得人人奋勇杀敌。谋划屡次获得成功就能使部众信服,人们心悦诚服,事情就可以保证依次办好。旗帜鲜明耀眼,部众就能看得清楚。谋略既经确定,信心就会增强。对那些进退冒失莽撞,遇上敌人无谋辱师的人,要给予必要的惩罚。不要随意乱用金鼓,也不要轻易变换旌旗。

注释

1 行惟疏:行军布阵行列要疏散。惟,唯一,唯独,此处是讲求、注重的意思。

2 战惟密:意谓正式接敌作战之时,队形要密集。

3 兵惟杂:各种兵器要掺杂配合使用。兵,兵器。杂,混同配置。

4 静乃治:将士沉着镇静,就可以保持阵形的森严整齐。

5 威利章：指军令严肃而又鲜明准确。章，显著、鲜明的意思。

6 相守义：指上上下下都能够恪守信义。

7 虑多成则人服：谋划多次成功就能赢得部众对上级指挥的信服。虑，思虑，此处引申为谋划、计谋的意思。

8 时中服厥次治：意谓人人心悦诚服，那么就可以保证事情依次办妥。厥，指示代词，指事情、事务。

9 物既章：旗帜鲜明的意思。物，这里是指旗帜。《周礼·司常》："掌九旗之物名，各有属，以待国事。日月为常，交龙为旗，通帛为旜，杂帛为物，熊虎为旗。"

10 进退无疑：前进后退冒冒失失，不周详考虑。

11 听诛：听受处罚。

12 无诳其名：诳，底本作"谁"，误，今从《武经七书汇解》校改。名，金鼓。《孙子兵法·势篇》："形名是也。"曹操注："金鼓曰名。"

原文

8. 凡事善则长[1]，因古则行[2]。誓作章[3]，人乃强，灭厉祥[4]。灭厉之道[5]，一曰义，被之以信，临之以强[6]，成基一天下之形[7]，人莫不说[8]，是谓兼用其人[9]。一曰权[10]，成其溢[11]，夺其好[12]，我自其外，使自其内。

译文

凡事从善如流就能够长久，遵循古人的方法就能够行得通。战斗誓词鲜明有力，士气就会旺盛，从而能消灭一切敌人。消灭敌人的方法，一是通过道义，即用诚信去感化敌人，用武力来慑服敌人，造成一统天下的形势，使得人们纷纷敬慕和追随自己，这叫作争取敌国之人为己所用。二是利用权谋，即设法促成敌人的骄傲自满，忘乎所以，夺取敌人的要害，用兵力从外部打击它，用间谍在内部进行策应。

注释

1 事善则长:为人处世能够做到从善如流即可长久。
2 因古则行:遵循古人的方法就能畅通无阻。《司马法》的历史观具有浓厚的复古色彩,故提倡“因古”。因,遵循。
3 誓作章:战斗誓词鲜明有力。誓,约誓,此指战斗誓词。
4 灭厉祥:消灭一切鬼魅妖魔,意谓消灭一切敌人。厉,恶鬼;祥,妖祥。
5 灭厉之道:指消灭剪除敌人的方法、途径。
6 临之以强:以强大的武力来威慑压服对手,使之不敢与我方抗衡。
7 成基一天下之形:造就一统天下的形势。基,疑应为“其”;一,统一。
8 说:同“悦”,喜悦、爱慕的意思。
9 兼用其人:指争取敌国之人为自己所用。其含义与《孙子·作战篇》“胜敌而益强”相近。
10 权:权谋、诡诈之道。
11 成其溢:促成敌人的骄傲自满。溢,自满,自大。
12 夺其好:夺取敌人的关键要害,置其于彻底被动的境地。意同《孙子兵法·九地篇》所言“先夺其所爱”。

原文

9. 一曰人,二曰正[1],三曰辞[2],四曰巧[3],五曰火,六曰水,七曰兵[4],是谓七政[5]。荣、利、耻、死,是谓四守[6]。容色积威[7],不过改意[8]。凡此道也。

译文

一是广泛罗致人才,二是大力遵奉正义,三是注重政治宣传,四是讲求作战技巧,五是善于利用火攻,六是擅长进行水战,七是改善兵器装备,这就是七种军政大事。荣誉、利禄、耻辱、死刑,这是四种约束人们遵纪守法的重要手段。不论是和颜悦色,还是严峻冷酷,两者的目的都一样,即不过是为了使人改恶从善。所有这些,都是治军的方法。

唯仁有亲[9]。有仁无信，反败厥身[10]。人人，正正[11]，辞辞[12]，火火[13]。

只有仁慈爱人，才能够使人们亲近拥戴自己。但是，如果只讲仁爱而不讲信义，那就反而会祸及自身。要做到知人善任，正己正人，审以辞令，克制怒火。

注释

1 正：意为奉行正义。一说可能是指官职的设立。

2 辞：言语、言辞，这里可以理解为政治宣传。

3 巧：指讲求攻守的用兵技巧。

4 兵：兵器装备，此处强调要注重改善兵器装备，使自己在这方面对敌人拥有优势。

5 七政：指上述人、正、辞、巧、火、水、兵等七项军政大事。

6 四守：指荣誉、利禄、耻辱、诛戮是四种使人们遵纪守法的重要手段。

7 容色积威：容色，和颜悦色。积威，严厉冷峻的意思。

8 不过改意：指不管是和颜悦色，还是严厉冷峻，都是为了达到使人改恶从善的目的。

9 唯仁有亲：唯有仁慈爱众，方可使人们亲附拥戴自己。《史记·司马穰苴列传》："文能附众。"亲，亲附，亲近。

10 有仁无信，反败厥身：只讲仁爱不讲信义，到头来会祸及自身。《孙子兵法·九变篇》："爱民，可烦也。"与此同义。

11 正正：先正己后正人。

12 辞辞：辞必得其辞，即审以辞令的意思。

13 火火：火，疑此处有"怒"的含义，意即善制其怒。

原文

10. 凡战之道,既作其气[1],因发其政[2]。假之以色[3],道之以辞。因惧而戒[4],因欲而事[5],蹈敌制地[6],以职命之[7],是谓战法。

凡人之形[8],由众之求[9],试以名行[10],必善行之。若行不行,身以将之[11]。若行而行,因使勿忘[12]。三乃成章[13],人生之宜,谓之法。

译文

通常的作战原则是,既然已经鼓舞起士气,就要跟着颁布纪律。对待士卒,要和颜悦色;教导士卒,要言辞诚恳。要针对其畏惧心理而加以告诫,利用其对名利的欲望而加以驱使,进入敌境之后要控制有利的地形,并按将士的职位给他们分派任务,这就是通常的战法。

凡是要求人们遵奉执行的规章制度,应当来源于人们的共同要求,同时要通过一段时间的试行,来考察它是否名实相副。如果名实相副,一定要确定下来并妥善予以执行。如果应该执行而没有能做到,将帅就要去身体力行。如果一切都做到了,就要让部下牢记这些准则。经过多次反复执行,就成为制度,凡是符合人们要求的规章制度,就叫作"法"。

注释

1 既作其气:既已鼓舞起士气。作,兴,这里可理解为鼓舞、振作。《左传·庄公十年》:"一鼓作气,再而衰,三而竭。"

2 因发其政:随之颁布纪律、法规。因,随着,顺着。政,纪律条文。

3 假之以色:借助和颜悦色的态度打动士卒,使其服从命令。

4 因惧而戒:利用其内心的畏惧而加以告诫。

5 因欲而事:利用其对名利的渴求心理而加以驱使。

6 蹈敌制地:对敌实施跟踪追击并及时占据有利的地形。

7 以职命之:按照将士的不同职位给他们分派作战任务。职,各级职守。

8 形：通“型”，指规范，准则。

9 由众之求：指规章制度的制定，应当以人们的共同意愿为基础。

10 试以名行：意谓要通过一段时间的试行来检验其是否名实相副。名，名称、概念。行，实际效果。

11 身以将之：以身作则、身体力行的意思。

12 因使勿忘：使部下牢牢地记住这些规章制度。

13 三乃成章：多次反复以形成一定的规范准则。三，多次。

原文

11. 凡治乱之道，一曰仁，二曰信，三曰直[1]，四曰一[2]，五曰义，六曰变[3]，七曰专[4]。

立法，一曰受[5]，二曰法，三曰立[6]，四曰疾[7]，五曰御其服[8]，六曰等其色[9]，七曰百官宜无淫服[10]。

译文

大凡治理纷乱的方法，一是仁爱，二是信用，三是正直，四是统一，五是道义，六是权变，七是集权。

建立法制，一是要人人遵守，二是要具体严明，三是要不可动摇，四是要雷厉风行，五是要规定各级服制，六是要用颜色来区别不同的等级，七是要使百官按照规定着装，不得任意混淆。

注释

1 直：正直无私。

2 一：统一、专一的意思。

3 变：变易，权变。下文说“若疑则变之”。

4 专：专断，集权。底本“专”作“尊”，疑误，今据《武经七书讲义》校改。

5 受：受法，意谓人人遵纪守法。

6 立：确立法制，使之不可动摇。

7 疾：指执法雷厉风行。所谓“赏不逾时”“罚不迁列”就是这层意思。

8 御其服：指规定各级服制。古代授予官爵，往往要根据一定的等级赐以冠、带、衣、履等，称为“服”。后世对官员的衣服和车马也有严格的规定，这就是所谓的“舆服制度”。

9 等其色：用颜色（如黄、紫、红、绯、青、黑等）来区别不同的等级。

10 淫服：混淆服制。淫，混乱失次，僭越。《国语·吴语》韦昭注：“淫，犹僭也。”

原文

12. 凡军，使法在己曰专[1]，与下畏法曰法[2]。军无小听[3]，无小利[4]，日成行微[5]，曰道。

凡战，正不行则事专[6]，不服则法，不相信则一[7]。若怠则动之[8]，若疑则变之[9]，若人不信上，则行其不复[10]。自古之政也。

译文

治军上，凡是法令出于将帅个人的好恶的，称为专制；主将和部众一样畏法受其制约的，才能够叫作法。军队中不能散布传播小道消息，作战时不要贪图眼前利益，制订计划要能够克日成功，行动要求做到隐蔽莫测，这些都是治军的原则。

作战时，正常的办法行不通就要采取专断的措施，对拒绝服从听命者要绳之以法，有互不信任的情况就要统一认识。如果军心懈怠就要加以鼓舞，如果士卒心存疑虑，就要设法加以改变，如果士卒不信任上级，更要使命令坚决贯彻而不轻易改变。所有这一切，都是自古以来治军作战的方法。

注释

1 使法在己曰专：使法令出于自己的好恶称为专制独断。

2 与下畏法曰法：主将和部众一样畏法受其制约的叫作法。按：此两句主张建立法制的公正性与普遍性，强调上下一并遵纪守法。

3 小听:细言,即今所称的小道消息。

4 小利:蝇头小利,眼前利益。

5 日成行微:意为制订计划要立足于克日成功,展开行动要求做到隐蔽莫测。

6 正不行则事专:指在正常方法行不通的情况下就要采取专断的措施。行,底本作“符”,今据《司马法直解》与孙星衍《孙吴司马法》(清嘉庆五年刻本)校改。

7 不相信则一:出现互不信任现象之时就必须统一思想认识。

8 若怠则动之:如军心懈怠则设法予以鼓舞。

9 若疑则变之:若士卒心存疑虑困惑则一定要努力加以改变。

10 行其不复:使命令得到坚决贯彻,而绝不轻易反复或改变,即令出必行,毫无通融。

战例

西晋灭吴成一统

唐代著名诗人刘禹锡,曾写过一首脍炙人口的咏史诗《西塞山怀古》。诗中写道:“王濬楼船下益州,金陵王气黯然收。千寻铁锁沉江底,一片降幡出石头。人世几回伤往事,山形依旧枕寒流。今逢四海为家日,故垒萧萧芦荻秋。”它所咏怀的,就是我国历史上西晋灭吴统一全国的重大事件。在这场战争中,西晋方面占有各方面的优势,但其战争指导者仍然以高度重视的态度从事战争准备,通过精心策划,严密部署,终于以石击卵,一举而胜,在中国战争史上谱写下辉煌的篇章。

公元263年,魏军雄师在钟会、邓艾等人的统率下,一举剪灭偏居西南一隅的蜀汉政权,从此打破了数十年三国鼎立的对峙局面,全国开始复归统一。公元265年,权臣司马炎一手导演了一场“禅让”活剧,代魏自立为帝,改国号为晋,史称西晋。他登基后,即开始积极从事伐吴统一全国的大业。

司马炎在羊祜、杜预等贤臣的辅佐下，经过近二十年的苦心经营，晋吴之间的力量对比发生了根本性的变化。晋国在经济上减免民众的赋役，劝课农桑，兴修水利，发展生产，积累财富，使国家的经济实力有了进一步的增强。在军事上选拔将帅，建设水军，练兵习武，广屯军粮，使军事力量有了显著的增强。在政治上西晋统治者也能废除苛法，争取民心，分化敌人，稳定内部，从而赢得了较大的主动。加上灭蜀后业已据有长江上游，处于有利地势，更是如虎添翼，不可抗衡。可以说，至此，西晋已完全形成了对江东孙吴政权战略上的全面优势。

相形之下，孙吴政权方面却是"无可奈何花落去"，每况愈下。这表现为主昏臣贪，内乱无已，赋役苛重，刑罚滥酷，民不聊生，矛盾激化。在军事上，吴国君臣自恃拥有长江天险，对晋的战略意图不予任何重视，对陆抗等人的建议和警告置若罔闻，将恬兵嬉，守备松弛，给晋的进兵提供了千载难逢的良机。

公元279年冬，晋武帝司马炎认为伐吴的时机完全成熟，就果断及时地大举兴师，调发兵力二十万人渡江击吴。晋军凭借自己在兵力上的优势，采取了先据上游，顺流而下，水陆并进，多路合击的作战指导方针。将二十万精锐之师分为六路，一路由龙骧将军王濬统率，自巴、蜀顺流浩荡而下；一路由建威将军王戎率领，向武昌方向进兵；一路由平南将军胡奋指挥，兵锋直指夏口(今属湖北武汉)；一路由镇南大将军杜预统辖，自驻地襄阳进军江陵(今湖北江陵)；一路由安东将军王浑带领，自和州(今安徽和州)出击，席卷江西之地；一路由琅玡王司马伷统领，自驻地下邳杀向涂中(今安徽滁河流域)。并以太尉贾充为大都督、冠军将军杨济为副，总领全军，居中调度。军事部署完毕之后，晋军即从东西各线发起全面的进攻。

晋军上下呼应，东西齐出，水陆配合，多路并进，在长江上、中、下游同时展开行动。王濬军出巴、蜀，突破长江三峡天险，焚毁吴军设置的拦江铁锁，势如破竹，进克西陵、夷道（在今湖北宜都）等战略要地。杜预军攻克江陵，胡奋军夺取公安（今湖北公安西北），晋军第一阶段的作战计划至此完全得到实施。

接着，王濬、王戎、胡奋诸军又合兵乘胜进击，连克巴丘（今湖南岳阳）、夏口、武昌等重镇。杜预部南下攻占零陵（今湖南零陵）、桂阳（今湖南郴州）等地，对吴军形成战略包围。东线晋军也在王浑等人的率领下，击败吴军三万精锐，阵斩吴国丞相张悌、丹阳太守沈莹、护军孙震等，逼近长江北岸。一时间，晋兵席卷东南，杀吴将，败吴军，所向披靡。

吴军被动应战，计无所出，处处设防，处处薄弱，节节抵抗，节节败退，土崩瓦解，大势尽去。晋武帝咸宁六年（公元280年）二月中旬，晋军乘胜渡过长江，分头聚歼各地残存的吴军。到了三月间，吴都建业（即秣陵，今江苏南京）已完全成了一座空城，吴国末代君主孙皓虽负隅顽抗，几次拼凑军队抵御晋军攻势，但吴军早已成惊弓之鸟，根本没有斗志，不是“望旗而降”，就是连夜逃亡，已无回天之力了。晋军距离最后的胜利仅剩下一步之遥。

三月十五日，这一天对于吴君孙皓来说，乃是最悲惨最黑暗的日子，戎卒八万、方舟百里的晋军王濬所部，就在这一天浩浩荡荡攻入吴都建业。孙皓无可奈何，被迫肉袒，亲自带着棺材，垂头丧气前往王濬军门请降。至此，吴国彻底灭亡，西晋王朝统一全国，结束了东汉末年以来国家长期割据分裂的局面。

用《司马法·定爵》所揭示的战争指导规律来观察，这场统一战争中晋军的获胜和吴军的失败都不是偶然的。晋军的胜利，在于它顺应历史的潮流，所从事的统一战争性质的正义（顺天）；在于它发展生产，增强经济实力，为军事行动的展开做好充分的物质准备（阜财）；在于它整顿内部，改良吏治，任用贤能，调和各方关系，群策群力，众志成城（怿众）；在于它控制巴、蜀及襄阳等战略要地，占有地理条件方面的优势，进可攻、退可守，掌握了战场上的主动权(利地)；在于它重视兵器的改良与制造，尤其是注重舟楫的建造，水师装备的完备，以适应渡江作战的需要(右兵)。加上在战争进行过程中能做到“主固勉若，视敌而举”，“用其所欲，行其所能”，善于“称众，因地，因敌令陈”，贯彻多路并进，互为协同配合的原则，“前后序，车徒因”，终于在较短的时间内顺利实现了自己预定的战略目的。而吴军的失败，则在于它处处违背了正确的战争指导规律，既没有做好充分的战争准备，又不能在战事爆发后实施正确的战略战术方针，内部矛盾重重，临战计无所出，畏怯丧胆，“不服、不信、不和、怠、疑、厌、慑、枝、拄、诎、顿、肆、崩、缓”，诸项“战患”，一概占全。如此，焉能不兵败如山倒，身擒国灭！

严位第四

导读

《严位》所涉及的内容也相当广泛，大致包括军阵的构成及其特点、战时将帅的指挥要领、基本作战原则，以及战术的具体运用等。

《严位》阐述了军阵的构成要素，对阵中士卒的位置、姿势、进退要领，接敌时的精神状态和变化予以了充分和真切的说明。它具体展示了古代战阵的形式和特点，重现了当时作战的大体状况。这是今天研究先秦时期战争作战方式的珍贵史料。

关于将帅的个人修养和战时的指挥要领，《严位》也有十分具体的论述。它要求将帅做到“心中仁，行中义”，谦让虚心，洁身自好，成为普通士卒的表率，从而使得人人“说其心，效其力”。它还主张将帅应具备高尚的道德情操，打胜仗的时候“与众分善”，战斗失利时“取过在己”。至于临阵作战之时，将帅更应该善于果断地实施指挥，激励士气，冲锋在前，并避免重复老一套的战法：“无复先术。”由此可见，它对将帅提出了很高的要求，这在当时是有进步意义的。

在作战原则和战术运用方面，《严位》提出了“战相为轻重”等一系列卓越的观点。它认为“凡战，以力久，以气胜。以固久，以危胜”，主张以优势的兵力对付劣势之敌：“以重行轻则战。”强调要做到“舍谨甲兵，行慎行列，战谨进止”。提倡善于捕捉战机，打击敌人的弱点，“击其微静，避其强静;击其倦劳,避其闲窕;击其大惧,避其小惧”,使自己始终牢牢立于不败之地。

原文

1. 凡战之道,位欲严[1],政欲栗[2],力欲窕[3],气欲闲[4],心欲一[5]。

凡战之道,等道义,立卒伍[6],定行列,正纵横[7],察名实[8]。

译文

通常的作战原则是,职责要尽可能严明,号令要尽可能森严,行动要尽可能敏捷,士气要尽可能沉着,意志要尽可能统一。

通常的作战方法是,区分人们的德才情况而授予相应的官爵职位,建立卒、伍等各级编制,规定行列次序,调整纵横队列,弄清名实是否相副。

注释

1 位欲严:位,士卒在行列中的位置,此处可理解为职责。意思是说职责要尽可能明确。

2 政欲栗:号令、纪律要尽可能森严,使人感到畏惧。政,纪律,号令。栗,森严、畏惧的意思。

3 力欲窕:指行动要敏捷。窕,通“佻”,轻盈、敏捷的意思。

4 气欲闲:士气要沉着,情绪要轻松。闲,悠闲裕如。

5 心欲一:意志要努力加以统一。

6 立卒伍:意谓建立军队的各级编制。卒、伍,均系古代军队中的基本编制单位。

7 正纵横:指端正区划行列的纵横。纵为行,横为列。

8 察名实:指弄清名号及其所包含的实质含义。有注家认为“疑指金鼓旌旗之制”。

原文

2. 立进俯[1],坐进跪[2]。畏则密,危则坐[3]。远者视之则不畏,迩者勿视则不散[4]。位,下左右[5],下甲[6]坐,誓徐行之[7],位逮徒甲[8],筹以轻重[9]。振马噪[10],徒甲畏亦密之,跪坐、坐伏[11],则膝行而宽誓之[12]。起,噪,鼓而进,则以铎止之[13]。衔枚[14],誓,糗[15],坐,膝行而推之[16]。执戮禁顾[17],噪以先之。若畏太甚,则勿戮杀,示以颜色[18],告之以所生[19],循省其职[20]。

译文

(凡阵),以立姿前进要俯下身子,以坐姿前进要耸起身子。存有畏惧心理时,队形要密集;遇上危急情况时,要采用坐阵。敌军距我尚远,使我军士卒事先看到,就不会畏惧;敌军猝然逼近,不让士卒看到,就不会慌乱溃散。士卒在阵中的位置,应按左、右序列分布排列,屯兵驻扎时当采用坐阵,从容不迫地下达命令,规定每一个甲士和徒卒的具体位置,并妥善兼顾各类兵器的轻重配置。如果战车摇晃,戎马嘶鸣,士卒畏惧,惊恐躁动,也应当使队形密集靠拢,采用跪姿、坐姿或卧姿,而做将领的则应该膝行向前,去温和地告诫、鼓励士卒。如果需要起身投入战斗,就高声呐喊,击鼓前进;如果要停止进击,就鸣敲金铎。当衔枚、誓师、进餐的时候,都采用坐阵,必须移动位置时,就用膝盖来挪动。对临阵畏葸、逡巡不前的行为要执行诛戮,严加禁止,在执行死刑之前,要让士卒围观呐喊,以儆效尤。但如果士卒畏惧过于严重,那就不要再施行杀戮,而应该和颜悦色地告诉他们杀敌求生之道,促使他们各尽其职,去努力完成任务。

注释

1 立进俯:以立姿前进时应俯身低头。

2 坐进跪：以坐姿前进时要耸起身子，以便随时转为立姿。按：古代的“坐”是指双膝着地，臀部靠在足上的一种姿式。

3 危则坐：遇有危急情况时，要采用坐姿，以安定军心。银雀山汉简《十阵》：“甲恐则坐”，“甲乱则坐”。

4 迩者勿视则不散：意谓当敌人猝然临近之时，不让士卒看到，这样士卒就不会慌乱而溃散。

5 下左右：此三字语焉不详，疑有错讹。《武经七书汇解·纂序》云：“士卒行列之位。”所释似比较合理，可供参考。

6 下甲：屯兵的意思。《战国策·韩策》引张仪说韩王曰：“大王不事秦，秦下甲据宜阳。”注：“下甲，犹言屯兵。”

7 誓徐行之：意谓从容不迫地进行约誓，下达命令。

8 位逮徒甲：指具体指定徒卒与甲士在阵中的位置。

9 筹以轻重：指妥善筹划安排各类兵器的轻重配置。筹，筹措的意思。

10 振马噪：战车摇晃动荡，戎马惊恐嘶鸣。

11 跪坐、坐伏：采取由跪姿变坐姿、由坐姿变卧姿等各种姿势。

12 膝行而宽誓之：指主将在阵中膝行向前温和告诫和勉励士卒。

13 以铎止之：鸣敲金铎，让部队停止进击。

14 衔枚：枚之形状如短筷，横衔口中，以防止发出喧哗之声。

15 糗：干粮，这里是指用餐。

16 膝行而推之：当采用坐姿时，如需移动位置，则用膝盖来缓慢挪动。

17 执戮禁顾：通过执行杀戮来禁止士卒犯临阵畏怯、顾盼不前的过错。

18 示以颜色：对士卒和颜悦色。

19 告之以所生：告知、指点士卒杀敌求生之道。生，生路，求生之道。

20 循省其职：指竭力去完成任务。

原文

3. 凡三军，卒[1]戒分

译文

大凡统辖管理部队，对小分队下

日[2];人禁不息[3],不可以分食。方其疑惑[4],可师可服[5]。

凡战,以力久[6],以气胜[7]。以固久[8],以危胜[9]。本心固,新气胜[10]。以甲固,以兵胜。凡车以密固[11],徒以坐固[12],甲以重固[13],兵以轻胜[14]。

人有胜心,惟敌之视[15];人有畏心,惟畏之视[16]。两心交定,两利若一[17]。两为之职[18],惟权视之。

达命令,半天之内就要执行;对个别人员下达禁令,要立即执行,禁令不解除,不允许就餐。要理解部众的忧虑和困惑,从而使得部队严肃整齐,士卒服从。

通常作战,依靠力量强大赢得持久,凭借士气旺盛取胜。依靠行阵坚固持久,凭借经受危险而取胜。真心求战就会稳固,朝气蓬勃就能取胜。用盔甲防护自己,用兵器战胜敌人。通常车战稳固取胜在于阵形密集,步战稳固取胜在于采用坐阵,铠甲坚固在于其厚重结实,兵器胜敌在于其轻锐锋利。

士卒具备战胜敌人的信心,这时就观察敌情是否可以攻打;士卒怀有畏惧的心理,这时就应设法了解他们之所以畏惧的原因。把求胜之心和畏惧心理都考察清楚,通盘考虑两方面的利弊得失。而对这两方面情况的全面把握,关键在于做将帅的权衡机宜。

注释

1 卒:底本作“人”。据同篇下文“一卒之警,无过分日”之文意,“人”当为“卒”之误。

2 分日:半日。《春秋公羊传·庄公四年》何休注:“分,半也。”

3 人禁不息:意谓对个别人下达的禁令,要立即加以执行。

4 方其疑惑:理解部众的忧虑和困惑。方,比拟。此处引申为设身处地予以理解。

5 可师可服:使得部队严肃整齐,士卒服从听命。

6 以力久:依靠力量强大来赢得持久。

7 以气胜:凭借士气旺盛来争取胜利。《左传·庄公十年》:"夫战,勇气也。"

8 以固久:依靠阵形坚固而持久。固,巩固,坚固。

9 以危胜:凭借经受危险而取胜。《孙子兵法·九地篇》:"夫众陷于害,然后能为胜败。"其说与"以危胜"相同。

10 新气胜:朝气蓬勃就能够克敌制胜。《司马法》佚文:"新气胜旧气。"

11 车以密固:指车阵作战时,若采取密集队形便可坚固,从而取胜。

12 徒以坐固:步兵作战,若采用坐阵,便能易于防守,从而坚固阵势。

13 甲以重固:铠甲坚固在于其厚重结实。

14 兵以轻胜:指兵器胜敌在于其锐利无比。

15 惟敌之视:即通过观察分析敌情来决定攻打与否。

16 惟畏之视:设法了解士卒们之所以畏惧怯战的心理背景。

17 两利若一:对两方面的利弊得失予以通盘考虑。

18 两为之职:指对利害两方面情况的全面把握。职,职掌,职务,此处引申为掌握。

原文

4. 凡战,以轻行轻则危[1],以重行重则无功[2],以轻行重则败[3],以重行轻则战[4]。故战相为轻重[5]。

舍谨甲兵[6],行慎行列[7],战谨进止[8]。

译文

一般作战的规律是,用自己之小部队去对付敌人的小部队会有危险,用自己之大部队去对付敌人的大部队就难以成功,用自己之小部队去对付敌人的大部队就会导致失败,用己之大部队去对付敌人的小部队就可以决战。所以说,作战是敌我双方兵力的对比和较量。

屯驻时应注意兵器甲胄的放置,行军时应注意队列的整齐,战场交锋之时应注意进退有节。

一般作战,将帅谨慎恭敬就能使士卒拥

凡战,敬则慊[9],率则服[10]。上烦轻,上暇重。[11] 奏鼓轻,舒鼓重。[12] 服肤轻,服美重。[13]

凡马车坚,甲兵利,轻乃重[14]。

戴、尊重,以身作则就能使士卒信赖、服从。将帅急躁烦乱就会行事轻率,将帅悠闲沉着就会遇事持重。鼓点急促是让士卒迅捷向前,鼓点悠缓是让士卒徐徐前进。服装简陋则显得军容萎靡,服装华丽则显得军容壮观。

只要兵车坚固结实,甲胄兵器精良锋锐,那么劣势也就可以转化为优势。

注释

1 以轻行轻则危:意谓以我之少量兵力去对付敌人的少量兵力就会有危险。

2 以重行重则无功:意谓在敌我双方实力都强的情况下,双方交战等于是拼消耗,容易两败俱伤,劳而无功。

3 以轻行重则败:意谓用己方实力弱小的军队去对付敌人实力强大的军队就不可避免要陷于失败。

4 以重行轻则战:指当己方军队实力强大,而敌方军队实力弱小的情况下,即可以与敌进行决战,以求一举破之。

5 战相为轻重:作战就是敌对双方互相使用不同的兵力的较量。按:这是《司马法》重要的作战指导思想,其实质含义是主张集中兵力,以强击弱,予敌以毁灭性的打击。

6 舍谨甲兵:军队屯驻时应注意兵器甲胄的放置,以便遇有突发情况时可以马上取用,投入战斗。谨,谨慎。

7 行慎行列:行军之时应注意队形的整齐,做到"其徐如林"。慎,底本作"阵",疑误,今从《司马法直解》校改。

8 战谨进止:战场交锋时要注意前进与停止的节奏。《尚书·牧誓》:"今日之事,不愆于六步、七步,乃止齐焉……不愆于四伐、五伐、六伐、七伐,乃止齐焉。”可资参证。

9 敬则慊:将帅能恭敬谦和则可使士卒尊重、拥戴自己。慊,满意,引申为受尊重。

10 率则服:将帅处处身为表率就能使士卒信赖、服从。率,表率,以身作则。

11 上烦轻,上暇重:将帅急躁烦乱则行事不免轻率,将帅悠闲沉着则遇事自能持重。

12 奏鼓轻,舒鼓重:奏鼓,节奏紧凑的鼓音。轻,轻捷,迅捷。舒鼓,节奏舒缓的鼓音。重,持重,沉稳。

13 服肤轻,服美重:服,服装,军服。肤,简陋,单薄。轻,不庄重,意为军容萎靡不振。重,庄重,壮观。

14 轻乃重:劣势于是便转化为优势。轻、重,此处喻指优劣态势。乃,转折副词,于是、就的意思。

原文

5. 上同无获[1],上专多死[2],上生多疑[3],上死不胜[4]。

凡人,死爱[5],死怒,死威,死义,死利。凡战之道,教约人轻死[6],道约人死正[7]。

译文

将领热衷于下属随声附和自己,就会一事无成;将领热衷于搞个人专断,作战就必多死伤;将领倘若贪生怕死,就会疑虑重重,进退失据;将领如果只知道以死硬拼,就不能克敌制胜。

士卒拼死效命的情况大致有五类,即有出于感恩戴德的,有出于一腔愤怒的,有出于受威胁被逼的,有出于正义的,有出于贪图个人利益的。大凡作战的规律是,法令约束士卒不惧怕去死,而道义感化士卒为正义献身。

注释

1 上同无获：将帅热衷于下属的随声附和，就会一事无成。上同，即尚同，追求雷同，这里是指随声附和的意思。

2 上专多死：意谓将帅如果热衷于搞个人专断，用兵打仗就必定多有死伤。专，专断。

3 上生多疑：将领如果一味保全自己，企求生还，就往往会疑虑重重，进退失据。《孙子兵法·九变篇》："必生，可虏也。"

4 上死不胜：意谓将领倘若只知道死打硬拼，就不能克敌制胜。《孙子兵法·九变篇》："必死，可杀也。"

5 死爱：为报答恩爱而捐躯牺牲。以下"死怒、死威"等语法结构类似于此。

6 教约人轻死：法令约束士卒不惧怕战死疆场。教，教令，法规。约，约束。轻，不在意、等闲视之的意思。

7 道约人死正：道义感化、引导士卒为正义的事业而献身。

原文

6. 凡战，若胜，若否[1]，若天，若人[2]。

凡战，三军之戒，无过三日；一卒之警，无过分日；一人之禁，无过瞬息[3]。

凡大善用本[4]，其次用末[5]。执略守微[6]，本末惟权[7]。战

译文

一般作战，胜败与否，取决于是否能顺应天时，依从人心。

作战中，对全军下达的号令，三天以内就要执行；对百人的小部队下达的命令，半天以内就要执行；对个别人员下达的禁令，必须立即予以执行。

从事战争，最上乘的境界是运用谋略取胜，而战胜攻取、斩将搴旗则为下策。要高屋建瓴掌握全局，抓住细小环节，通过权衡比较，来决定是用谋略取胜，还是通过攻

也。

凡胜，三军一人，胜。[8]

战破敌。这就是驾驭战争的高明艺术。

作战的胜利，是由于全军上下团结一致如同一人的缘故。

注释

1 若否：若，或者。《左传·定公元年》云："若从践土，若从宋，亦唯命。"否，不顺利，此处是失败的意思。

2 若天，若人：意谓顺应天时，顺从民心。若，此处作顺从、顺应解，与《尚书·尧典》"乃命羲和，钦若昊天"之"若"字同义。

3 瞬息：立刻，马上。瞬息，底本作"皆息"，今从《武经七书汇解》校改。

4 大善用本：意谓从事战争，最上乘的境界是运用谋略取胜，即《孙子兵法·谋攻篇》所谓的"上兵伐谋"之义。

5 其次用末：不得已才动用斩将搴旗、战胜攻取的手段。《孙子兵法·谋攻篇》："其次伐兵。"

6 执略守微：既统揽全局，也牢牢抓住细小的环节。微，精微，引申为细节。

7 本末惟权：通过权衡分析，以选择本末不同的方法。本末，指根本与枝节。历代注家均认为，所谓本，就是谋略制胜；所谓末，就是攻战破敌。

8 三军一人，胜：全军上下团结一致如同一人，则用兵打仗无往而不胜。

原文

7. 凡鼓[1]，鼓旌旗[2]，鼓车，鼓马，鼓徒，鼓兵，鼓首[3]，鼓足[4]，七鼓兼齐[5]。

译文

通常的作战鼓点，有指挥旌旗的，有指挥战车的，有指挥戎马的，有指挥步兵的，有指挥兵器使用的，有指挥队形行列的，有指挥起坐行动的，这七种鼓点的要领和细凡战，既固勿重[6]。重进勿尽[7]，凡尽危[8]。

凡战，非陈之难，使人可陈难[9]；非使可陈难，使人可用难[10]。非知之难，行之难。[11]

则，都应该在事先规定齐全。

通常情况下作战，兵力强大雄厚就没有必要过于持重迟滞。但即便是兵力雄厚，实施进攻时也不要一次性投入全部的力量，要知道力量用尽会带来危险。

通常情况下作战，不是布阵列势困难，而是使官兵们熟习阵法困难；不是使官兵们熟习阵法难，而是让他们真正掌握灵活运用阵法的奥秘困难。总而言之，不是懂得阵法难，而是实战中灵活运用阵法难。

注释

1 鼓：战鼓。古代作战的重要指挥工具，用以指挥进攻。

2 鼓旌旗：指挥旌旗。上面的“鼓”字为名词，此处的“鼓”字用作动词，指用鼓指挥。

3 鼓首：《司马法直解》云：“使首四顾，左顾左，右顾右，前顾前，后顾后。”

4 鼓足：指用鼓指挥起坐行动。

5 七鼓兼齐：指上述七种用鼓指挥的要领和细则，都必须在事先规定齐全。七，底本无此字，疑脱。据《司马法直解》和孙星衍《孙吴司马法》本增补。

6 既固勿重：意谓在兵力强大雄厚的情况下，没有必要过于持重迟滞，以致错过战机。

7 重进勿尽：兵力虽雄厚占有优势，但在实施进攻之时也不宜一次性投入全部力量。

8 凡尽危：意谓竭尽全力则容易发生危险。尽，全力投入，不留余地。

9 使人可陈难：使士卒习于阵法并不容易。

10 使人可用难:使人真正掌握灵活运用阵法的奥妙有困难。

11 非知之难,行之难:不是懂得阵法难,而是实战中灵活运用阵法难。《宋史·岳飞传》:“阵而后战,兵法之常,运用之妙,存乎一心。”

原文

8. 人方有性[1],性州异[2],教成俗,俗州异[3],道化俗[4]。

凡众寡[5],既胜若否[6]。兵不告[7]利,甲不告坚,车不告固,马不告良[8],众不自多[9],未获道[10]。

凡战,胜则与众分善[11]。若将复战[12],则重赏罚。若使不胜,取过在己[13]。复战,则誓以居前[14],无复先术[15]。胜否勿反[16],是谓正则[17]。

译文

不同地区的人们有着不同的气质禀赋,秉性气质又因所居地的不同而各不相同,教化可以造成一定的风俗,这些习俗也因所居的州不同而各不相同,而道德的教化则可以改变各个地方的风俗习惯。

动用军队打仗,即使是打了胜仗,也要像没有打胜仗一样不骄不躁。凡是不讲求兵器锋利,不讲求盔甲坚韧,不讲求战车牢固,不讲求马匹优良,不致力于扩充军队,那就意味着没有真正掌握用兵的道理。

大凡作战,打了胜仗就应该同大家分享荣誉。如果还要再进行战斗,就应该重申有关的赏罚规定。如果作战不幸失利,就要自己主动出面承担失利的责任。再战时,要举行誓师仪式以激励部众,并身先士卒,不重复使用先前的战法。无论胜负,都不要违反这个做法,这就是正确的指导原则。

注释

1 人方有性:意谓不同地区的人有其不同的气质禀赋。方,一定范围的地区。性,指气质禀赋。

2 性州异:即使在同一地区内,因所居地的不同,人的气质性格也会有所不同。

3 俗州异:各地的风俗习惯存在差异,自有其特点。

4 道化俗:通过道德教化来改变各个地方的风俗习惯,即所谓的"移风易俗"。

5 众寡:兵力的对比,此处引申为动用军队作战。

6 既胜若否:即便获胜,也应如同没有打胜仗那样谨慎戒惧,不骄不躁。

7 告:讲求。

8 马不告良:不讲求戎马是否优良。

9 众不自多:意谓不致力于扩充军队的数量。春秋战国时期,各国为了适应战争形势的需要,都纷纷扩大军队规模。《司马法》提倡扩充兵员数额,正是这一时代特征的反映。

10 未获道:未能真正驾驭用兵的规律。

11 与众分善:指与广大官兵共同分享胜利的果实,而不是独据其功。

12 复战:再一次作战。复,重复,再次。

13 取过在己:不文过饰非,不推诿搪塞,而是自己主动出面承担起过错的责任。

14 誓以居前:举行誓师仪式以激励部众,并能够做到率先垂范,以身作则。

15 无复先术:不再重复以前使用过的作战方法,避免墨守成规。术,方法,手段。

16 胜否勿反:不论胜负如何,都不违背上述"与众分善""取过在己""誓以居前""无复先术"等基本原则。

17 正则:正确可行的指导原则。

原文

9. 凡民,以仁救[1],以义战[2],以智决[3],以勇斗[4],以信专[5],以利劝[6],以功胜[7]。故心中仁,行中义,堪物智[8]也,堪大勇也,堪久信[9]也。让以和,人以洽[10],自予以不循[11],争贤以为人[12],说其心,效其力[13]。

译文

对待广大民众,应当以仁爱去解救他们的危难,应当以道义激励他们去积极参战,应当用智慧来判断他们的是非曲直,应当以勇敢率领他们去战斗,应当以诚信使他们团结一致,要用利益勉励他们去殊死奋战,要用功爵鼓舞他们去积极取胜。因此,思想要合乎仁爱,行为要合乎正义,能够以智慧判断事物的是非,能够以勇气担当大任,能够以诚信长久地赢得人心。谦让和蔼,上下关系因而融洽,把过错归于自己,把贤名让给他人,这样就能使部属心悦诚服,乐于为自己效劳出力。

注释

1 以仁救:指以仁爱去解救广大民众的危难。救,救助,解救。

2 以义战:意谓利用道义感召、激励广大民众去积极参战。

3 以智决:依靠智慧来判断民众行为的是非曲直。决,决断,判断。

4 以勇斗:依靠自己的英勇果敢率领广大民众去殊死战斗。

5 以信专:依靠诚信使广大民众团结一致。专,专一,意为团结一致。

6 以利劝:利用利益鼓励广大民众英勇奋战。劝,鼓励,勉励。

7 以功胜:通过颁赏功爵鼓舞广大民众去积极取胜。功,功爵。

8 堪物智:善于用智慧判断事物的是非。

9 堪久信:善于用诚信来长久地赢得人心。

10 洽:和睦,融洽。

11 自予以不循:自己主动地承担过错。按:底本“予”作“子”,今据清孙星衍《孙吴司马法》本校改。

12 争贤以为人:主动谦让,将贤德的名声让给别人。

13 说其心,效其力:使部众心悦诚服,乐于效命尽力。

原文

10. 凡战,击其微静[1],避其强静[2];击其倦劳,避其闲窕[3];击其大惧[4],避其小惧[5]。自古之政也。

译文

作战的通常原则是,进攻兵力弱小而故作镇静的敌人,避开兵力强大而沉着冷静的敌人;进攻疲惫困顿的敌人,避开休整良好、安逸的敌人;进攻畏惧惊恐的敌人,避开已有所戒备的敌人。这些都是自古以来治军作战的方法。

注释

1 击其微静:指敢于进攻那些兵力弱小而故作镇静的敌人。微,细小,这里指兵力弱小。

2 避其强静:意谓要避免和实力强大而又沉着冷静的敌人正面交锋。《孙子兵法·计篇》:"强而避之。"

3 避其闲窕:指努力避免同休整良好、心理状态泰然自若之敌进行交战。《孙子兵法·军争篇》:"无邀正正之旗,勿击堂堂之阵。"

4 击其大惧:指要进攻那些真正处于畏惧惊恐状态之敌。大惧,指心理上完全不能忍受的恐惧。

5 避其小惧:指避免去进攻那些已经有所戒备之敌。小惧,心理上可以承受的担忧。

战例

李光弼以弩制敌骑

弩是古代冷兵器作战中一种很有威力的武器。所谓弩,就是装置有金属或木制发射机的改进型的弓。汉代许慎的《说文解字》解释为“弩,弓有臂者”;《释名》解释为:“弩,怒也,有势怒也。”这就是说,弩是带有机械装置而威力又大于一般弓的弓,所射出的箭有怒不可犯之势。它的最大特点,就是既可加大弓的力量,又能从容瞄准,使弓的威力大大增强。

据徐中舒、唐兰等历史学家考证,弩在殷商时期就被用于战争,但弩真正大量用于作战并发挥重要作用,则当在春秋战国时期。《孙子兵法·势篇》中形容居高临下、锐不可当的攻势就叫“势如彍弩,节如发机”。战国时期韩国有一种用脚的力量拉开弓弦的“跖劲弩”,能远射六百步以外,可以“一人当百”。当时用弩杀敌的成功战例就是马陵之战。在这场战斗中,孙膑指挥齐军在马陵道伏击庞涓所率领的魏军,“齐军万弩俱发,魏军大乱相失。庞涓自知智穷兵败,乃自刭”。可见这一仗在很大程度上是用弩箭取胜的,弩在战国战争中的重要性由此可见一斑。汉魏以来,弩的使用更为普遍。如项羽伏弩射中刘邦,李广以“大黄弩”射匈奴裨将,李陵以“连弩”射匈奴单于,耿恭以“药弩”攻匈奴,司马懿以“石连弩”征公孙渊,诸葛亮改进“连弩”,刘裕以“万钧神弩”攻卢循等。至于唐代名将李光弼以强弩击破安禄山叛军劲骑,收复常山(今河北正定),则更是历史上以弩胜敌的一个典型战例,同时,也是对《司马法》“兵以轻胜”原则的有力印证。

唐玄宗天宝十四年(公元755年)“安史之乱”爆发后,李光弼在郭子仪的举荐下,临危受命,出任河东节度使,主持河北战场的平叛行动。次年二月,李光弼率番汉步骑一万人和太原弩手三千人,东出井陉口,进抵常山。在常山的三千团练兵听说李光弼大军已至,便积极行动起来,杀死守城的叛军,并生擒叛将安思义,出城献给了李光弼。李光弼招降了安思义,并听取其持久固守、乘隙破敌的建议,随即移军入城,一方面加固城防,另一方面休整部队,养精蓄锐,准备迎战叛军。

史思明当时正统率数万大军攻打饶阳,距离常山仅两百余里。当他得知李光弼进兵常山,便立即从饶阳撤兵西进。次日凌晨,叛军前锋即抵常山城下。接着,史思明亲自率领的两万多名精骑也扑向常山。李光弼即令五千步兵出东门迎战。但因叛军骑兵堵住东门,唐军无法冲出城去。这使李光弼清醒地意识到,以步兵对付骑兵无法取胜。于是,他当机立断,下令五百名弩手在城上对叛军一齐射击。在飞蝗般的弩箭攻射之下,叛军骑兵抵挡不住了,稍稍向后退却。李光弼见用弩奏效,就又下令将一千名弓弩手分为四队,轮番不断地用弩弓发箭射击敌骑。史思明的骑兵遭到很大的损失,无可奈何之下,只好解围后撤,"贼不能当,敛军道北",唐军遂乘机杀出城门。

接着,李光弼亲自指挥唐军五千人,夹滹沱河布列阵势,而将弩手梯次配备于阵内外。史思明的骑兵自南下以来,一直是纵横驰骋、所向披靡的,如今竟被李光弼一举从城内击退,不禁恼羞成怒,遂重新调整骑兵队列,向唐军阵地连续发起猛烈的冲击,但结果都被唐军弩手用箭射退了,损兵折将,死伤惨重,"人马中矢者太半",于是不得不暂时停止进攻,准备等待会合步兵之后再作下一步的打算。

这时,李光弼得到了一则重要的军事情报,得知史思明的五千名步兵,正从饶阳来增援常山的骑兵,一昼夜急行军走了一百七十里,现在已到达九门(今河南藁城西北)城南的逢壁,正在那里埋锅做饭。李光弼当即率步、骑各二千人前往突袭。乘其吃饭戒备松懈之际,指挥步、骑兵实施猛烈的攻击,将其一举全歼,"纵兵掩击,杀之无遗"。

史思明闻报步军悉数就歼,大惊失色,懊丧不已,无可奈何之下只好解常山之围,率兵退守九门和藁城。李光弼见叛军势穷力竭,遂不失时机地展开反击,乘胜收复了属于常山郡的真定、石邑、行唐、井陉、平山、获鹿、灵寿等七县，声势大振。

为了扭转战局，史思明派兵切断了唐军的粮草运输线，企图借此困死唐军。李光弼随机应变，发兵打通粮道。在作战中，他继续发挥弓弩手的作用，以一千弩手配合步兵结成方阵而行，而将五百辆辎重车置于后阵之中，往常山解运粮草，保障部队的给养供应。史思明曾数次派遣骑兵进行袭击骚扰，但是都被唐军弩手所击退。两军就这样前后相持了一个月有余。

四月间，郭子仪也统率大军抵达常山，与李光弼部会合，唐军的总兵力因而增至十余万之众，与安史叛军相比占有较大的优势。于是扩大攻势，一举攻克九门、藁城等战略要地。史思明屡战屡败，完全陷入被动，仓皇中“收余众奔赵郡”，惊魂甫定，又匆匆逃往博陵郡(今河北定州)。

李光弼兵出井陉，旗开得胜，一举收复常山郡，给安史叛军以沉重的打击。在此之前，唐军在战场上节节败退，伤亡惨重，其重要原因之一是唐军的步兵经不住叛军铁骑的猛烈冲击。李光弼有鉴于此，深刻领会“以力久，以气胜。以固久，以危胜。本心固，新气胜。以甲固，以兵胜”的用兵之道，特地带了太原弓弩手三千人迅速东进，终于以弩箭阻遏了敌方劲骑的冲击，制止了史思明的凌厉攻势。在作战过程中又能做到“舍谨甲兵，行慎行列，战谨进止”，灵活机动，随敌应变，“无复先术”，实现了敌我优劣态势的转换，“轻乃重”。当与郭子仪部会合，兵力占有优势后，又能把握战机，及时展开全面的反攻，“以重行轻则战”，最后夺取了作战的胜利。这些情况充分体现了李光弼从战争实际出发，善于发挥兵器作用的指挥特点。《司马法》云“执略守微，本末惟权”，“以仁救，以义战，以智决，以勇斗，以信专，以利劝，以功胜”，李光弼巧用弓弩遏敌劲骑的做法，可谓是深谙其中三昧，值得称道并引以为鉴。

用众第五

导读

《用众》篇主要论述用兵的艺术。它阐明大部队与小部队的不同作战特点；强调临阵接敌之时要善于观察敌情，乘虚蹈隙，以把握战场上的主动权；同时还提出了掌握士卒心理和动态、巩固军心的种种方法。

首先，它主张根据军队的实力状况灵活实施指挥：当兵力处于优势地位时，应该力求阵势严整，堂堂正正向敌开战，包围敌人，轮番对其进行打击。反之，如果以劣势兵力对付优势之敌，则先做到自己阵脚不乱，在此基础上，采取内线作战，做到战术运用灵活巧妙、变化多端，以实现克敌制胜的目的。

其次，在观察敌情等问题上，本篇也展开了精辟的阐说。它强调“视敌而举”，即根据敌情的变化，采取相应的行动；主张挑动敌人，捕捉战机，乘虚蹈隙，予敌以凌厉的打击：“众寡以观其变，进退以观其固，危而观其惧，静而观其怠，动而观其疑，袭而观其治。击其疑，加其卒，致其屈，袭其规。”这些方法，与孙子“策”“作”“形”“角”手段实有异曲同工之妙。

另外，《用众》还要求充分利用地形的条件，对战场的选择，要贯彻“背风背高，右高左险，历沛历圮”等原则；驻军或防御，要构成环形态势，

“兼舍环龟”，力求稳固；主张断绝士卒思家恋土的念头，以求稳定军心，保持高昂的士气。

原文

1. 凡战之道，用寡固[1]，用众治[2]。寡利烦[3]，众利正[4]。用众进止[5]，用寡进退[6]。众以合寡[7]，则远裹而阙之[8]，若分而迭击[9]。寡以待众，若众疑之，则自用之。[10]擅利则释旗迎而反之[11]。敌若众，则相众而受裹[12]；敌若寡若畏[13]，则避之开之[14]。

译文

大凡作战的规律是，动用小部队作战，要注重营阵的稳固；动用大部队作战，要讲求整齐不乱。兵力弱小利于战术多变出奇制胜，兵力强大则利于堂堂正正正面交战。兵力强大要能进能止，稳如磐石；兵力弱小要能进能退，出没无常。用优势兵力同劣势之敌交战，就对其实施包围并虚留缺口，同时分兵轮番对其进行攻击；以劣势兵力和优势之敌交战，则要虚张声势欺骗迷惑敌人，并用权谲诡诈的战法打击敌人。如果敌人业已占据有利的地形，那就卷起旌旗，佯作败退以引诱敌人出击，然后再伺机予以反击。如果敌人兵力众多，就当观察情况并做好在被围条件下作战的准备；如果敌人兵力寡少而又行动谨慎，那就先作回避，为其虚留生路，然后再乘隙消灭它。

注释

1 用寡固：用较少的兵力作战，必须注意营阵的稳固。寡，兵力寡少。固，稳固，巩固。

2 用众治：用较多的兵力作战，必须讲求行政管理，做到整齐不乱。众，兵力众多。

3 寡利烦：意谓兵力寡少利于战术变化而出奇制胜。烦，多，此处指战术变化频繁,出奇制胜。

4 众利正:意谓兵多将广有利于摆堂堂正正之阵,与敌展开正面较量。正,正面接敌,即《孙子兵法·势篇》之“以正合”。

5 用众进止:使用大部队进攻,要善于协调一致,稳如磐石。

6 用寡进退:使用小部队进攻,要做到进退自如,出没无常。

7 众以合寡:指以优势兵力同劣势之敌进行交锋。合,交锋。

8 远裹而阙之:指对敌实施包围时要虚留缺口,以便伺机歼灭之。远裹,实施包围。

9 分而迭击:分,分兵。迭击,轮番攻击。

10 若众疑之,则自用之:兵少时装出有很多兵力的样子来欺骗迷惑敌人,并用权谲诡变的战法打击之。

11 擅利则释旗迎而反之:如果敌人已占有主动有利的态势,就卷起旌旗、佯败诱敌出击,尔后再伺机给予反击。擅利,指敌方已占据主动。

12 相众而受裹:指在遇优势之敌的情况下,当观察虚实而暂受敌围,然后再徐图破之。

13 若寡若畏:指兵力寡少而又行动谨慎。若,如果。畏,畏怯,此处当作谨慎解。

14 避之开之:避开敌人,虚留缺口,尔后乘隙消灭之。

原文

2. 凡战,背风[1]背高[2],右高左险[3],历沛历圮[4],兼舍环龟[5]。

译文

用兵打仗,要逆背风向并背靠高地,右边倚托高地,左边依恃险阻。若遇上沼泽地带或崩塌地段,应该迅速离开,选择外低内高、有险可守的地形驻扎部队。

注释

1 背风:逆着风向。古代兵阴阳家以逆着风向为用兵要则。《太平御览》卷八引《孙子占》云:"三军将行,其旌旗从容以向前,是为天送,必亟击之,得其大将。"

2 背高:背托高地。《史记·淮阴侯列传》:"右倍高陵,前左水泽。"又《孙子兵法·行军篇》:"平陆处易而右背高,前死后生。"

3 右高左险:右侧倚托高地,左侧依恃险阻。

4 历沛历圮:历,迅速通过。沛,多水草的沼泽地。《后汉书·崔骃传》:"虻蚋之趣大沛。"李贤注:"刘熙曰:沛,水草相半。"圮,坍塌,此处指崩塌的地带。

5 兼舍环龟:兼舍,昼夜兼程。环龟,四周有险可守、中间隆起的地形。《武经七书汇解》:"环者,四围险固;龟者,四下中隆。"

原文

3. 凡战,设而观其作[1],视敌而举。待则循而勿鼓[2],待众之作[3]。攻则屯而伺之[4]。

凡战,众寡以观其变[5],进退以观其固[6],危而观其惧[7],静而观其怠[8],动而观其疑[9],袭而观其治[10]。

译文

通常作战,要先摆好阵势以便观察了解敌人的反应,并根据敌情的变化,随时采取相应的行动。如果发现敌人已经做好战斗准备,我们就要按兵勒卒,暂不发起进攻,而等待敌人的下一步行动。如果敌人主动进犯,就要集结兵力寻求破敌的机会。

一般作战,应用数量不等的兵力去试探敌人,以观察其不同的反应;应用忽进忽退的行动,来观察分析其阵势是否稳固;通过迫近威胁的手段,观察分析敌人是否恐惧;通过按兵不动的方式,观察分析敌人是否懈怠;进行战术佯动,看敌人是否疑惑;进行小规模袭击其疑,加其卒[11],致其屈[12],袭其规[13],因其不避[14],阻其图[15],夺其虑[16],乘其惧。

击,看敌人是否整齐严肃。应在敌人犹豫不决的情况下发起打击,乘敌人仓促无备的时候实施进攻,从而使敌人深深陷入困境。要通过突然袭击打乱敌人的作战部署,并利用敌人冒险轻进的错误,粉碎它的企图,制止它的计划,并乘其军心恐惧之时一举加以聚歼。

注释

1 设而观其作:摆好阵形以观察了解敌方的反应。设,设置。作,行动反应。

2 循而勿鼓:按兵勒卒,暂不对敌主动发起进攻。

3 待众之作:指等待敌人的下一步行动。

4 攻则屯而伺之:一旦敌人主动前来进攻,则宜集结兵力伺机破之。屯,积聚、集结兵力的意思。

5 众寡以观其变:动用数量不等的兵力前去试探敌人,以观察其反应。众寡,兵力的多少。

6 进退以观其固:通过忽进忽退的方式,来观察分析敌人阵势稳固与否。

7 危而观其惧:给敌人造成危险,来观察了解敌人是否恐惧不安。危,使……危险。

8 静而观其怠:按兵不动,来观察敌人是否懈怠。

9 动而观其疑:进行战术性佯动,观察对手是否疑惑上当。

10 袭而观其治:通过小规模的战术袭击,来观察敌人是否整齐不乱。

11 加其卒:意谓乘敌人仓促无备之时实施进攻。《孙子兵法·计篇》:“攻其无备,出其不意。”卒,同“猝”,仓促。

12 致其屈:使敌人深陷于困境而不能自拔。致,造成,致使。屈,困厄,穷竭。

13 袭其规:通过突然而凌厉的打击扰乱敌方的作战部署。规,正规,意谓既定的部署。

14 因其不避:巧妙利用敌人冒险轻进的错误。因,凭借,利用。不避,冒险轻进。

15 阻其图:粉碎敌人的战略企图。阻,阻挠,阻遏。图,企图,意图。

16 夺其虑:指制止敌人的计划。夺,打消,制止。虑,谋虑,此处引申为计划。

原文

4. 凡从奔勿息[1],敌人或止于路则虑之。

凡近敌都[2],必有进路;退,必有返虑[3]。

凡战,先则弊[4],后则慑[5],息则怠[6],不息亦弊,息久亦反其慑[7]。

书亲绝[8],是谓绝顾之虑[9]。选良次兵[10],是谓益人之强[11]。弃任节食[12],是谓开人之意[13]。自古之政也。

译文

凡是追击溃败撤退之敌,不要松懈停止;敌人如果在中途停留不动,那就需要考虑分析它这样做的原因。

凡是迫近敌人都邑之时,一定要预先研究确定进军的路线;同样,在退却的时候,也一定要预先考虑好后撤的方案。

通常作战,过早行动会使得部队疲惫不堪,过迟行动则会使军心畏惧怯战,只注意休整会使部队懈怠,不休整则会导致部队疲乏,但一味休整,反而会产生怯战的心理。

要严厉禁止一切亲友间的书信往来,这样就能断绝士卒思家恋土的念头。选拔勇敢善战的人才,准备好精良的兵器,这样就能提高部队的战斗力。舍弃笨重的辎重,少带粮食,这样就可以激发士卒忘我死战的决心。所有这些,都是自古以来治军作战的方法。

注释

1 从奔勿息:意谓追击逃跑之敌不可有片刻的停息,以防止其保存实力或伺机反扑。

2 敌都:敌方的重要城邑。古代城市,天子或诸侯所居者称“国”,“国”以外的诸城称作都。国与都既是政治、经济、文化的中心,也是十分重要的军事据点。

3 返虑:有关撤兵退却的考虑或具体方案。返,这里是后撤的意思。

4 先则弊:过早行动会使部队疲惫不堪。先,提前,过早。弊,疲惫,士气衰竭。

5 后则慑:过迟行动会使军队心理畏惧怯战。后,滞后,过迟。慑,害怕。

6 息则怠:只注意休整会使部队变得懈怠。息,休整,休息。

7 息久亦反其慑:指一味休整,反而会导致适得其反的结果,使士卒产生怯战的心理。

8 书亲绝:指禁止亲友间的书信往来,以断绝将士与外界的联系。

9 绝顾之虑:指断绝将士思家恋土的念头,以保证最大限度的思想集中,奋勇杀敌。

10 选良次兵:意谓选拔人才,配备兵器。次,排比,引申为安排、准备妥当。

11 益人之强:增强部队的战斗力。益,增加,增强。

12 弃任节食:舍弃不必要的辎重,减少随身携带的军粮。

13 开人之意:激发士卒破釜沉舟、忘我死战的决心。开,启发,激发。

战例

战鸡父吴师奏捷

鸡父之战,爆发于周敬王元年(公元前519年)夏,它是吴、楚两国为争霸江淮流域而在楚地鸡父(今河南固始东南)进行的一次重要会战。在这场会战中,吴军实施正确的作战指导方针,巧妙选择作战地点和时间,运用示形动敌、伏击突袭等战法，出奇制胜，大破楚军，从而逐渐夺取了吴楚战争中的主动权。

公元前546年宋国向戌倡导诸侯弭兵会盟后，中原诸侯列国之间出现了相对和平的局面。当时，晋、楚、齐、秦四个强国，都因国势趋于衰弱，国内矛盾激化，而被迫放慢了对外扩张、争霸的步伐。与此同时，偏处于东南地区的吴国和越国则先后兴盛起来，开始加入大国争霸的行列。由此，战争的重心也从黄河流域转移到了淮河、长江流域，从中原诸侯国转移到了楚、吴、越诸国。

吴国是一个新兴的国家，辖有今江苏、上海大部和浙江、安徽的一部，自吴王寿梦（前585年—前561年在位）起，经济逐渐发展，国势开始强盛。当时晋国出于同楚国争霸斗争的需要，采纳楚亡臣申公巫臣联吴制楚的建议，主动与吴国缔结战略同盟，让吴国从侧后打击楚国，以牵制楚国的北上。而日渐强大起来的吴国，为了进入中原，也将楚国作为第一个战略打击的目标，因此欣然接受晋国的拉拢，坚决摆脱了对楚的臣属关系，并积极动用武力，同楚国争夺淮河流域。自寿梦至吴王僚60余年间，两国战争频繁，互有胜负，但总的趋势是楚国日遭削弱，吴国兵锋咄咄逼人，渐占上风。鸡父之战就是吴楚长年争战中的重要一战。

公元前519年，吴王僚率公子光等兴兵进攻楚国控制下的淮河流域战略要地州来（今安徽凤台）。楚平王闻讯后，即下令司马薳越统率楚、顿、胡、沈、蔡、陈、许七国联军前往救援州来，并命令尹阳匄带病督师。吴军统帅部见楚联军力量强盛，来势凶猛，遂迅速撤去对州来的包围，将部队移驻于钟离地区（今安徽凤阳东临淮关），暂避敌锋，伺机行动。

然而，就在这时，进军途中的楚军发生了一个不大不小的变故，这就是带病出征的楚令尹阳匄（即子瑕）因病势加重，死于军中。楚军失去主帅，士气顿时沮丧低落，司马薳越见状，被迫回师鸡父，拟稍事休整后再决定下一步的行动。

吴公子光听说楚军统帅阳匄已身亡，楚联军不战而退，认定这正是吴军把握战机、击破敌人的良机，便向吴王僚建议率军尾随，捕捉机会。他的分析是这样的："随从楚国的诸侯虽多，但均是一些小国，而且都系被楚国所胁迫而来。况且这些小国也有各自的弱点。具体地说，胡、沈两国国君年幼骄狂，陈国统兵的大夫夏齧强硬但却固执，顿、许、蔡等国则一直憎恨楚国的压迫，它们同楚国之间不是一条心，这一点可以乘机加以利用。至于楚军内部，情况也很糟糕。主帅病死，司马薳越资历尚浅，不能集中指挥，楚军士气低落，政令不一，貌似强大，实则虚弱。"最后他得出的结论是："七国联军同役而不同心，兵力虽多，但也可击败。"公子光的分析入情入理，吴王僚欣然采纳，并针对敌情作出具体周密的作战计划：迅速向楚联军逼近，在到达鸡父战场后的次日即发起攻击，利用当天"晦日"的特殊天候条件，乘敌不备，以奇袭取胜。在兵力部署上，先以一部兵力攻击胡、沈、陈的军队，战而胜之；然后打乱其他诸侯国军，再集中兵力攻击楚军本身，并决定在作战中采取先示敌以"去备薄威"，后以"敦阵整族猛攻之"的灵活战法。

一切就绪后，吴军遂于古代用兵所忌的晦日七月二十九日突然出现在鸡父战场。此举完全出乎楚司马薳越的意料，仓促之中，他让胡、沈、蔡、陈、顿、许六国部队列为前阵，以掩护楚军。吴王以自己所率之中军、公子光所帅之右军、掩余所帅之左军等主力预作埋伏，而以不习战阵的三千囚徒为诱兵攻打胡、沈、陈诸军。双方接战不久，未受过军事训练的吴刑徒乌合之众即散乱退却。胡、沈、陈军见状遂贸然追击，捕捉战俘，纷纷进入了吴军主力的预设伏击圈中。这时，吴三军从三面突然出击，很快战胜了胡、沈、陈三国军队，并俘杀胡、沈国君和陈国大夫夏齧。尔后又纵容所俘的三国士卒逃回本阵。这些士卒侥幸逃得性命，便纷纷狂奔，口中还叫嚷不已："我们的国君死了，我们的大夫死了！"许、蔡、顿三国军队见状，顿时军心动摇，阵势不稳。这时吴军遂乘胜擂鼓呐喊向前冲杀，直扑三国之师。三国之师的阵势本已动摇，又见吴军蜂拥而来，哪里还有作战的勇气？于是纷纷不战而溃，乱作一团。楚军未及列阵，即被许、蔡等诸侯军之退却所扰乱，已无回天之力，也迅速陷于溃败。至此，吴军终于大获全胜，并乘胜攻占了州来。

鸡父之战，乃是吴军实行正确作战指导原则的必然结果。从兵力对比来说，当时吴军处于“寡以待众”的困难地位；从作战态势来说，吴军也处于“后据战地而趋战”“相众而受裹”的不利位置，但是吴军最后却打了胜仗。其原因在于吴军统帅部准确地判明和掌握了敌军的情况和动态，“设而观其作，视敌而举”，巧妙地利用了对方的弱点，坚决打破了“晦日”不宜作战的迷信习惯，灵活地运用了示形动敌、诱敌冒进、设伏痛击、乘胜猛攻等一系列正确战法，“动而观其疑，袭而观其治，击其疑，加其卒，致其屈，袭其规”，从而达到了“阻其图，夺其虑，乘其惧”出奇制胜的战争目的；实施各个击破，出其不意地先击溃部分弱敌，造成敌人的全线混乱，最终使其失去战斗力。这实为《司马法》所提倡的“寡利烦”“用寡进退”战术原则在实战中的具体体现。

楚军的失败，原因是多种多样的。概括而言，一是恃强好战，昧于谋略；二是主将缺乏威信，内部矛盾重重，不能做到“用众治”，实行集中统一指挥；三是对吴军的动向疏于了解和戒备，以致为对手所乘；四是临阵指挥笨拙，不能“众寡以观其变，进退以观其固”，缺乏应变能力。所有这些因素凑在一起，遂导致楚军在整个战役行动中陷于被动。覆军杀将，固其所宜也！

鸡父之战对楚国的打击相当沉重，战后，楚司马薳越畏罪自杀，昏庸无能的囊瓦担任了令尹要职。从此楚军很少主动出击，而基本上采取消极防御，在吴楚争战中日益趋于被动了。

附录一

《司马法》逸文

导读

《司马法》其书历代散佚严重，至唐初《隋书·经籍志》成书时即仅存残本三卷五篇，这就是我们所见到的今本《司马法》。除今本外，尚有一定数量的《司马法》逸文，它们主要散见于《通典》《太平御览》《群书治要》等类书、政书以及《文选》《左传》《周礼》《说文解字》等古籍的注文。清人从事古书的辑佚工作，张澍、钱熙祚、黄以周、王仁俊等人曾从古书的引文及其注疏中辑得《司马法》逸文约六十余条，共一千六百多字，分别收入《二酉堂丛书》《指海》《玉函山房辑佚书续编》等，其内容包括畿服制度、出军制度、军制与营阵、车制、金鼓之制、军礼与军法、战法等诸多方面。它们对于了解《司马法》一书全貌，从事先秦军事史乃至整个先秦历史的研究，具有重要的学术价值。

今以清人的辑佚成果为基础，将《司马法》逸文辑录成编，作为今本《司马法》的附录，并作简注，译成白话，以飨读者。

原文

六尺为步，步百为亩，亩百为夫[1]。夫三为屋，屋三为井[2]，四井为邑，四邑

译文

六尺为一步，长宽各一百步为一亩，每一百亩为一个成年男子的授田单位。三个成年男子为一屋，

为丘[3]。丘有戎马[4]一匹，牛三头，是曰匹马丘牛。四丘为甸，甸六十四井，出长毂[5]一乘，马四匹，牛十二头，甲士三人，步卒七十二人，戈楯具[6]，谓之乘马[7]。

——《春秋左传正义·成公元年》孔颖达疏引

三屋为一个井田单位，四井为一邑，四邑为一丘。每丘缴纳用于驾驶战车的马一匹，用于驾驶辎重车的牛三头，这称之为匹马丘牛。四丘为一甸，每甸共有六十四井，应提供兵车一乘，战马四匹，牛十二头，出甲士三人，步卒七十二人，同时戈、盾等兵器均应准备妥当，这称之为军赋上的“乘马”。

注释

1 夫：成年男子。古代常以一个成年男子为一个授田单位。

2 井：相传古制八家为一井，后引申为乡里、人口聚居地。

3 丘：古代划分田地、区域的单位。《周礼·地官·小司徒》亦称：“九夫为井，四井为邑，四邑为丘。”与《司马法》所言相合。

4 戎马：用于军事活动的马匹，亦可称为战马。

5 长毂：兵车。

6 具：准备充分、妥当的意思。

7 乘马：古代军赋征发的专用名词，即按田邑的多少征调一定数量的车马、甲士。

原文

六尺为步，步百为亩，亩百为夫，夫三为屋，屋三为井，四井为邑，四邑为丘，四丘为甸[1]，丘盖十六井也。丘有戎马一匹，牛

译文

六尺为一步，长宽各百步为一亩，每百亩为一个成年男子的授田单位，三个成年男子为一屋，三屋为一个井田单位，四井为一邑，四邑

四头。甸有戎马四匹，牛十六头，(丘)〔兵〕车一乘，甲士三人，步卒七十二人。[2]

——《十一家注孙子·作战篇》杜牧注引

为一丘，四丘为一甸，每丘通常有十六井。每丘提供战马一匹，牛四头。每甸提供战马四匹，牛十六头，兵车一乘，出甲士三人，步卒七十二人。

注释

1 甸：古代征发军赋划分田地、区域的单位。刘熙《释名·释州国》："四丘为甸。甸，乘也，出兵车一乘也。"

2 此段逸文与《春秋左传正义·成公元年》孔颖达疏所引内容的意思基本相似，但丘、甸出牛头数有异。

原文

六尺为步，步百为亩，亩百为夫，夫三为屋，屋三为井，井十为通[1]。通为匹马，三十家，士[2]一人，徒[3]二人。通十为成[4]，成百井，三百家，革车一乘，士十人，徒二十人。十成为终[5]，终千井，三千家，革车十乘，士百人，徒二百人。十终为同[6]，同方[7]百里，万井，三万家，革车百乘，士千人，徒二千人。

译文

六尺为一步，纵横百步为一亩，一夫授田一百亩，三夫组成一屋，三屋合为一井，十井计为一通。每通有三十户人家，应该缴纳军赋的数额为马一匹，出甲士一人，徒卒二人。十通为一成，一成共有百井，计为三百家，应提供的军赋数额为革车一乘，甲士十人，徒卒二十人。十成为一终，一终共有千井，计为三千家，应出的军赋数额为革车十辆，甲士一百人，徒卒二百人。十终为一同，同纵横方圆一百里地，一共有万井，合计为

——《周礼注疏·小司徒》郑玄注引

三万家,应该缴纳的军赋数额共计兵车一百乘,甲士一千人,徒卒两千人。

注释

1 通:土地区划单位,大于“井”而小于“成”。

2 士:此处指甲士。按:春秋以前之士,多为武士。

3 徒:普通徒卒,步兵。

4 成:古代土地区划单位,大于“通”而小于“终”。《汉书·刑法志》:“成方十里。”

5 终:古代土地区划单位,大于“成”而小于“同”。

6 同:古代土地面积单位。据《汉书·刑法志》,方圆百里为一同。

7 方:方圆、纵横的意思。

原文

一车[1],甲士三人,步卒七十二人。炊家子[2]十人,固守衣装[3]五人,厩养[4]五人,樵汲[5]五人。轻车[6]七十五人,重车[7]二十五人。

——《十一家注孙子·作战篇》杜牧注引

译文

一辆轻车的编制为:甲士三人,步卒七十二人。〔一辆辎重车的编制为:〕主管烧火做饭的十人,保管服装、甲胄的五人,从事饲养牲畜的五人,从事砍柴和汲水的五人。每辆攻车共配置战斗人员七十五人,每辆辎重车共配置后勤保障人员二十五人。

注释

1 车:此处指轻车。

2 炊家子:古代炊事兵。

3 固守衣装：保管甲胄、服装的人员。

4 厩养：负责饲养军中马匹等牲畜的人员。

5 樵汲：军队中从事打柴割草和汲水的人员。樵，砍柴割草；汲，汲水。

6 轻车：战车，直接用于作战的兵车，也称攻车、驰车。一说系轻型战车，不确。

7 重车：辎重车辆，用于后勤保障，也称为"守车"。一说为重型战车，误。

原文

成方十里，出革车一乘。

——《论语注疏》郑玄注引

译文

每成方圆为十里地，应该缴纳的军赋为革车一乘。

原文

王国百里为郊[1]，五十里为近郊，百里为远郊。

——《一切经音义》卷十七引

译文

王国都城以外一百里为郊，其中五十里内为近郊，五十里至一百里之间为远郊。

注释

1 郊：距都城百里谓之郊。《尔雅·释地》云："邑外谓之郊。"后亦泛指城外、野外。

原文

王国百里为郊，二百里为州，三百里为野，四百里为县，五百里

译文

王国京城外一百里以内地区称为郊，京城以外一百里至二百里之间的区域称为州，京城以外二百里至

为都。

——《周礼注疏·载师》郑玄注引

三百里间的地区叫作野，京城以外三百里至四百里之间的地区称为县，京城以外四百里至五百里之间的区域叫作都。

原文

二百里、三百里，其大夫[1]如州长；四百里、五百里，其大夫如县正。

——《周礼注疏·载师》疏引

译文

京城以外二百里至三百里之内，其公邑执事大夫的尊卑地位相同于州长；京城以外四百里至五百里之内，其公邑执事大夫的尊卑地位和县正相当。

注释

1 大夫：职官等级之名。先秦时期，统治集团贵族共分卿、大夫、士三等，其中大夫又区分为上、中、下三级。

原文

大国五百里为都。

——《新译大方广佛华严经音义》引

译文

大国国都以外五百里之内的地区称为都。

原文

万二千五百人为军[1]。

——《尚书正义·费誓》引

译文

一万二千五百人编组成一个军。

注释

1 军：本义为屯驻。《说文解字》："军，圜围也。"又《广雅》："军，屯也。"后引申为军队、军队的编制单位。此处指军队的编制单位。按：该条逸文亦见于《十一家注孙子·谋攻篇》曹操注，作"一万二千五百人为军"。

原文

五人为伍，十伍为队，一军凡二百五十队。余奇为握奇[1]。故一军以三千七百五十人为奇兵[2]，队七十有[3]五，以为中垒[4]。守地六千尺，积尺得四里，以中垒四面乘之[5]。一面得地三百步，垒内有地三顷，余百八十步，正门为握奇，大将军居之。六纛[6]五麾[7]金鼓[8]府藏辎积[9]皆中垒。外余八千七百五十人，队百七十五分，为八阵[10]，八[11]阵各有千九十四人，二[12]阵各减一人，以为一阵之部署。举一军则千军可知。[13]

——《通典·兵一》卷一四八引

译文

五人为一伍，十伍为一队，一军总共二百五十队。要留有一定的兵力作为机动策应部队，一般情况下，每军应有三千七百五十人为机动部队，共计七十五队，它们作为中军据守核心阵地。一军共守地六千尺，纵横为四里，以中军阵地为中心向四面均匀地延伸部署。中军阵地每面占地为三百步，阵内共有地三顷又一百八十步，正中由控制着机动部队的大将军所居。军中的旌旗、金鼓等指挥工具以及粮食器械等后勤物资均置放于中军之内。除中军外，一军尚有八千七百五十人，即一百七十五队，它们部署为八个方阵，每个方阵各应有兵力一千零九十四人，其中有两阵各少一人，这就是一个军兵力的总体部署方案。列举了一军的部署情况之后，那么千军的部署方法也就可以知道了。

注释

1 余奇为握奇：意谓留有一定数量的奇兵，作为主将直接掌握的机动部队。握奇，又称作"握机"，掌握机动兵力。

2 奇兵：此处指机动作战部队。

3 有：同"又"。

4 中垒：由中军所据守的壁垒阵地，亦即统帅部所在的核心阵地。

5 四面乘之：指环绕中军营垒向东、南、西、北四个方向部署兵力。

6 纛：本义为帝王乘舆上用牦牛尾或雉尾所制成的饰物，此处特指军中的大旗。

7 麾：用以指挥军队的旗帜。

8 金鼓：军队中指挥作战的信号物。通常情况下，击鼓进攻，鸣金收兵。

9 府藏辎积：军队中粮秣辎重等后勤供给物资。

10 八阵：古代的一种基本作战阵形。据《握奇经》所言，八阵"四为正，四为奇"，即将部队排列为四正四奇八个方阵以应敌。其中居正东、正南、正西、正北的四个方阵称为"正"（正兵），居东南、东北、西南、西北四块"虚地"的另外四个方阵称为"奇"（奇兵）。

11 八：原文作"六"，疑误，今校改作"八"。

12 二：原文作"六"，扞格难通，今校改作"二"。

13 按：此段逸文，也见于《太平御览·兵部三》卷二七二"将帅上"。

原文

车战：二十五乘为偏[1]，以车居前，以伍[2]次之，承偏之隙而弥缝缺漏[3]也。五人为伍。

——《春秋左传正

译文

凡车战，以战车二十五乘为一偏，将战车配置在前面，将步卒配置在战车的后面，同时还要配置一定数量的步卒于战车与战车之间的空隙地带，以弥补战车后侧的薄弱环节。步卒以

义·桓公五年》杜预注引

五人为一伍。

注释

1 偏:先秦时期车阵作战的基本编制单位。有大偏、小偏、正偏的不同。
2 伍:步卒最基本的编制单位,一般五人为伍,此处是指步卒。
3 承偏之隙而弥缝缺漏:意谓将步卒分散配置在战车与战车之间的空隙之地,以填补空虚薄弱环节,进行车、步间的协同作战。

原文

百人为卒,二十五人为两;车,九乘为小偏,十五乘为大偏。[1]

——《春秋左传正义·成公七年》杜预注引

译文

一百人为一卒,二十五人为一两;兵车,九乘为一个小偏的编制单位,十五乘为一个大偏的编制单位。

注释

1 小偏、大偏:均是正偏(二十五乘)中的不同编组形式。黄以周《礼书通故》:"九乘为偏之小,十五乘为偏之大。小偏、大偏者于一偏中分之,而非正偏。偏之定名,自以二十五乘为正。"

原文

五十乘为两,百二十乘为伍,八十一乘为专,二十九乘为参[1],二十五乘为偏。

——《春秋左传正义·昭公元年》服虔注引

译文

兵车每五十乘为一两,每一百二十乘为一伍,每八十一乘为一专,每二十九乘为一参,每二十五乘为一偏。

注释

1 二十九乘为参：据孙诒让《周礼正义》卷五十九考证，“二十九”当为“二十七”。今谨录此备考。

原文

五人为伍，十伍为队，万二千五百人为队二百五十。十取三焉而为奇，其余七以为正[1]，四奇四正而八阵生[2]焉。

——《玉海》卷一四〇引

译文

五人为一伍，十伍为一队，一万二千五百人组成二百五十队。它们之中十分之三的兵力为奇兵，余下的十分之七的兵力为正兵，并由这些正兵再组成四个奇兵方阵、四个正兵方阵，这样，所谓的“八阵”就形成了。

注释

1 正：正兵，与用以机动的奇兵相对。此处是指构成八阵的兵力。

2 生：形成的意思。

原文

故初列[1]弓[2]戟间焉，次列殳矛间焉。

——《太平御览·兵部八十四》卷三五三引

译文

第一列的士卒配置弓、戟等兵器，一人持弓一人持戟相间隔排列；第二列的士卒配置殳、矛等兵器，一人持殳一人持矛相间隔排列。

注释

1 初列：第一列，首行。

2 弓：原文作“即”。按其注云：“一弓一戟相间也。”可知“即”当为“弓”，故校改之。

原文

天子囿[1]方百里，公侯十里，伯七里，子、男五里，皆取一[2]也。

——《春秋公羊传注疏·成公十八年》疏引

译文

天子的园林面积方圆一百里，公、侯的园林面积方圆十里，伯的园林面积方圆七里，子和男的园林面积方圆五里，其大小均为他们所统治区域面积的十分之一。

注释

1 囿：有围墙的园林，内或豢养禽兽，或种植蔬菜、瓜果。

2 皆取一：意谓天子、公、侯、伯、子、男的私人园林面积，均占其整个封地面积的十分之一。

原文

周制：畿[1]内用夏之贡法[2]，税夫无公田[3]。

——《周礼注疏·匠人》引

译文

周代制度：王畿之内采用夏代五十而贡的方式以征收赋税，以成年男子为征税对象而不采用助耕公田的方法。

注释

1 畿：王畿，天子或诸侯直接控制、管理的地区。

2 夏之贡法：夏代的田赋缴纳方式。《孟子·滕文公上》："夏后氏五十而贡。"

3 公田：古代井田制度，以方圆九百亩的地为一里，划为九区，中区称公田，由八家共同耕作。

原文

一师五旅，一旅五卒[1]。

——《玉海》卷一四〇引

译文

一师由五个旅组成，一旅由五个卒组成。

注释

1 卒：古代军队的编制单位。通常以一百人为一卒。

原文

十人之帅[1]执铃，百人之帅执铎[2]，千人之帅执鼓，万人之将执大鼓。

——《春秋左传正义·襄公十三年》疏引

译文

十人部队的长官用铃进行指挥，百人部队的长官用大铃进行指挥，千人部队的长官用鼓进行指挥，万人部队的长官用大鼓进行指挥。

注释

1 帅：这里是各级长官的泛称。

2 铎：大铃，用于指挥军队的训练和作战行动。

原文

《谋帅篇》[1]曰：大前[2]，驱启[3]，乘车、大晨[4]、倅车[5]属[6]焉。

——《春秋左传正义·襄公二十三年》引

译文

《谋帅篇》中说：凡是大举驱车进击，当以先头战车首先挺进，后面还要有乘车、大晨以及副车等鱼贯跟进。

注释

1 《谋帅篇》:古《司马兵法》中的一篇,已佚。从篇名文字看,当以论述将帅的选拔与任用为主要内容。

2 大前:意谓摆开阵势,大举向前进击。

3 启:置于前列充任先锋的战车。

4 大晨:其义不详。一说系殿后的兵车。

5 倅车:副车。《周礼·夏官·戎仆》:"戎仆:掌驭戎车,掌王倅车之政。"

6 属:连属,相属,此处是随后跟进的意思。

原文

夏后氏谓辇[1]曰余车,殷曰胡奴车,周曰辎辇。辇一斧、一斤[2]、一凿、一梩、一锄。周辇加二版、二筑[3]。又曰:夏后氏二十人而辇,殷十八人而辇,周十五人而辇。

——《周礼注疏·乡师》注引

译文

夏代称辇车为余车,殷商时称作胡奴车,周代称为辎辇。每辆辇车一般配备有一斧、一斤、一凿、一梩、一锄等器械。到了周代,又增加了两块筑墙用的夹板,二杆捣土用的木杵。辇车的人员编制,在夏代为二十人,在商代为十八人,在周代为十五人。

注释

1 辇:用人力挽拉的车辆。

2 斤:斧头。

3 二版、二筑:均是指筑土墙所用的工具。版,筑墙的夹板;筑,捣土的木杵。

原文

以战出战，虽战可也。战，春不东，秋不西，月食还师，所以止战也。

——《太平御览·兵部四十四》卷三一三“决战下”引

译文

如果用战争的手段来摈弃战争，那么从事战争是可以的。战争，春季不东征，秋季不西伐，遇有月食这种情况就班师回朝，以此来止息战事。

原文

春不东征，秋不西伐，月食班师[1]，所以省战也。

——《太平御览·时序部五》卷二十“春下”引

译文

春季不兴师东征，秋季不发兵西伐，遇上月食当班师回朝，以此来减少战争。

注释

1 月食班师：月食天象出现时，当班师回朝停止战争。古人天文知识落后，视日食、月食等天象为不吉祥之征兆，故有此类主张。

原文

人故杀人，杀之可也。

——《十一家注孙子·序》曹操引

译文

人由于合理的原因而诛杀坏人，那么杀人是可以的。

原文

或起甲兵以征不义。废贡职则讨，不朝会[1]则诛，乱嫡庶[2]则絷，变礼

译文

有时候需要动用军队来征讨不义。诸侯中间凡有不履行向天子进贡职责的，就讨伐他；有不肯前来朝会天

刑则放[3]。

——《晋书·刑法志》引

子的，就诛戮他；有变乱嫡庶伦常关系的，就囚禁他；有擅自改变既定礼制法度的，就放逐他。

注释

1 朝会：诸侯或臣属朝见天子、君上。

2 嫡庶：指嫡长子与庶子，古礼对两者的名分、地位有严格的区分和规定。

3 放：流放，放逐。《尚书·舜典》："放驩兜于崇山。"

原文

其有陨命[1]，以行礼如会[2]，所用仪也。若陨命，则左结旗，司马[3]授饮；右持苞壶，左承饮以进。

——《春秋左传正义·成公二年》引

译文

若在交战中俘获了敌国的国君，这时应该举行陨命之礼，其形式如同盟会的礼仪，要按具体的礼节规定进行。即在战败国的国君跟前，战胜一方左边收起各种旗帜，军中司马负责向战败国君主进献美酒；他右手举着军用匏壶，左手捧着醴酒向前行进。

注释

1 陨命：指交战中俘获战败国的国君，此时战胜一方对被俘的敌国国君须行陨命之礼。

2 行礼如会：意思是说举行陨命之礼的形式如同诸侯盟会之礼一般的隆重严肃。

3 司马：职官名，这里是指军队中主持、执行军法的职官。

原文

古者，逐奔不远，纵绥不及，所以示君子且有礼。

——《太平御览·兵部三十八》卷三〇七"誓众"引

译文

古时候作战，追击败溃的敌人不过远，追逐主动退却的敌人不逼近，这是为了表示出君子的风度，显示自己能够遵循军礼。

原文

王有四方之事[1]，则冢宰命师[2]于诸侯，小宰掌其戒具[3]，虎贲氏[4]以牙璋[5]发之，畿兵不出也。

——章如愚《群书考索·后集·兵制》引

译文

周天子若有征讨四方之事，则由冢宰传令各诸侯国征发部队，由小宰准备陈设誓师用的器具，由虎贲准备发兵用的信符，至于王畿之兵，则一般不轻易出动。

注释

1 四方之事：指出兵征伐叛臣、敌国。

2 命师：意为传达命令征集军队。

3 戒具：指用于誓师、祭祀等活动的器具。

4 虎贲氏：国君的近侍人员，主掌国王出入仪仗及守卫之事。在作战中，通常充任主力。

5 牙璋：古代发兵的一种符信物，首似刀而两旁无锋刃，旁出有牙，故称牙璋。《周礼·春官·典瑞》："牙璋以起军旅，以治兵守。"

原文

其有陨命，行礼如会所，争义不争利。

译文

如在交战过程中俘获战败国的国君，则应该举行陨命之礼，其基本形式

——《国语注·晋语五》韦昭注引

一如盟会时的礼仪，借此以表明自己作战的宗旨是出于申明道义而并非追逐利益。

原文

善者，忻[1]民之善，闭民之恶。

——《说文解字·心部》引

译文

善于经国治军的人，总是努力开导民众的善心，禁止民众的恶念。

注释

1 忻：开导，启发。

原文

登车不式，遭丧不服。

——《汉书·李广传》引

译文

身乘兵车之时遇见上级不必行礼，战争过程中遭逢丧事无须服丧。

原文

上卜下谋[1]，是谓参之[2]。

——《周礼注疏·夏官·大司马》郑玄注引

译文

在上进行占卜筮问，在下开展多方谋划，这就叫作对战争大事的综合掌握。

注释

1 上卜下谋：对战争吉凶进行卜筮以上察天意，谋划作战方案以下尽人事。

2 参之：将卜筮的结果与谋划的内容综合在一起，通盘进行分析研究。

原文

血[1]于鼙鼓者，神戎器也。

——《史记索隐·高祖本纪》引

译文

宰杀牲口，取其血涂染军鼓，这是为了使战事获得神灵的保佑。

注释

1 血：此处名词用作动词，以血涂染。

原文

上谋不斗。

——《通典·兵十三》卷一六〇引

译文

最高明的谋略是不经过直接交战而取胜。

原文

兵者诡道[1]，故能而示之不能。

——《六臣注文选·关中诗》卷二十李善注引

译文

用兵打仗是一种诡诈的行为，所以明明能打，却偏要假装不能打。

注释

1 诡道：诡诈的行为原则。诡，诡诈，欺诈。道，手段，方法，原则。按：此逸文与下一段逸文又见于《孙子兵法》有关篇章。可见孙武作《孙子兵法》时多征引、移用古《司马法》的内容。

原文

善守者，藏于九地[1]之下；善攻者，动于九天[2]

译文

善于防守的人，隐蔽自己的兵力如同深藏于地下（令敌人无法察之上。

——《六臣注文选·汧马督诔》卷五十七李善注引

觉)；善于进攻的人，展开自己的兵力就像自九天重霄而降(令敌人猝不及防)。

注释

1 九地：形容极深的地下。九，虚数，泛指极多。

2 九天：形容极高的天上。李白《望庐山瀑布》："飞流直下三千尺，疑是银河落九天。"

原文

围其三面，阙[1]其一面，所以示生路也。[2]

——《十一家注孙子·军争篇》曹操注引

译文

凡对敌人实施包围作战之时，应该围紧其三面，而在余下的一面留有缺口，给敌人一条逃窜求生之路。

注释

1 阙：空缺，缺口。此处用作动词，意思是虚留一个缺口。

2 按：此段逸文又见于杜佑《通典·兵十三》卷一六〇。

原文

进退惟时[1]，无曰寡人[2]也。

——《十一家注孙子·谋攻篇》曹操注引

译文

军队的进退攻防均要根据实际情况随机处置，不要以寡人的个人意志为准则。

注释

1 进退惟时：军队的进退攻防等行动均应根据战场形势随机应变，灵活处置。时，时机。

2 寡人：国君自谦之辞。按：此条逸文又见于《长短经·出军》。

原文

阃[1]外之事，将军裁[2]之。

——《春秋公羊传注疏·襄公十九年》徐彦疏引

译文

国门以外的军事事务，由将军独立酌情加以处置。

注释

1 阃(kǔn)：郭门，国门。《史记·张释之冯唐列传》："阃以内者，寡人制之；阃以外者，将军制之。"

2 裁：主持、处置的意思。

原文

见敌作誓，瞻功作赏[1]。

——《十一家注孙子·九地篇》注引

译文

临敌作战之前制定战斗誓词，考核战功的大小颁行不同的奖赏。

注释

1 瞻功作赏：考察战功的大小颁行奖赏。按：该条逸文又见于《长短经》卷九，作"瞻功行赏"。

原文

火攻有五。[1]

——《六臣注文选·汧马督诔》卷五十七李善注引

译文

火攻的方法共有五种。

注释

1 按:此条逸文和下两则逸文亦见于《孙子兵法》。

原文

始如处女。

——《六臣注文选·射雉赋》卷九李善注引

译文

战斗打响之前要像处女那样显得柔弱文静(,以诱使敌人戒备松懈)。

原文

穷寇[1]勿追,归众勿迫。

——《后汉书·皇甫嵩传》李贤注引

译文

对已陷入绝境的敌人不要追击,对退回本国途中的敌军不要逼迫。

注释

1 穷寇:指陷入绝境之敌。穷,困厄。

原文

新气胜旧气。

——《十一家注孙子·军争篇》孟氏注引

译文

士气正盛的军队能够战胜士气衰竭的军队。

原文

将军死绥[1]。

——《三国志·魏书·武帝纪》卷一引

译文

将军因军队溃退而获罪被诛。

注释

1 绥:指军队不战而退却,此处是败退的意思。按:该条逸文又见于《六臣注文选·奏弹曹景宗》李善注引。

原文

上多前虏。

——《周礼注疏·司勋》郑玄注引

译文

战功高者为上,俘获多者居前。

原文

选良先无功者[1]。

——《太平御览·兵部三》卷二七二引

译文

一定要从那些能征善战而尚未立有军功的人中间选拔先锋战士。

注释

1 选良先无功者:意谓将那些能征惯战而未立军功的人选拔为前锋,以激励他们到战场上杀敌立功。

原文

军中之乐,鼓笛为

译文

军队中的音乐,以鼓、笛最为适

上，使闻之者壮勇而乐和[1]。细丝高竹[2]不可用也。

——《乐纂》引

宜，它们演奏的音乐能使将士们听了之后精神旺盛，勇气倍增，也能激发将士同仇敌忾。至于那些丝弦之乐和竹管之音，则不宜用于军队之中。

注释

1 乐和：上下和睦、同心协力的意思。

2 细丝高竹：指丝弦乐器和竹管乐器，其音色特点是柔和纤细、委婉清丽，故不适宜作为军乐演奏。

原文

周左执黄钺[1]，右执白旄。所以不进者，审察，斩杀之，威也。有司[2]皆执殳戈，示诸鞭仆之辱[3]。

——《太平御览·兵部八十四》卷三五三引

译文

周代，（军中统帅）左手握持黄色的大钺，右手拿着用白旄牛尾为装饰物的旗帜。凡是在战场上畏惧敌人，不敢前进的人，一经查实，定要斩杀无赦，以此来树立军威。军中的执法官都手持殳、戈等兵器，具体执行鞭扑等刑罚。

注释

1 钺：古代兵器的一种，用于斫杀，形状如大斧，有长柄，常与斧并称为“斧钺”，用作军权的象征。

2 有司：官吏。古代统治者设官分职，事各有专司，故称有司。此处专指军队内部的执法人员。

3 示诸鞭仆之辱：动用鞭扑之刑以警示士卒，促其杀敌向前。《太平御览》附注云：“殴使不行不进者。”

原文

产城，攻其所产是也。

——《春秋左传正义·僖公六年》引

译文

攻打城邑，主要是攻打并剥夺敌方赖以进行守御的物质资源。

原文

师多则人讟[1]。

——《说文解字·言部》引

译文

军队人数众多则容易发生内讧。

注释

1 讟：内讧、内部争吵的意思。按：该条逸文又见于《六臣注文选·魏都赋》李善注引。

原文

小罪聅[1]，中罪刖[2]，大罪刭[3]。

——《说文解字·耳部》引

译文

对犯小罪的人施以聅刑，对犯有中罪的人施以刖刑，对犯有大罪的人施以刭刑。

注释

1 聅：一种用箭矢贯穿耳朵的刑罚。《说文》云："军法以矢贯耳也。"

2 刖：刖刑。古代砍去脚的酷刑。

3 刭：以刀割颈，即斩首，也称"大辟"。

原文

斩以徇[1]。

——《说文解字·彳部》引

译文

将罪犯在军中枭首示众，以儆效尤。

注释

1 徇:示众。

原文

无干车[1],无自后射。

——《周礼注疏·士师》郑玄注引

译文

不要去冒犯敌国君主的乘舆,也不要从背后向敌人射冷箭。

注释

1 无干车:可能是指不要去触犯敌国君主的乘舆。这乃是古军礼的原则之一。在晋楚鄢陵之战中,晋将郤至曾经“三遇楚子(楚共王)之卒”,“见楚子,必下,免胄而趋风”,即系这方面的史实。

原文

执羽从杸[1]。

——《说文解字·殳部》引

译文

举着旌旗,手持木殳从军作战。

注释

1 杸:同“殳”。古代一种撞击用的兵器,多用竹木制成,一端有棱,商周时代使用较为普遍,战国后渐渐退出作战舞台。

原文

飞卫[1]斯舆[2]。

——《说文解字·马部》引

译文

箭矢齐发,宛如飞蝗;车疾马驰,势不可挡。

注释

1 卫:箭羽。

2 舆:车厢,这里专指战车。

原文

晨夜内钯车[1]。

——《说文解字·金部》引

译文

晨夜时分出动钯车进行警戒。

注释

1 钯车:当为一种战车。《说文》云:"钯,兵车也。"

原文

载献聝。

——《说文解字·又部》引

译文

呈献所割敌人的耳朵以记录军功。

原文

明[1]不宝咫尺之玉,而爱寸阴之旬。

——《汉书疏证》卷二十四引

译文

(贤圣之人)总是处处表明自己不看重尺玉奇珍而爱惜寸阴之光的志趣。

注释

1 明:表明、显示的意思。

原文

鼓声不过阊[1],鼙声不过阘[2],

译文

鼓之声,其音色一如

铎声不过琅[3]。

——《周礼注疏·夏官·大司马》郑玄注引

阘;鼙之声,其音色一如阘;铎之声,其音色一如琅。

注释

1 阘(tāng):鼓声。
2 阘(tā):通"鞈",鼙鼓之声。
3 琅:铎(铜锣)之声。

原文

辇车所载,二筑。

——《春秋左传正义·宣公十一年》引

译文

辇车所运载的器械物资中,包括二杆筑土墙时捣土用的木杵。

原文

天子雕弓[1],诸侯彤弓[2],大夫婴弓[3],士卢弓[4]。

——《春秋公羊传注疏·定公四年》注引

译文

天子用绘有文采的弓,诸侯用朱红色的弓,大夫用以马缨为饰的弓,士用黑颜色的弓。

注释

1 雕弓:绘有文采图案的大弓。汉代枚乘《七发》:"右夏服之劲箭,左乌号之雕弓。"
2 彤弓:朱红色的弓。古代帝王用它赏赐有功的诸侯。《尚书·文侯之命》:"彤弓一,彤矢百。"《尚书正义》:"诸侯有大功,赐弓矢,然后专征伐。

彤弓以讲德习射,藏示子孙。”彤,朱红色。

3 婴弓:以马缨为饰物的弓。婴,通“缨”。《国语·晋语二》:“亡人之所怀挟婴缠,以望君之尘垢者。”韦昭注:“婴,马缨也。”

4 卢弓:黑颜色的弓。《尚书·文侯之命》:“卢弓一,卢矢百。”《尚书正义》:“卢,黑也。”

原文

凡人一举足曰跬[1],跬三尺也;两举足曰步[2],步六尺也。

——《集韵·上声四纸》注引

译文

迈出一脚叫作跬,一跬的长度为三尺;迈出两脚叫作步,一步的距离为六尺。

注释

1 跬:半步,相当于今之一步。《说文》作“趌”字。

2 步:一步。两次举足为步,相当于今之两步。《荀子·劝学》:“故不积跬步,无以致千里。”

附录二

史记·司马穰苴列传

原文

司马穰苴者，田完之苗裔也。齐景公时，晋伐阿、甄，而燕侵河上，齐师败绩。景公患之。晏婴乃荐田穰苴曰：“穰苴虽田氏庶孽，然其人文能附众，武能威敌，愿君试之。”景公召穰苴，与语兵事，大说之，以为将军，将兵捍燕、晋之师。穰苴曰：“臣素卑贱，君擢之闾伍之中，加之大夫之上，士卒未附，百姓不信，人微权轻，愿得君之宠臣，国之所尊，以监军，乃可。”于是景

译文

司马穰苴，是齐国田完的后代。齐景公统治期间，晋国的军队攻打齐国的阿（今山东东阿）、甄（今山东鄄城北）等地，燕国的军队也进攻河上地区（今山东德州一带），齐军惨遭失败。齐景公对此感到十分忧虑。于是晏婴就向齐景公推荐田穰苴说：“穰苴虽然是田氏宗族中的旁支子孙，但是这个人在政治上能够团结众人，在军事上则能够威慑制服敌人，请主公您试用他吧。”齐景公就召见穰苴，和他谈论军事。一番谈话下来，景公感到十分满意，就任命穰苴为将军，统率齐军去抵御燕、晋两国军队的进攻。穰苴表示道：“我的身份一直很卑贱，主公您将我从普通人当中提拔起来，使我的地位凌驾于诸多大夫之上，士卒还不曾亲附拥戴，百姓还没有真正信任，身份

公许之，使庄贾往。

穰苴既辞，与庄贾约曰："旦日日中会于军门。"穰苴先驰至军，立表下漏待贾。贾素骄贵，以为将己之军而己为监，不甚急；亲戚左右送之，留饮。日中而贾不至。穰苴则仆表决漏，入，行军勒兵，申明约束。约束既定，夕时，庄贾乃至。穰苴曰："何后期为？"贾谢曰："不佞大夫亲戚送之，故留。"穰苴曰："将受命之日则忘其家，临军约束则忘其亲，援枹鼓之急则忘其身。今敌国深侵，邦内骚动，士卒暴露于境，君寝不安席，食不甘味，百姓之命皆悬于君，何谓相送乎！"召军正问曰："军法期而后至者云

低微，权力有限，所以我想请您选派一个您身边的亲近大臣，又在全国享有较高威望的人到军队做监军，这样我才可以承担起统率军队的责任。"景公允许了穰苴的请求，就委派庄贾前去担任监军。

穰苴辞别齐景公后，就与庄贾约定："明天中午时分在军营大门相会。"第二天穰苴提前驱车赶到军营，安设好计时用的木表和漏壶，等候庄贾的到来。庄贾一贯骄傲自大，认为既然统率的是自己的军队，而自己又身为监军，所以不急不忙；凡是亲戚朋友中前来为他送行的，都留下喝酒吃饭。到了中午，庄贾还未到军营。穰苴就下令放倒木表，停掉漏壶，自己则进入军营调度、部署部队，申明军纪、军法。待一切安排部署停当，已是黄昏时分，这时庄贾才姗姗来迟。穰苴询问他："为什么迟误期限？"庄贾抱歉地说："我因为众多大夫和亲戚前来相送，就耽误了时间。"穰苴说："将帅接受任务之日就该忘掉自己的家庭；置身军队，就应该受军纪的约束而忘记亲人；当击鼓指挥军队作战之时，就该忘记自身的存在。如今敌国的军队深入国境，举国骚动不安，广大士卒风餐露宿于边境地区，我们的君主睡不着觉，吃不下饭，老百姓的命运都掌握在您的手里，怎么

何?”对曰:“当斩。”庄贾惧,使人驰报景公,请救。既往,未及反,于是遂斩庄贾以徇三军。三军之士皆振栗。久之,景公遣使者持节赦贾,驰入军中。穰苴曰:“将在军,君令有所不受。”问军正曰:“驰三军法何?”正曰:“当斩。”使者大惧。穰苴曰:“君之使不可杀之。”乃斩其仆、车之左驸、马之左骖,以徇三军。遣使者还报,然后行。

士卒次舍井灶饮食问疾医药,身自拊循之,悉取将军之资粮享士卒,身与士卒平分粮食,最比其羸弱者。三日而后勒兵,病者皆求行,争奋出为之赴战。晋师闻之,为罢去;燕师闻之,度水而解。于

还谈得上送行留饮呢!”于是穰苴就召来军法官问道:“按照军法条文,凡是误了规定时间而迟到的,该如何处理?”军法官回答说:“按法当斩首示众。”这下庄贾恐惧了,急忙派人飞马报告齐景公,请求齐景公救他一命。他派去的人还没有回来,穰苴就将庄贾斩首了,并在全军中示众。全军将士见了这一场面都大为震惊惧怕。过了一段时间后,齐景公派出的使者拿着符节前来赦免庄贾,他的乘车直接驰入军营。穰苴表示:“将帅在军中,君主的命令有些可以拒绝接受。”又问军法官说:“凡是车乘直闯军营的,该怎么处理?”军法官回答说:“按律应当斩首。”景公的使者闻言大为恐惧。穰苴说道:“国君的使者不能诛杀。”于是就杀了使者驾车的仆人,砍断了使者乘车左边的辅木,又杀了左边驾车的骖马,并在全军示众。遣派来使回去禀告齐景公,然后自己统率大军出发。

(在部队开进途中,)士卒们的休息、宿营、掘井、修灶、饮食、治疗疾病、医药供给等项事务,穰苴都亲自加以过问和安抚,把供给将军享用的全部费用和粮食,都用以改善士卒的生活,自己则和普通士卒吃一样的伙食,对那些体

是追击之，遂取所亡封内故境而引兵归。未至国，释兵旅，解约束，誓盟而后入邑。景公与诸大夫郊迎，劳师成礼，然后反归寝。既见穰苴，尊为大司马。田氏日以益尊于齐。

已而大夫鲍氏、高、国之属害之，谮于景公。景公退穰苴，苴发疾而死。田乞、田豹之徒由此怨高、国等。其后及田常杀简公，尽灭高子、国子之族。至常曾孙和，因自立，为齐威王，用兵行威，大放穰苴之法，而诸侯朝齐。

齐威王使大夫追论古者《司马兵法》，而附穰苴于其

弱的士卒特别亲近。几天后穰苴调度部署军队时，身患疾病的士卒都要求同行，士卒都奋勇争先要求参加战斗。晋国军队得知这个消息后，马上撤兵离去；燕国军队听说这个消息，也北渡黄河放弃了攻齐的计划。穰苴统率齐军跟踪追击，一举收复了全部失地，然后引兵班师。部队未到国都就终止临战戒备状态，废除战时执行的军纪、军法，举行誓盟仪式，然后再进入城邑。齐景公和诸位大夫都到国都郊外迎接，在那里举行了隆重的慰劳部队的典礼仪式，然后返回各自的住所。接着齐景公又接见穰苴，将他提拔为大司马。田氏家族在齐国国内也日益受到尊敬。

后来，齐国大夫鲍氏、高子、国子之辈陷害穰苴，在齐景公那里进谗言恶语。齐景公就罢免了穰苴的官职，穰苴不胜悲愤，发病而死。田乞、田豹等人由此而怨恨、仇视高子、国子之流。他们的后代田常终于弑杀齐简公，同时尽灭高子、国子整个家族。到了田常的后裔田和时，更自立为齐王，田和的孙子称为齐威王，依靠军事手段威慑天下，处处仿效穰苴用兵的原则和方法，使得天下诸侯都前来朝见齐国，以示归附。

齐威王曾下令让大夫们探讨古代流传下来的《司马兵法》，并把穰苴的军事

中,因号曰《司马穰苴兵法》。

太史公曰:余读《司马兵法》,闳廓深远,虽三代征伐,未能竟其义,如其文也,亦少褒矣。若夫穰苴,区区为小国行师,何暇及《司马兵法》之揖让乎?世既多《司马兵法》,以故不论,著穰苴之列传焉。

理论附于其中,因而叫作《司马穰苴兵法》。

太史公说:我读过《司马兵法》,觉得它博大精深,意义深远,即使是夏、商、周三代的征伐战争,也未曾完全达到它所阐明的道理,也未曾完全合乎它所倡导的礼仪,这也可以视为是对其书的一点赞誉吧!至于穰苴,不过是区区一个小国的将领,怎么能够做到《司马兵法》所体现的雍容礼让呢?但世上普通人既然都称赞《司马兵法》,那也就不必再深究这类问题了,为此,我就写了这篇司马穰苴的列传。

图书在版编目(CIP)数据

吴子·司马法/黄朴民导读注译. —长沙:岳麓书社,2024.1
(古典名著全本全注全译)
ISBN 978-7-5538-1965-5

Ⅰ. ①吴… Ⅱ. ①黄… Ⅲ. ①《吴子》—注释②《吴子》—译文③《司马法》—注释④《司马法》—译文 Ⅳ. ①E892.2

中国国家版本馆 CIP 数据核字(2023)第 222535 号

WUZI · SIMA FA
吴子·司马法
导读注译:黄朴民
出 版 人:崔 灿
责任编辑:刘书乔
责任校对:舒 舍
封面设计:罗志义

岳麓书社出版发行
地址:湖南省长沙市爱民路 47 号
直销电话:0731-88804152 0731-88885616
邮编:410006

版次:2024 年 1 月第 1 版
印次:2024 年 1 月第 1 次印刷
开本:890mm×1240mm 1/32
印张:9
字数:261 千字
书号:ISBN 978-7-5538-1965-5
定价:38.00 元

承印:长沙鸿发印务实业有限公司
如有印装质量问题,请与本社印务部联系
电话:0731-88884129